从严治党
与治本之策

中国行为法学会廉政研究委员会 ◎ 编

新华出版社

图书在版编目（CIP）数据

从严治党与治本之策 / 中国行为法学会廉政研究委员会编. —北京：新华出版社，2020.9（2025.3重印）

ISBN 978-7-5166-5226-8

Ⅰ．①从… Ⅱ．①中… Ⅲ．①中国共产党—党的建设—研究 ②中国共产党—廉政建设—研究 Ⅳ．①D26

中国版本图书馆CIP数据核字（2020）第124367号

从严治党与治本之策

编　者：中国行为法学会廉政研究委员会	
责任编辑：刘宏森	封面设计：李尘工作室
出版发行：新华出版社	
地　址：北京市石景山区京原路8号	邮　编：100040
网　址：http://www.xinhuapub.com	
经　销：新华书店	
新华出版社天猫旗舰店、京东旗舰店及各大网店	
购书热线：010-63077122	中国新闻书店购书热线：010-63072012
照　排：李尘工作室	
印　刷：大厂回族自治县众邦印务有限公司	
成品尺寸：170mm×240mm	
印　张：13.75	字　数：213千字
版　次：2020年9月第一版	印　次：2025年3月第三次印刷
书　号：ISBN 978-7-5166-5226-8	
定　价：69.00元	

版权专有，侵权必究。如有质量问题，请与出版社联系调换：010-63077124

编|委|会

顾　　问：江必新　董治良
主　　任：戴俭明

副 主 任：郝广保　邵长河　冯　丰　孔祥仁
　　　　　张文祥　吕广伦　韦大乐　王伦轩
　　　　　边保华　梁相斌　崔耀中　张建国
主　　编：魏长亮
编　　辑：刘宏森

| 代序 |

在第六届廉政理论高端论坛上的致辞

江必新

最高人民法院原党组副书记、副院长
全国人大宪法和法律委员会副主任
中国法学会副会长

尊敬的各位领导、各位专家、各位来宾、各位媒体的朋友：

大家上午好！

首先，请允许我以个人的名义对这次论坛和书画展的胜利举办表示热烈的祝贺！接下来我想简单表达以下几层意思。

第一，举办第六届中国廉政理论高端论坛和书画展正当其时、意义重大。党的十九届四中全会《决定》提出，"坚持和完善党和国家监督体系，强化对权力运行的制约和监督"，对健全党和国家监督制度，完善权力配置和运行制约机制，构建一体推进不敢腐、不能腐、不想腐的体制机制作出全面部署和安排。12月6日，中共中央政治局召开会议，研究部署2020年党风廉政建设和反腐败工作，再次强调反腐败斗争的形势依然严峻复杂。我们在这个节点举办第六届中国廉政理论高端论坛和书画展正当其时、意义重大。

第二，多年来中国行为法学会廉政研究委员会做了大量有关廉政建设和反腐败斗争研究宣传工作，刚才的宣传片已经向大家形象地展示了研究会的工作成绩。借此机会，我对廉政研究委员会全体理事会成员表示衷心的感谢！

第三，我想对廉政研究委员会尤其是今天的论坛讲三句话：要为形成不敢腐的震慑而呐喊助威；要为形成不能腐的机制而思深虑远；要为形成不想腐的氛围而明诤苦谏。

预祝论坛和书画展取得圆满成功！

谢谢大家！

2019年12月8日

目 录
CONTENTS

不能腐的机制构建……………………………………江必新　1

论权力的负担………………………………………戴俭明　4

为继续推进改革开放营造海晏河清的政治生态………韩亨林　10

加强廉政文化建设　筑牢不想腐的堤坝………………宋明昌　17

廉政与国家治理现代化………………………………卓泽渊　25

推进新时代党的建设的重大举措……………………苏希胜　31
　　——浅谈"不忘初心、牢记使命"主题教育的重大意义

"三太干政"相对较少的清王朝………………………李永忠　38

廉洁自律永为民………………………………………李豆罗　42

不忘初心　廉洁行医…………………………………庄仕华　48

八项规定重构中国社会关系…………………………梁相斌　53

国外政府官员廉政行为准则一瞥……………………孔祥仁　68

不忘初心与社会主义民主制度………………………王瑞璞　77

新时代我国反腐败追逃的成功经验………王秀梅　宋玥婵　84

标本兼治　一体推进不敢腐不能腐不想腐…………边保华　97

发扬斗争精神　持续推进党风廉政建设………韦大乐　王　宇　102

对新形势下高校领导干部作风建设存在的问题、
　　原因及对策研究……………………………………… 范俊英　108

把纪律建设作为全面从严治党的治本之策……………… 张星星　114

中国共产党人的初心使命………………………………… 崔耀中　126

关于新时代检察机关开展职务犯罪监督若干问题的
　　思考………………………………………………… 王伦轩　134

国家监察学原理及其学科体系…………………………… 李晓明　153

论主题教育、信访工作、反腐倡廉的相互关系………… 朱崇坤　172

论我国民营企业刑事法律风险的防控…………………… 武汝廷　179

河清方能海晏……………………………………………… 韩　宁　186
　　——关于大学生廉政教育的几点思考

锻造制度利器　破解国有企业反腐难题………………… 刘雅坤　192
　　——学习贯彻党的十九届四中全会精神

坚持民企姓党　自觉为党分忧…………………………… 秦　飞　198

以人民为中心是共产党人初心的根本体现……………… 郝广保　202

不能腐的机制构建

江必新

最高人民法院原党组副书记、副院长、
全国人大宪法和法律委员会副主任、中国法学会副会长

党的十九届四中全会《决定》指出,要坚决斩断"围猎"和甘于被"围猎"的利益链,坚决破除权钱交易的关系网,深化标本兼治,推动审批监管、执法司法、工程建设、资源开发、金融信贷、公共资源交易、公共财政支出等重点领域监督机制改革和制度建设。《决定》关于廉政建设和反腐败斗争的侧重点在于,强调加强不能腐的制度建设。全会明确提出,要构建一体推进不敢腐、不能腐、不想腐的体制机制,并且作出了具体的制度安排和部署。这对于反腐败斗争取得决定性胜利,巩固和发展廉政建设成果,具有十分重要的意义。科学构建这些机制是一项系统工程,需要各领域、各系统、各部门、各方面花大力气逐项推进、久久为功,才能最终完成这一庞大的系统工程。今天,我想就"不能腐"的机制构建问题,重点谈一些个人看法:构建不能腐的机制要强调"三防三建"。

关于"三防"。第一,要防围猎。凡是掌握权力的人,诸如掌握处罚权、裁决确认权、资源控制权、组织人事权等权力,都会面临被围猎的问题。在中国这一人情社会的大环境下,如何做好防围猎工程至关重要。从现有统计数据看,真正主动索贿的官员仍占少数,多数属于受贿行为。如果无人行贿,那么腐败现象就会大大减少。从减少腐败存量的政策策略角度看,此前很难将防围猎提到重要的议事日程。一旦减少存量的工作进展到一定阶段,转而需要遏制增量时,就必须考虑加大防围猎的力度,即加大对行贿行

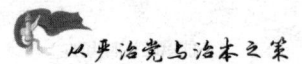

为的查处力度。

第二，要防留难。一些当事人并非想主动行贿，很大程度上是因为办事不顺利，受到官员无理阻挠刁难，例如应办的事不办，该速办的事缓办。如果留难百姓的问题不解决，行贿行为也很难禁止。从根本上解决行贿问题需要防留难。要明确规定官员履行职责的期限和要求，对不按时、没有依法履行职责的人员要严肃追责问责，形成有效的履职监督机制。

第三，要防滥权。随着我国法治水平不断提高，官员明显超越职权行使权力的现象越来越少，更加突出的问题是有些官员在自由裁量权范围内上下其手。滥用职权的本质是滥用自由裁量权。建立不能腐的机制，首先要科学控制自由裁量权，为自由裁量权的行使设定一系列规则，让滥用职权的行为能够"看得见"。其次，要加大人民群众对滥用自由裁量权行为的监督，加大司法机关、上级机关对滥用自由裁量权的监督，对违规人员加大问责力度，从而确保自由裁量权正确行使。

关于"三建"。一是建立公法和私法的共治机制。有一种观点认为，行政行为只受公法调整，不受私法调整；合同行为只受私法调整，不受公法调整。这种看法是片面的。治理、控制公共权力，单纯依靠公法或者单纯依靠私法都是不够的，必须建立公法和私法的共治机制。例如，国有资源出让问题，如果仅靠私法调整是难以理顺的，私法的意思自治原则的过度适用，可能会损害公共利益或竞争权人的利益。诸如矿业权等国有自然资源使用权出让需要公法介入才能真正实现公平公正。公法要求签订国有自然资源使用权出让合同要维护公共利益，降低公共成本，进行公开竞争，对所有符合条件的竞争者一视同仁，确保公平参与，做到信息公开透明。如果合同损害公共利益将被认定无效，如果相对方有行贿等行为将被取消参与资格。这些公法规则将合理有效地调整国有资源出让等公共领域的法律关系，确保实现公平正义。

二是建立利害相关方的监督机制。对公共权力最有效的监督是利害相关方的监督，理由如下：第一，利害相关方对事件的整个过程比他人更加清楚，掌握的信息也更为丰富，更能有效行使监督权；第二，利害相关方与公共权力的行使结果有直接利害关系，有足够动力行使监督权；第三，利害相关方行使监督权的成本最低廉；第四，利害相关方的监督具有对称性，多方利害关系主体可以形成有效平衡与制约，避免单方监督导致的利益不均衡问题；第五，利害相关方监督可以避免形成冗长的监督链。"谁来监督监督者？"是监督机制面临的永恒问题。监督者也可能滥用职权，如果在监督者背后再设一个监督者，那么监督的链条就会无限拉长。监督链条越长，监督效果就越差，监督成本就越大，监督运行就越困难。所以，要建立利害相关方监督机制。以行政许可为例，许可申请人是获益者，与许可行为利害相关的是其他参与竞争者，由其他参与竞争者对行政许可行为进行监督往往事半功倍。

三是运用信息化手段，建立"智防"机制。特别要积极运用区块链技术，改变依靠单一网络的监督模式，对行使公共权力的行为进行全方位、立体式、多角度监督，及时发现贪腐行为，严控腐败风险。

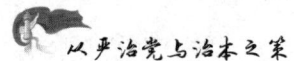

论权力的负担

戴俭明

中央纪委原副部级巡视专员、中国行为法学会廉政研究委员会会长

在庆祝新中国成立70周年之际和迎接中国共产党建立100年之时,全党深入开展了"不忘初心,牢记使命"的主题教育。习近平总书记在党的第十九次全国代表大会上的报告中指出,中国共产党的初心和使命,就是为中国人民谋幸福,为中华民族谋复兴,必须坚持以人民为中心的发展思想。并且提出构建人类命运共同体,实现共产主义远大目标。经过反复学习,结合当前实际,我认为"权力"问题,仍然是一个亟待解决的现实问题。放大时间和空间,回顾二十世纪九十年代初,苏联部长会议主席雷日科夫曾引用过一段哲理性很强的话:"权力应当是一种负担,当你感到是负担时就会稳如泰山,而当你感到是一种乐趣时,那么一切都完了。"这是他们在失去执政地位后的一段反思。我想针对我们当前党风廉政建设和反腐败斗争呈现的一些情况,谈谈自己在这方面的认识和看法。

一、权力与负担的本质联系

一是从权力的对立统一性来分析。权力总是存在于权力主体和权力客体对立统一的社会关系和相互作用之中。权力是主体对客体的一种控制力、制约力和影响力。权力最核心的要素是"力",一是物质力,二是精神力。人们可以服从物质力所产生的强制力,但这种服从可能是自愿的,也可能是不自愿的。而人们对精神力所产生的吸引力的服从则是自愿的、无条件的。在权力产生之初，人类社会并没有国家机器这种强制力量，权力的作用主要产生于对权力主体吸引力的自愿服从。在现代社会，权力实施效力的大小并不是同职位的高低成正比的。有的人虽然位居高官，但人们并不信服他；有的职位不高，但影响力却胜过高官。所以，一个权力主体在拥有职位之后，还必须努力使自己成为"贤者""能者"。显然，这其中当有负担。

二是从权力的利益性来分析。权力的本质是利益关系，利益关系是权力关系的基础，所以构成了"权利"这一概念。在阶级社会，权力体现着统治阶级的意志和利益，但必须对权力支配者和被支配者都有利。同时，必须善于协调各种群体利益关系，必须将个人利益与集体利益、局部利益与整体利益、当前利益与长远利益结合起来。社会的利益主体在利益上常常充满矛盾，对利益的过度争夺和斗争定会导致社会秩序混乱和社会生产力的破坏，因此需要有一种位于广泛社会中的利益冲突之上的权威力量来调整这些矛盾。这种权威力量就是公权力，其重要功能之一，就是消除冲突，化解矛盾，维护秩序，个中负担自不待说。

三是从权力运作的系统性来分析。权力运作系统既包含国家最高权力机关以及从上到下的行政机构等硬件，也包含了权力的运行目标、运行方式和常用手段等软件。就运行方式和常用手段而言，既有强力干涉、纪律制裁和暴力胁迫等硬性手段，也有组织约束、行政管理等中性手段，还有思想灌输、舆论引导、心理暗示和道德教化等软性手段，因此要求每个权力支配者都应懂得权力的系统性，认真研究权力系统的功能，充分而正确地发挥权力的作用。

二、权力负担的内容分析

一是学习负担。

综上所述，支配权力需要掌权者必须具备相当的思想政治素质、道德品质、管理能力等，而且随着时代的进步和社会制度的变革，要求会越来越高。现今，我们号召和宣传"新时代、新担当、新作为"。毛泽东同志曾经说过，要使自己的思想适应不断变化的情况就得学习，并且他曾指出不能适应新情况、新变化的"本领恐慌"问题，要求"重要的问题在善于学习"。

至于说学什么、怎么学,古今中外这方面的论述早已为人们所共知,但仅就"权力"问题而言,党的干部特别是高中级领导干部,应当系统地学习、研究和掌握权力知识和理论,揭开蒙在权力问题上的各种反科学的面纱,走出有关权力问题的误区,用科学的态度探索权力运行的规律和必要的形式及内容,使自己成为有理论修养、有人格魅力、有领导才能的政治家,廉洁高效地管理政治、经济和文化、社会事务,在党和国家的各项事业中发挥应有的作用。

二是工作负担。

权力在其根本上产生于人与人的关系,产生于社会的需要。权力来自社会,来自民众。因此,这里所说工作负担,总是源于社会和民众的。"鞠躬尽瘁,死而后已""为官一任,造福一方""当官不为民做主,不如回家卖红薯",这是一直以来的说法。我国宋朝杰出的思想家、政治家、文学家范仲淹在其《岳阳楼记》中说,"不以物喜,不以己悲;居庙堂之高则忧其民,处江湖之远则忧其君。是进亦忧,退亦忧。然则何时而乐耶?其必曰'先天下之忧而忧,后天下之乐而乐'乎"。这些话,对后世影响深远。再说我国清朝郑燮(又名郑板桥),他在山东潍县任知县时画竹并赋诗:"衙斋卧听萧萧竹,疑是民间疾苦声。些小吾曹州县吏,一枝一叶总关情。"清朝的林则徐在《赴戍登程口占示家人》说:"苟利国家生死以,岂因祸福避趋之!"1871年巴黎公社起义失败以后,马克思还曾予高度评价:巴黎公社是无产阶级夺取政权的第一次尝试。公社虽然失败了,斗争只是延期而已,公社的原则将一再地表现出来。同时,马克思亦指出,要防止公社领导人由"社会公仆"变为"社会的主人"。中国共产党将"为人民服务"作为党的根本宗旨。围绕这一根本宗旨,毛泽东同志有过一系列论述:共产党人不是要做官,而是要革命;我们的一切都是为着解放人民,为人民的利益而彻底工作的。党的干部不论职务高低都是人民的勤务员;担子要拣重的挑;吃苦在前,享乐在后;一不怕苦,二不怕死;为人民利益而死,就比泰山还重。"我这个人没有私心,我不想为我的子女谋求什么,我只想中国的老百姓不要受苦受难。"

三是精神负担。

我们党的干部不仅要为着人民,相信和依靠人民,并且还得接受人民群众的评判。"政声人去后""人生自古谁无死,留取丹心照汗青"这是自古以来的说法。我国繁体字"權"字，各构成笔画含义很深。当今社会上流传"金杯银杯不如群众口碑，金奖银奖不如群众夸奖"。特别是毛泽东同志所说"千秋功罪谁人曾与评说"，经常引导人们对自己所作所为的深度思考。人有是非之心、善恶之心、荣辱之心。人都不想留下骂名，更不想留下千古非议，被永远钉在历史的耻辱柱上。这似乎是一种精神负担，但只要时时有这样的警觉，就可变压力为动力，轻装上阵，砥砺前行。

四是风险负担。

我国古代曾将当官看作是一种危险的职业，称作"待罪"，意即：不知哪一天，罪过会降到自己头上。还有这样的警示性语言："朝为田间郎，暮登天子堂，晚钟进法场。"我们党开展反腐败斗争以来，通过剖析一些典型案件来认识权力的二重性：权力既可能是人们成功的阶梯，也可能使人们滑向犯罪的深渊。有权很风光，但也有风险，风光虽好，风险犹存。一个人如果是抱着贪污腐化的念头去追逐官位，那么就会从"主席台"走向"审判台"，"做官"的背后就是"坐牢"，中国的"官""管""棺"三个字的内在联系值得深思。因此要有权力忧患意识。原四川省交通厅有位副厅长，他的母亲在农村，每当儿子回乡下看望她，临别时望着儿子乘坐的轿车渐行渐远，她心里默默念叨："儿啊，你的官做得越大，妈的心揪得越紧！"不久其子因受贿入狱，她悲愤而死。可见，对于权力的风险，从外国的政要到中国的农家老妪，都感同身受。2018年全国纪检监察机关处分省部级及以上干部51人，厅局级干部3500余人，县处级干部2.6万人。其中严重违纪涉嫌违法立案审查调查5.5万人次。这说明，反腐败斗争时至今日，仍不可掉以轻心。

三、勇于担当与合理减负

首先说勇于担当。

二十世纪二十年代我国民主革命时期，广州黄埔军校大门口有这样一副对联："升官发财，行往他处；贪生怕死，勿入斯门。横批：革命者来。"在开学之初，中国民主革命的先驱孙中山就号召全体师生："要革命，便先要立革命的志气，从今天起立一个志愿，一生一世都不存升官发财的心理，只知道做救国救民的事业。"在我们的现实社会生活中，也有这样普遍的说法："当官就别想发财，想发财就别想当官。"河南省临颖县南街村至今还竖有这幅标语："当官不搞官僚主义，有权不以权谋私。"

既想当官，并且能当上官，就得按党的既定要求，做到忠诚、干净、担当。进而言之，要坚持"以人民为中心"的思想，每句话、每个行动都要向人民负责。力求做到"想干事、会干事、干成事、能共事、不出事"，严格防止和及时纠正"懒政""怠政"以及"不作为""慢作为"等倾向性问题，以实际行动响应习近平同志号召的"撸起袖子加油干，一张蓝图绘到底。"2018年11月，中央政治局集体学习"中国历史上的吏治"，提出把敢不敢扛事、愿不愿做事、能不能干事作为识别干部、评判优劣、奖惩升降的重要标准，把干部干了什么事、干了多少事、干的事组织和群众认不认可作为选拔干部的根本依据。广大干部要本色做人、出色做官。为国为民不为己，求绩求效不为官，严己宽人不中庸，认理认法不认人。既要敢于激流勇进，也要甘于在不胜任的情况下告退，不可贪恋权力。通过目睹对我住处对面的违建房拆迁过程，我看到现今权力行使某些方面的状况，如标语所示，"阳光腾退，公平公正，政策为民""民本腾退展和谐，优化环境促发展""服务到位，百姓不受累；依法补偿，群众不吃亏""腾退、补偿、安置，政策为先；真心、热心、爱心，民心为重""一把尺子量到底，一个政策不动摇。"对此，尤感欣喜。

再说合理减负。

对权力行使者的干部，所在党政机关要关心、爱护和支持他们。

对于学习负担，要根据所管干部的工作性质和各人具体情况，及时地、妥善地安排他们学习和培训，以增强政治素质，提高执政本领。"艺高人胆大"，勇于创新，开拓前进，从而增强自信，保持良好的形象，在执政为民中有获得感、成就感和幸福感。

对于工作负担，中央在要求干部勇于担当的同时，又提出"尽力而为，量力而行"，要把干部从一些无谓的事务中解脱出来。2018年中央纪委在集中整治形式主义、官僚主义工作中，整治重点就包括"检查考核过多过滥，多部门重复考核同一事项，考核内容不务实，频次多、表格多、材料多，给基层造成严重负担"等问题的情形。本文写作中，调查了解到的四川省南充市关于正向激励干部三十条措施和建立容错纠错机制，"30条"意见很有借鉴意义。

对于精神负担，还是要加强对干部的世界观、人生观、价值观教育，引导他们开阔胸襟，站在高处，看到远处，干在实处，在攻坚克难中增长胆识和才干。既谨言慎行，又磊落洒脱；既虚怀若谷，从善如流，又理直气壮，坚持原则。

对于风险负担，党组织一定要以高度的责任感化险为夷。一个人犯错误甚至犯罪，固然是咎由自取，但是也是党和人民的损失。在现实的商品经济环境中，教育和引导干部对"权力"和"权利"一定要作辩证唯物主义分析，以致在"惩处既然，防患未然"的反腐倡廉斗争中抗得住歪理，顶得住诱惑，耐得住寂寞，管得住小节。对有这样那样问题的干部，要区别不同情况，运用监督执纪的"四种形态"予以妥善处理。总之，要坚持以习近平新时代中国特色社会主义思想武装头脑，以党的政治建设为统领，持之以恒贯彻落实党中央关于党风廉政建设和反腐败斗争的一系列决策部署，使广大干部真正践行"权为民所用，情为民所系，利为民所谋"，团结和带领人民群众不断夺取新的胜利！

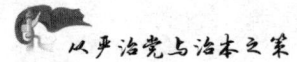

为继续推进改革开放营造海晏河清的政治生态

韩亨林

中央纪委驻司法部纪检组原组长

2018年12月18日，党中央隆重召开庆祝改革开放40周年大会，习近平同志总结提出了"九个必须"的宝贵经验，其中第八条是"必须坚持全面从严治党，不断提高党的创造力、凝聚力、战斗力"，强调"要以反腐败永远在路上的坚韧和执着，深化标本兼治，坚决清除一切腐败分子，保证干部清正、政府清廉、政治清明，为继续推进改革开放营造海晏河清的政治生态"。这是改革开放40年光辉历程的实践启示，我们党在前进道路上的庄严宣示。

改革开放40年积累的宝贵经验是党和人民弥足珍贵的精神财富。继承好、运用好这一精神财富，需要我们回溯到改革开放的原点、源头，去深入汲取其中蕴含的智慧和力量。

1978年12月18日，我们党召开十一届三中全会，实现新中国成立以来党的历史上具有深远意义的伟大转折，开启了改革开放和社会主义现代化的伟大征程。此前5天，也就是12月13日，邓小平同志在中央工作会议闭幕会上发表了题为《解放思想，实事求是，团结一致向前看》的著名讲话。这篇讲话实际上是十一届三中全会的主题报告，是改革开放的宣言书。这篇讲话的题目是邓小平同志提出的，提纲是他亲自拟定的。2012年我在广西调研时，参观了百色起义纪念馆，第一次看到了这份讲话提纲的手稿（当然是复制版)。这份提纲一共3页,近500字,列了7个方面的问题,囊括了正式讲话的主要精神,充分体现了邓小平同志对事关党和国家前途命运重大问题的深刻思考。前不久,这篇讲话再次火爆网络,在微信、微博上广为传播,引发了重温讲话的热潮。我重读了好几遍,深切感受到一代伟人的远见卓识和博大胸怀、政治智慧和精神力量,穿透历史、跨越时空,在新时代依然熠熠生辉。讲话蕴含的深邃思想,对于如何继续推进改革开放,对于如何为继续推进改革开放营造海晏河清的政治生态,仍然具有极为重要的现实性和指导性。

一、坚持实事求是

邓小平同志指出,"实事求是,是无产阶级世界观的基础,是马克思主义的思想基础。过去我们搞革命所取得的一切胜利,是靠实事求是;现在我们要实现四个现代化,同样要靠实事求是""只有解放思想,坚持实事求是,一切从实际出发,理论联系实际,我们的社会主义现代化建设才能顺利进行"。这些精辟论述,阐明了十一届三中全会重新确立的马克思主义思想路线的基本内容,进而为重新确立正确的政治路线和组织路线奠定了基础,拉开了改革开放的大幕。实事求是的思想路线,是我们认识问题、分析问题、处理问题所遵循的最根本的指导原则和思想基础,也是我们认识、分析、处理党风廉政建设和反腐败斗争问题所遵循的最根本的指导原则和思想基础,必须一以贯之。

党的十八大以来,以习近平同志为核心的党中央,坚持党要管党、从严治党,全面净化党内政治生态,持之以恒正风肃纪,大力整治"四风",以零容忍态度严厉惩治腐败,反腐败斗争取得压倒性胜利。十八届党中央批准立案审查的省军级以上党员干部及其他中管干部440人,党的十九大后已对70多名中管干部立案审查调查;党的十八大以来,全国共查处违反中央八项规定精神问题26.22万起,处理党员领导干部36.01万人;2014年以来,共从120多个国家和地区追回外逃人员近5000人,"百名红通人员"中已有55人落网……这样的反腐败斗争力度可谓前所未有,其重要原因之一就在于,以习近平同志为核心的党中央坚持实事求是的思想路线,对反腐败斗争形势作

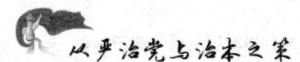

出准确判断。习近平同志在十八届中央纪委二次全会上指出"反腐败斗争形势依然严峻",在十八届中央纪委三次全会上指出"反腐败形势依然严峻复杂",在十八届中央纪委五次全会上指出"对现阶段党风廉政建设和反腐败斗争形势,党中央的总体判断是依然严峻复杂"并对"严峻性""复杂性"进行了深入阐述。有关具体内容,各部委、各省区市进行了传达学习,大家在网上可能看到了一些只言片语的引用,其中有的论述是公开文献里能找到的,有的在公开文献里找不到。总而言之,习近平同志对反腐败斗争形势做出深刻分析,把形势严峻性、复杂性的判断提到了前所未有的程度。形势决定任务,前所未有的形势判断决定了前所未有的斗争力度。

在今后的反腐败斗争中,也必须始终坚持实事求是的思想路线,始终保持忧患意识和清醒头脑。当前,反腐败斗争虽然取得压倒性胜利,但形势依然严峻复杂,全面从严治党依然任重道远。正如十九大报告所指出,"我们党面临的执政环境是复杂的,影响党的先进性、弱化党的纯洁性的因素也是复杂的,党内存在的思想不纯、组织不纯、作风不纯等突出问题尚未得到根本解决"。从十九大以来特别是近期一些案件通报和报道看,一些党员干部理想信念"总开关"常年失修,对党不忠诚不老实的"两面人"恶性难改,"四风"问题反弹回潮隐患犹存,滋生腐败的土壤依然存在。全面从严治党不应有"空窗期""休止符",也不能"松口气""歇歇脚",必须保持永远在路上的坚韧和执着,坚定不移把反腐败斗争进行到底。

二、坚持发展民主

邓小平同志指出,"我们需要集中统一的领导,但是必须有充分的民主,才能做到正确的集中""当前这个时期,特别需要强调民主。因为在过去一个相当长的时间内,民主集中制没有真正实行,离开民主讲集中,民主太少""在党内和人民内部的政治生活中,只能采取民主手段,不能采取压制、打击的手段""一个革命政党,就怕听不到人民的声音,最可怕的是鸦雀无声。现在党内外小道消息很多,真真假假,这是对长期缺乏政治民主的一种惩罚"。这些话在40年后的今天并没有过时,启示我们必须全面而不是片面地贯彻执行民主集中制,尤其要矢志不渝地坚持和发展党内民主、人民民主。

　　民主集中制是党的根本组织制度和领导制度，十九大报告把"完善和落实民主集中制的各项制度"作为党的政治建设的重要内容。习近平同志指出，"这些年来，各级领导班子都有不少议事规则，领导干部也大都懂得民主集中制的基本道理和要求，但家长制、'一言堂'的现象和议而不决、决而不行的现象在一些班子屡屡出现""贯彻民主集中制，民主不够、集中不够的问题都存在，但从各级领导班子看，主要还是民主不够，主要领导干部我行我素、独断专行的现象较为普遍"。这些现象是民主集中制的扭曲和变态，必然容易使领导干部犯错误，甚至导致腐败。从党的十八大以来查处的腐败案件看，方方面面、各个层级的"一把手"为数不少，这些人的腐败问题很多都与民主集中制贯彻不力、集体领导弱化、党内民主不足有关。有的严重违反民主集中制原则，把个人凌驾于集体之上，把书记和委员的关系变成上下级关系，甚至把上下级关系变成人身依附关系，最后堕入违法犯罪的深渊很难避免。民主集中制贯彻不力特别是民主不够，不仅会导致腐败问题，而且会导致党内生活庸俗化，上下级和干部之间逢迎讨好、相互吹捧，好人主义盛行，同志之间见不到真诚的思想沟通，更没有严肃而诚恳的批评和自我批评。进而会导致"思想僵化，很多的怪现象就产生了""条条、框框就多起来了""随风倒的现象就多起来了""不从实际出发的本本主义也就严重起来了"。这些现象，邓小平同志作过深刻阐述，都是他所坚决反对的，我们现在也必须坚决反对并时刻警惕。

　　民主是腐败的天敌，阳光是最好的防腐剂。这是发展民主政治、"让人民起来监督政府"的必然结论。如果人民对权力运行规则和程序、权力行使者的基本情况等一无所知或所知甚少，监督便无从谈起。习近平同志指出，"群众的眼睛是雪亮的。党员、干部身上的问题，群众看得最清楚、最有发言权"。可是如果很多东西都"犹抱琵琶半遮面"，群众想看却看不到，那群众的眼睛再雪亮又有什么用呢？人的正常心理，你越不让他看，他越要看；你越是遮着、掩着，他越觉得有问题。有一个成语叫"瓜田李下"，教育人们"瓜田不纳履、李下不整冠"，否则就有偷瓜偷李的嫌疑。如果党员领导干部在权力行使过程中，不能让群众确确实实地看到"瓜田不纳履、李下不整冠"的行为，群众就有理由怀疑你是不是偷了他们的瓜、偷了他们的

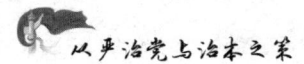

李。那么群众想看到的是什么？群众想看到的，不仅仅是党员领导干部开了什么会，讲什么了话，到了什么地方，带了什么人，住了什么房间，坐了什么车，吃了什么饭；群众更想看到的是，纳税人的钱怎么花，是否真正"用之于民"，花在了国计民生最需要的地方，还是被贪污挪用、挥霍浪费掉了；群众更想看到的是，大政方针怎么出台，是否真正倾听和尊重了自己的意见，利益攸关方是怎么博弈和辩论的；群众更想看到的是，执法司法案件怎么办理，人权有没有得到保障等等。群众尤其想看的是，改革开放40年来，我们党在带领群众走向共同富裕的进程中，其中一些党员领导干部及其家属是不是先富起来甚至巨富起来，他们的财富是怎么来的？现在，应该把搁置20多年的官员财产公示制度重新摆上议事日程，抓紧研究制定和探索实施，跟上世界和时代的潮流。我们应该也必须有这样的自信！

总之，就是要按照邓小平同志所说的，"真正实行无产阶级的民主集中制""切实保障工人农民个人的民主权利，包括民主选举、民主管理和民主监督"。

三、坚持厉行法治

邓小平同志指出，"为了保障人民民主，必须加强法制。必须使民主制度化、法律化，使这种制度和法律不因领导人的改变而改变""国要有国法，党要有党规党法""做到有法可依，有法必依，执法必严，违法必究""对于违反党纪的，不管是什么人，都要执行纪律，做到功过分明，赏罚分明，伸张正气，打击邪气"。这些论述对于新时代深入推进反腐败斗争仍具有方法论的意义。

厉行法治是反腐败治本之策。邓小平同志强调，"还是要靠法制，搞法制靠得住些。"腐败是权力和私欲相结合的产物，其中起主导作用和决定意义的因素是权力。如果一个人私欲膨胀，甚至极端自私自利，但手中没有权力，他不可能成为腐败分子（当然，有可能成为其他方面的违法犯罪分子）。如果一个人品德高尚，但手中握有很大的权力，一旦失去有效的制约和监督，就很有可能蜕化为腐败分子。因为权力对人具有腐蚀性，"一切有权力的人都容易滥用权力，有权力的人直至把权用到极限方可休止，这是万古不变的一条经验"。没有人天生就是腐败分子或天生就准备做腐败分子,这些人中的大多数,最初的表现都是好的,是通过勤奋工作、清白做人赢得组织和群众信任而走上领导岗位的,但后来随着权力不断增大,权力带来的各种腐蚀和诱惑也不断增大,最终经受不住考验,把党和人民赋予的权力异化为谋取私利的工具,成为可耻的腐败分子。所以,反腐败的核心问题是制约和监督权力,而最可靠的制约和监督就是法治。正如习近平同志所指出,"如果法治的堤坝被冲破了,权力的滥用就会像洪水一样成灾""我们说要把权力关进制度的笼子里,就是要依法设定权力、规范权力、制约权力、监督权力""要把厉行法治作为治本之策,把权力运行的规矩立起来、讲起来、守起来。"

依法治国必先依规治党。邓小平同志强调,"没有党规党法,国法就很难保障"。中国特色社会主义法治体系不仅包括完备的法律规范体系、高效的法治实施体系、严密的法治监督体系、有力的法治保障体系,还包括完善的党内法规体系。这是我国法治体系同他国法治体系的重大区别所在,也是我们党的一大政治优势,依规治党就是要把这一政治优势最大限度发挥出来。党的十八大以来,以习近平同志为核心的党中央高度重视党的制度建设,以党章为核心的党内法规体系不断完善。当前依规治党的最大难题就在于如何确保党内法规得到全党的一体遵循。习近平同志反复强调"抓好领导干部这个关键少数",要求党的高级干部发挥示范带头作用。《新形势下党内政治生活准则》等党内法规都突出了高级干部这个重点,对他们提出了更高的标准、更严的要求。"用法律的准绳去衡量、规范、引导社会生活,这就是法治"。我们把这一阐释引申到党内,即:用党内法规的准绳去衡量、规范、引导党内政治生活,这就是"党内法治"。如果大多数高级干部在党内政治生活中能达到这种状态,那么我们就可以真正营造海晏河清的政治生态。

党纪国法面前人人平等。邓小平同志强调,"公民在法律和制度面前人人平等,党员在党章和党纪面前人人平等"。这一基本要求必须贯穿反腐败斗争的始终,否则压倒性胜利就不可能持续巩固和发展。历史上,一些封建帝王反腐力度很大,惩治腐败非常残酷,比如朱元璋对贪官污吏剥皮塞草点天灯并大肆株连,乾隆时一个腐败案子就杀掉知县以上官员数十人,但仍然无法阻挡贪官污吏们前"腐"后继的步伐,大贪巨蠹史不绝书。其中一个重

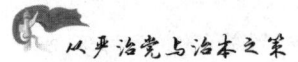

要的症结在于，封建制度下的法律不平等，对贪官污吏搞选择性反腐，搞远近有别、议亲议贵、议罪银，使腐败分子心存侥幸，寄希望于攀龙附凤、攀附权贵，找关系、找靠山摆平，从而减轻或逃避制裁。所谓"三年清知府，十万雪花银"，有的贪了十万，被满门抄斩；有的贪得更多，却逍遥法外甚至继续高官厚禄。这么做，官员和百姓都不会信服，反腐败斗争就会失去最广泛的支持和最根本的动力。平等是社会主义法律的基本属性，也应当是党规党纪的基本属性。我们的反腐败斗争必须坚持这一基本属性，对违纪违法人员一视同仁，决不能因人而异，同事不同罚，使党纪国法成为橡皮筋。

习近平同志强调，"一切向前走，都不能忘记走过的路。"我们重温邓小平同志的讲话，为的就是不忘记走过的路，更好地向前走。在继续推进改革开放的伟大征程上，必须时刻牢记邓小平同志的教导，"我们要反对腐败，搞廉洁政治。不是搞一天两天、一月两月，整个改革开放过程中都要反对腐败。我们前进的步伐会更稳健，更扎实，更快。"

加强廉政文化建设 筑牢不想腐的堤坝

宋明昌

十八届中央纪委委员、中央纪委驻新闻出版总署原纪检组长

开展"不忘初心、牢记使命"主题教育是推进新时代党的建设的迫切需要。党的十八大以来,以习近平总书记为核心的党中央加强党的领导,全面从严治党,坚定不移"打虎""拍蝇""猎狐",不敢腐的目标初步实现,不能腐的笼子越扎越牢,不想腐的堤坝正在构筑,反腐败斗争压倒性态势已经形成并巩固发展。强化不敢腐的震慑,保持惩治腐败高压态势,十八大期间,立案审查的省、军级以上领导干部及其他中管干部440人,处分村党支部书记、村委会主任27.8万人;扎牢不能腐的笼子,形成靠制度管权、管事、管人的长效机制;增强不想腐的自觉,引导党员干部坚定理想信念,强化宗旨意识,营造风清气正的从政环境和社会氛围。习近平总书记在中央纪委全会上发表的重要讲话、在主持中央政治局学习时发表的重要讲话中对加强廉政文化建设作了重要论述,习近平总书记还在许多重要讲话里讲了许多历史上廉洁故事,我们要认真学习、深入理解,加强廉政文化建设,增强不想腐的自觉。

一、2013至2019年,习近平总书记连续七年七次出席中央纪委全会并作重要讲话,强调加强廉政文化建设,筑牢不想腐的堤坝

1. 习近平总书记于2013年1月22日在中央纪委十八届二次全会上发表重

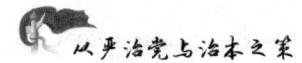

要讲话中指出：加大预防腐败工作力度，加强反腐倡廉教育和廉政文化建设，强化对权力运行的制约和监督，研究并实施体制机制制度创新，推进反腐倡廉法规制度建设。

2. 习近平总书记于2014年1月14日在中央纪委十八届三次全会上发表重要讲话中指出：加强廉政文化建设。积极借鉴我国历史上优秀廉政文化，把培育廉洁价值理念融入国民教育、精神文明建设和法制教育之中。发挥文化馆、纪念馆和廉政教育基地等的作用，加强廉政文化精品工程建设，开展廉政文化创建活动，扬真抑假、扬善抑恶、扬美抑丑，培育良好的民风社风。

3. 习近平总书记于2015年1月13日在中央纪委五次全会上发表重要讲话中指出：要加大惩治力度，强化"不敢"；坚持标本兼治，选对人用好人，深化改革、健全制度，加强管理监督，完善激励和问责机制，强化"不能"；加强党性修养，增强宗旨意识，弘扬优秀传统文化，确立"三个自信"，强化"不想"。

4. 习近平总书记于2016年1月12日在中央纪委十八届六次全会上发表重要讲话中指出：用历史、哲学和文化的思考支撑信心，踩着不变的步伐，不刮风、不搞运动，以顽强的毅力和不屈的韧劲，把党风廉政建设和反腐败斗争引向深入。大力弘扬中华民族优秀传统文化，推动社会风气持续好转。

5. 习近平总书记于2017年1月6日在中央纪委十八届七次全会上发表重要讲话中指出：修身立德是为政之基，从不敢、不能到不想，要靠铸牢理想信念这个共产党人的魂。要依靠文化自信坚定理想信念。领导干部要不忘初心、坚守正道，必须坚定文化自信。没有中华优秀传统文化、革命文化、社会主义先进文化的底蕴和滋养，信仰信念就难以深沉而执着。

6. 习近平总书记于2018年1月11日在中央纪委十九届二次全会上发表重要讲话中指出：要全面贯彻党的十九大精神，以新时代中国特色社会主义思想为指导，增强"四个意识"，坚定"四个自信"，紧紧围绕坚持和加强党的全面领导。

7. 习近平总书记于2019年1月11日在中央纪委十九届三次全会上发表重要讲话中指出：深入开展"不忘初心、牢记使命"主题教育。坚持边实践边学习，坚持学懂弄通做实，在学深悟透、务实戒虚、整改提高上持续发力，把教育成果转化为坚定理想信念、砥砺党性心性、忠诚履职尽责的思想自觉和实际行动。

二、习近平总书记在中央政治局集体学习时发表重要讲话，强调加强廉政文化建设，筑牢不想腐的堤坝

1. 2012年11月17日，习近平总书记在十八届中央政治局第一次集体学习时指出：反对腐败，建设廉洁政府，保持党的肌体健康，始终是我们党一贯坚持的鲜明政治立场，党风廉政建设是广大干部群众始终关注的政治问题。各级党委要旗帜鲜明地反对腐败，更加科学有效地防治腐败，做到干部清正、政府清廉、政治清明，永葆共产党人清正廉洁的政治本色。

2. 2013年4月19日，习近平总书记在十八届中央政治局就我国历史上的防腐倡廉进行第五次集体学习时指出：必须坚持党要管党、从严治党，积极借鉴我国历史上优秀廉政文化。研究我国反腐倡廉历史，了解我国古代廉政文化，考察我国历史上反腐倡廉的成败得失，可以给人以深刻启迪，有利于我们运用历史智慧推进反腐倡廉建设。

3. 2014年2月24日，习近平总书记在十八届中央政治局就培育和弘扬社会主义核心价值观，弘扬中国传统美德进行第十三次集体学习时指出：要增强文化自信和价值观自信，认真汲取优秀传统文化的思想和精华，使中国优秀传统文化成为涵养社会主义核心价值观的重要源泉。广大党员干部要带头学习和弘扬社会主义核心价值观。

4. 2014年6月30日，习近平总书记在十八届中央政治局就全面从严治党，落实管党治党责任，把作风建设要求融入党的制度建设进行第十六次集体学习时指出：加强作风建设，必须坚持马克思主义群众观点、贯彻党的群众路线，把出发点和落脚点归结到实现好、维护好、发展好最广大人民根本利益上来，归结到为民务实清廉上来。

5. 2018年6月30日，习近平总书记在十九届中央政治局就把党的政治建设作为党的根本性建设、为党不断从胜利走向胜利提供重要保证进行第六次集体学习时指出：要加强党内政治文化建设，让党所倡导的理想信念、价值理念、优良传统深入党员、干部思想和心灵。要弘扬社会主义核心价值观，弘扬和践行忠诚老实、公道正派、实事求是、清正廉洁等价值观，以良好政

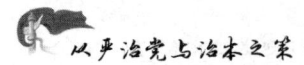

治文化涵养风清气正的政治生态。领导干部特别是高级干部要明大德、守公德、严私德，做廉洁自律、廉洁用权、廉洁齐家的模范。要扎紧制度的篱笆，发挥巡视利剑作用，推动全面从严治党向基层延伸，让人民群众真正感受到，清正干部、清廉政府、清明政治就在身边、就在眼前。

6. 2018年11月30日，习近平总书记在十九届中央政治局就中国历史上的吏治举行第十次集体学习时指出：要严把德才标准。德才兼备，方堪重任。我们党历来强调德才兼备，并强调以德为先。德包括政治品德、职业道德、社会公德、家庭美德等，干部在这些方面都要过硬，最重要的是政治品德要过得硬。

7. 2018年12月13日下午，习近平总书记在主持十九届中央政治局第十一次集体学习时强调，要强化不敢腐的震慑，保持惩治腐败高压态势，不断释放全面从严强烈信号。要扎牢不能腐的笼子，形成靠制度管权、管事、管人的长效机制。要增强不想腐的自觉，引导党员干部坚定理想信念，强化宗旨意识，树立正确的世界观、人生观、价值观，营造风清气正的从政环境和社会氛围。

三、习近平总书记讲廉洁故事

党的十八大以来，习近平总书记在一系列重要讲话、文章中，大量引用中国古代经典名句，为中国政坛带来习习清风，大大拉近了与民众的距离。习近平善于从诸子百家和历代文人、政治家的经典名句中旁征博引，恰到好处地表达了中国共产党人的立场、观点和方法，带给人们以深刻的思想启迪、精神激荡与文化自信。

1. 四知拒金。讲的是东汉人杨震做过荆州刺史、东莱太守，为政清廉。王密是昌邑县县令，是杨震举荐过的官员，他听说杨震路过，为报答当年提携之情，晚上准备了十斤金子想送给杨震，王密就对杨震说："现在是深夜没有人知道。"杨震说"天知、地知、你知、我知，怎么能说没有人知道呢？"王密听后很惭愧。有老朋友、长辈劝杨震为子孙购置产业，他说："让以后的世人称他们是清官的子孙，我用这个留给他们，不也是很丰厚吗？"习近平总书记强调："党的领导干部必须讲觉悟、有觉悟。有了觉悟，觉悟高了，就能找到自己行为的准星。"杨震四知拒金、把清廉留给子孙的故事，说明了觉悟对每一个干部立身、立业、立德、立严的重要意义，有觉悟才能辨是非、明公私，有觉悟方能养正气、祛邪气。杨震距今已经有1900年了，现在陕西渭南市潼关县四知村建有杨震廉政博物馆，深圳龙岗街道居住着杨震后代的宗堂的堂号叫"四知堂"，人们还在纪念他。

2. 要言妙道。西汉枚乘在《七发》中讲述了一个引人深思的故事，楚太子生病，吴客诊断其病原为精神萎靡，开出的药方是学习探讨"要言妙道"，用道德调理自身，慢慢"阳气见于眉宇之间"，最后"霍然病已"。习近平总书记讲述《七发》中的故事，是为了说明提升修养、坚定信仰，才能守住为政之本。正所谓，"本理则国固，本乱则国危"。"固本培元"，本就是根本、本心，本根不摇，才能汲取养分，枝繁叶茂；元就是灵魂、元气，元气充足，才能抵御邪气入侵，保持旺盛生命力。而根本，就在于坚定理想信念，提高党性修养。

3. 三命而俯。春秋时期宋国大夫正考父是几朝元老，但他对自己要求很严，他在家庙的鼎上铸下铭训，意思是说，每逢有任命提拔时都越来越谨慎，一次提拔要低着头，再次提拔要曲背，三次提拔要弯腰，连走路都靠墙走，生活中只要有这只鼎煮粥糊口就可以了。习近平总书记说，看了这个故事之后，很有感触，我们的干部都是党的干部，权力都是党和人民赋予的，更应该在工作中敢作敢为、锐意进取，在做人上谦虚谨慎、戒骄戒躁。

4. 亡国之音。南北朝时期的南朝陈国皇帝陈叔宝，在位时生活奢侈、不理朝政，后来隋军南下，其军队不堪一击，陈叔宝被俘病死。他所作的诗，《玉树后庭花》被人称为"亡国之音"。抗战胜利后，国民党接管了很多地方，大搞"五子登科"，结果弄得民怨沸腾，彻底丧失了人心，最后很快被我们党领导的革命赶跑了。以陈叔宝"亡国之音"警示骄奢淫逸的危害，以"历览前贤国与家，成由勤俭破由奢"提醒坚守艰苦奋斗精神的重要性，以"朱门酒肉臭，路有冻死骨"告诫抵制享乐主义和奢靡之风……习近平总书记借古警今、借诗言志，让党员干部对作风问题有了具体而深刻的理解，保持同人民群众的血肉联系，防止党在长期执政条件下腐化变质，"是我们必须抓好的重大政治任务"。

5. "去民之患，如除腹心之疾"。这是宋朝的苏辙给皇帝写的书，意思

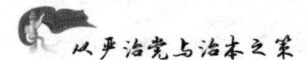

为"去掉老百姓的祸患,如同去掉自己的心病一样重要"。我们党的干部与人民群众的根本利益相一致,只要我们密切联系人民,真正与民同苦、与民同忧,我们必定会重铸我们与群众的血肉联系,我们必定会赢得全体人民的同心同德。

6. "纪纲一废,何事不生"。这是苏轼向宋神宗上奏折中的一段话,是针对当时当权大臣独揽大权,经常越过常规法纪,引起民怨的事情。这一反问表达了苏轼对法纪松弛而带来的无穷后患的强烈担忧。习近平总书记引用苏轼的"纪纲一废,何事不生",旨在告诫领导干部要严守政治规矩和政治纪律,加强政治性,不能拿政治纪律和政治规矩当儿戏。

7. "锄一害而众苗成,刑一恶而万民悦"。这是西汉恒宽写的,意思是:除去一些野草禾苗,禾苗就能很好的生长,惩罚少数对人民有危害的人,百姓就会高兴。我们坚持有腐必惩、有贪必肃。同时,我们着力解决发生在基层和群众身边的不正之风和腐败问题,让正风反腐给老百姓带来更多获得感。

8. 明镜所以照形,古事所以知今。今天,我们回顾历史,不是为了从成功中寻求慰藉,更不是为了躺在功劳簿上、为回避今天面临的困难和问题寻找借口,而是为了总结历史经验、把握历史规律,增强开拓前进的勇气和力量。习近平总书记指出:要以"不忘初心"的明镜、映照"继续前进"的道路,以"不忘初心"的古事、明确"继续前进"的今昔。

9. 猛药治疴,重典治乱。全党同志要深刻认识反腐败斗争的长期性、复杂性、艰巨性,以猛药去疴、重典治乱的决心,以刮骨疗毒、壮士断腕的勇气,坚决把党风廉政建设和反腐败斗争进行到底。习近平总书记以"猛药去疴、刮骨疗毒、壮士断腕"来形容我党在反腐工作中的决心、勇气和信心,体现了我党的反腐败高压态势和坚持以零容忍惩治腐败的态度,以及反腐工作老虎苍蝇都要打的决心;体现了国家权力来源于群众并服务群众的基本国策。

10. "当官之法,惟有三事,曰清,曰慎,曰勤"。在我国历史上,注重修身立德、为官廉洁,是一些正直的士大夫终身恪守的为官准则。早在先秦时期,我们的祖先就有为政以廉的劝诫。管子讲,礼、义、廉、耻,国之四维,"四维不张,国乃灭亡"。南宋吕本中在他所著的《官箴》中说:"当官之法，惟有三事，曰清、曰慎、曰勤"。其中的"清"，指的就是清廉，即清清白白、干干净净。

四、学习习近平总书记加强廉政文化建设、筑牢不想腐的堤坝重要指示的体会

1. 习近平总书记在中央纪委全会和主持中央政治局集体学习时发表的重要讲话语重心长、意义深远，体现着党的理想信念宗旨和路线方针政策，密切联系世情国情党情，源自于党史、国史和中华文明史，处处彰显"四个自信"，我们要全面、科学、准确地学习领会，学思践悟，融会贯通，学以致用，增强"四个意识"，坚定"四个自信"、做到"两个维护"。习近平总书记讲的历史上的廉洁故事言简意赅、振聋发聩。我们要积极借鉴我国历史上优秀廉政文化，研究我国反腐倡廉历史，了解我国古代廉政文化，考察我国历史上反腐倡廉的成败得失，这些故事可以给我们以深刻启迪，有利于我们运用历史智慧推进反腐倡廉建设。

2. 党的十九大高度重视廉政文化建设，廉政文化是中国特色社会主义文化、是党风廉政建设的重要组成部分。十九大报告79次提到"文化"，第7部分对"坚定文化自信"、第13部分对"坚定不移全面从严治党"做了重要部署，大会同意把"中国特色社会主义文化"写入党章，十八届中央纪委向十九大的报告指出"文化自信是民族自信的源头，历史文化传统决定道路选择"。廉政文化是中国特色社会主义文化的重要组成部分，也是党风廉政建设的重要组成部分，我们要加强廉政文化建设、筑牢不想腐的自觉。

3. 廉政文化是传统文化、先进文化、革命文化重要组成部分。习近平总书记指出："中国特色社会主义文化，源自于中华民族五千多年文明历史所孕育的中华优秀传统文化，熔铸于党领导人民在革命、建设、改革中创造的革命文化和社会主义先进文化。"中国特色社会主义文化三重内涵中的优秀传统文化、革命文化、先进文化中包含着丰富的廉政文化，我们要弘扬优秀传统文化、革命文化、先进文化中的廉政文化，筑牢不想腐的堤坝。

4. 坚定文化自信，深入推进全面从严治党。习近平总书记在党的十九大所做的报告，在十九届中央纪委二次、三次全会上发表的重要讲话，是新

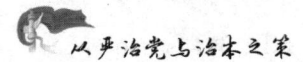

时代坚定文化自信，深入推进全面从严治党的进军令，十九大修改的党章和《关于新形势下党内政治生活的若干准则》《中国共产党廉洁自律准则》等党内法规是新形势下共产党人坚定文化自信、加强廉政建设、筑牢不想腐的行为规范，我们要深入学习、深入领会、深入贯彻落实。

不忘初心、牢记使命。我们要坚决贯彻习近平新时代中国特色社会主义思想和党的十九大精神，传承五千多年积累的中华优秀传统文化，继承革命前辈浴血奋战熔铸的革命文化，发扬光大党领导人民在建设、改革中凝聚的社会主义先进文化，坚定文化自信，牢记党的宗旨，加强党性修养，坚定理想信念，解决好世界观、人生观、价值观这个"总开关"，一体推进不敢腐、不能腐、不想腐，全面从严治党，不断增强党的创造力、凝聚力、战斗力，为决胜全面建成小康社会提供坚强保证。

廉政与国家治理现代化

卓泽渊

中国法学会副会长,中央党校副教育长

廉政或者可以称为廉洁政治,是指公权力行使者在行权的过程中不受利益驱使而谋私的政治行为与政治状况,或者使政治清廉的行动。如何确保政治廉洁是公权力产生以来就存在的重大问题。政治廉洁与否以及廉洁程度历来都是评价政治状态的重要指标。2019年10月,中共中央作出了《关于坚持和完善中国特色社会主义制度、推进国家治理体系和治理能力现代化若干重大问题的决定》。自此,国家治理现代化问题在中国受到了前所未有的重视,摆上了党和国家工作的日程。从当前国家治理的客观实际和发展走向来说,国家治理现代化无疑包含着民主化、科学化、智能化、法治化等许多方面。廉政与国家治理现代化尤其是与其民主化、科学化、智能化、法治化有着怎样的关系,非常值得进行深入的理论研究和实践探索。

一、廉政是国家治理民主化的本质性要求

随着国家治理现代化建设加速,国家治理民主化必然会受到前所未有的重视。推进民主始终是我们坚定不移的政治目标。廉政建设是国家治理民主化的本质要求。随着政治民主化进程加快,廉政要求就会愈来愈高,它是政治民主化进程的重要标尺。从国家治理民主化视角来考察政治就不难得出结论,廉政是政治权力归属于人民的要求,是政治权力忠诚于人民的要求,也是政治权力服务于人民的要求。

廉政是政治权力归属人民的要求。政治权力在本质上属于谁？是首要的问题。在君主时代，政治权力属于君主，天下为一人一姓所拥有。普天之下莫非王土，率土之滨莫非王臣。不同类别与层级官吏所拥有的权力，不过是君主交付给他们代为行使的权力而已，都是无比强大的君权的构成部分和层级划分。在历史进入民主时代之后，情况发生了根本变化。政治权力不再属于君主而是属于人民。我国宪法明确宣布国家一切权力属于人民。人民将权力交付给各个相应主体具体行使。他们是执政者、立法者、行政者、司法者，他们拥有执政权、立法权、行政权、司法权。既然权力属于人民，就不能为任何官员所私有。既然不是私有财产，任何人都没有理由以之牟利。也就是说，从权力归属的意义上讲，所有的政治权力行使者都必须廉洁行权，他们不能利用人民的权力为自己谋利，这是权力归属于人民的要求。

廉洁是政治权力忠诚人民的要求。政治权力在本质上是人民的权力，由人民所赋予，就必须忠诚于人民。客观上，权力也存在着背叛人民的可能性和危险性。忠诚性要求正是因此而提出的。忠于人民是社会主义政治权力本质的直接体现，是人民对于权力的基本要求。这些政治权力行使者是否忠诚于人民，以及如何保证他们的忠诚，就成为人民至为关心的重要问题。行权者滥用权力的原因可能是多方面的，但是因腐败而滥用权力是最经常、最普遍的情形。所有的腐败无不是行权者受利益驱使而以权谋私。因此，反对腐败、保证廉洁就成为人民考察权力行使者是否忠诚的重要尺度。廉政是保证权力忠诚于人民的要求，是国家治理民主化的本质性要求。

廉洁是政治权力服务人民的要求。在民主政治的时代背景之下，政治权力服务于人民，是体现其本质的实践活动与实现过程。我国所有政治权力设立的初衷就是为人民服务。在原始时代，没有国家、没有政府，也没有公权力，后来由于管理公共事务的需要而创设了公权力，进而形成了国家和政府。创造公权力的目的就是使之承担必要的公共事务，服务于人民。各级官员就是公共事务的管理人。人民选任官员实际上是选任自己的服务员，选任自己的公仆。官员的服务质量如何，是否满足人民的要求，只能由人民来评判。人民作为权力的拥有者，也是权力行使效果的检验者，必然要求官员行权过程是廉洁的。只有无私的权力行使过程，才能保持为人民服务的本色，不为利诱，始终如一。

二、廉政是国家治理科学化的规律性要求

国家治理是所有治理活动中最为庞大、最为复杂的治理工程。它的影响最大，往往关乎一国的得失荣辱、兴衰成败，不能不慎之又慎。国家治理最害怕什么？最害怕违背客观规律，不科学，一着不慎满盘皆输，一失足成千古恨。在科学技术日益发达的今天，最根本的是害怕治理决策及其措施的不科学。因此，科学性就成为人民对国家治理的必然要求，国家治理科学化问题就必然随着国家治理现代化而被提出并强化。国家治理的科学化是一个长期的、伴随国家始终的过程。只要有国家治理存在，就存在其治理决策、方式、措施是否科学的问题。日复一日、一个又一个国家治理事项，都要尊重其科学性要求。这是国家科学治理所追求的目标，它将与政治权力同时存在，伴随政治权力的发展而不断提出新的要求。

国家治理科学化对于政治权力最首要的要求就是尊重治国理政的客观规律。国家治理活动有大量规律性问题，治国理政必须尊崇客观规律，严格按照客观规律办事。中国古代的思想家老子曾说，治大国若烹小鲜。即使是烹小鲜，也是有其客观规律的。将治国比喻为烹小鲜，也只是比喻而已。厨师烹小鲜中的失误，损失的不过是一盘小鲜而已，但治国理政中的失误就不是一盘小鲜的事情。常常是事关国家前途命运的大问题，事关无数人的身家性命，不能不慎之又慎。尊重这些规律未必能治理好国家，但违背这些规律，一定无法治理好国家。就治国理政的各个参与者来说，理当尊重这些规律。但是，在实际的国家和社会治理中，违背这些规律的情形却时有发生。国家治理是一个宏大的工程，包含着复杂的体系结构、多元的影响因素、变化的发展过程。尊重客观规律是一个总体要求，要真正做到科学治国，确非易事。千百年来，无数政治家都在探索治国理政规律，直至现在也很难说有多少规律得到了政治家们的共同认可。

公权力的行使者为什么会违反国家治理规律，究其最主要的主观原因，一是认识问题，二是腐败问题。只要不是认知原因，就很可能是腐败原因。只要有贪腐存在，就无法保证政治权力得到科学行使。因为，依法行使和科学行使的权力是难以被人贿买和难以有人贿买的。任何官员都不可能依靠依法办事、科学决策去谋取私利。有了公职人员的贪腐，国家治理就不可能具

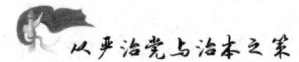

有科学性和被科学化。何以消除腐败、保持清廉,是国家治理保持科学性、实现科学化的现实要求。在没有腐败影响的情况下,治国理政规律一定能够得到更好遵循。防止和惩治腐败,其直接目标就是保证政治清廉。人类自古以来作出的种种努力,在历史上发挥了极为重要的作用。事与愿违的实际情形是,腐败远远没被禁止,以至于成为现代政治的顽症,在特定情况下还愈演愈烈。反对腐败早已成为政治尤其是现代政治科学性的必然要求。

三、廉政是国家治理智能化的目标性要求

国家治理总是在特定时代背景下进行的,时代是发展变化的,国家治理也必须与时俱进。每一个时代都会提出相应的国家治理要求。在互联网如此普遍,大数据、人工智能被广泛运用的现代世界,国家治理现代化必然包含国家治理及其廉政建设的智能化。互联网、物联网、人工智能、大数据、区块链的运用,大大提高了公权力行使的效能,也对国家治理的廉洁问题提出了新的目标和要求。现代化的技术手段如果能够得到很好运用,就必将有力推动廉政建设。在国家治理的智能化建设中,必须深刻理解国家治理智能化对廉政建设的新要求,以及它对廉政建设的新贡献。

国家治理的智能化发展有利于处理好反腐与防腐的关系,并将二者有机结合起来。处理好反腐与防腐之间的关系,是廉政建设中必须解决的重要问题,也是推进廉政建设智能化必须解决的重大问题。就反腐、防腐、廉政之间的关系来说,反腐是现实任务,防腐是长远目标。反腐是有效手段,廉政是根本追求。现代高科技的发展,大大扩展了社会生活的空间,也极大地扩展了国家治理的范围,也提升了国家反腐倡廉的能力。在国家治理的廉政建设中,运用智能化手段的直接目的当然是提高国家治理的质量和效能。不可否认,其重要目的之一就是反腐,根本目的是防腐,建立廉洁政治,实现廉政目标。廉政是国家治理智能化的重要追求。

国家治理的智能化为廉政建设提供了更为先进、更为有效的技术手段。具体说来,我们通过国家财政大数据的公开透明、社会组织财物结算方式的智能化改进,个人收入的纳税数据的收集和归总,就可以有效地预防相应的违法犯罪发生。通过这些数据,我们有关部门也能清楚地知道领导干部的收

入情况。如果发现巨额财产来源不明，就有理由怀疑其滥用公权力甚至存在腐败问题，就可以要求其说明，直至进行法律追诉。追诉只是手段，根本目的不仅是打击或者制裁贪官，而更重要的是有效地防止腐败发生，减少滥用权力所带来的损失。国家治理的智能化发展有力地推进廉政建设，确保政治清廉，确保公权力的人民性，这才是廉政建设最神圣的追求，也其是最现实的目标。

四、廉政是国家治理法治化的关键性要求

改革开放以来，我国法治建设取得了辉煌成就。依法治国，建设社会主义法治国家已经成为国家的宪法原则，也是法治目标。经过近半个世纪的探索与努力，我们已经确定了一个法治发展的宏伟规划。法治政府、法治社会、法治国家一一被列入了相应的时间表。有序的法治发展为中国社会发展提供了有力保障，也开辟了广阔前景。我国法治的进步和发展举世瞩目，它是国家治理现代化的主要内容和重要保证，对公权力的依法制约是法治建设的关键环节。在今后一个相当长的时期，都必将受到特别重视。国家治理法治化最基本的含义就是广大人民要通过法治化的方式来分配和监督国家权力。

人民是一个庞大的整体，人民的大量权力都无法由人民直接行使，因此就总要将权力委托给特定主体。如何运用法治来规范国家权力，确保国家权力的行使，到位而不缺位，到位而不越位，法治就成为关键。人民为了更好地分配权力，就用宪法和法律来规定授权的制度机制。人民或直接或间接地通过法治的方式，分配公权力给相应的行权主体。人民只是将这些权力的行使权分配出去了，但是依然保留了所有权，保留了监督权、罢免权。人民依法授权给特定主体，委托有关官员仅仅是治国理政的第一步。没有法治化的授权体制机制，人民的权力就可能明珠暗投，被不良之徒所掌控。法治的首要任务就以法定程序确保人民将权力科学地授予各个主体。

人民将权力授予特定主体之后，这些主体如何行使权力就成为终点。监督权就成为人民权力始终被正确行使的保障力量，也是人民手中长期拥有并运用的法宝。监督权是管理权力的权力，人民可以依法自己行使，也可以

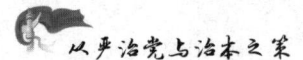

委托他人行使。接受委托的主体，在民主政治之中首先就是人民代表及其组成的权力机关，其次就是接受委托的各类各级监察机关、检察机关。为了保证监督机关正确行权，人民就为其制定了监察与监督法律，并以之判断监督者是否忠实履职。罢免权是一种特殊的监督权，它是各级国家权力机关，在我国就是人民代表大会或者其他国家机关就其选出的代表和国家机关领导人员，免去其领导职务的权力。罢免的原因可能是代表和国家机关领导人员的渎职或者违法行为，其中当然包括他们的腐败行为。及时罢免不称职的官员，是阻止权力滥用，防止损失扩大的有效手段。将监督权与罢免权统一起来，协调行使，是人民确保权力不被滥用的强大武器，是人民作为主人并实现主人意志——法律的有力保证。

人民通过法定程序授予权力和监督权力，实现当家作主。当然包括人民通过法治化方式保障国家权力清廉，促进廉政建设。就国家治理中依法推进廉政建设来说，还是一条漫漫长路。只有坚持法治原则，力行法治，国家治理现代化才能顺利完成，才可能等闲识得东风面，万紫千红总是春。

推进新时代党的建设的重大举措

——浅谈"不忘初心、牢记使命"主题教育的重大意义

苏希胜

国防大学科研部原部长，中国延安精神研究会副会长兼秘书长

习近平总书记在2019年5月31日召开的"不忘初心、牢记使命"主题教育工作会议讲话中指出，开展这次主题教育是用新时代中国特色社会主义思想武装全党的迫切需要，是推进新时代党的建设的迫切需要，是保持党同人民血肉联系的迫切需要，是实现党的十九大确定的目标任务的迫切需要。从理论与实际、历史与现实的结合上，深入研究和深刻认识这次主题教育的重大意义，对推进新时代党的建设具有重要意义。

一、中国共产党的初心和使命，是马克思主义政党理论的科学命题

马克思和恩格斯在《共产党宣言》中指出："共产党人同其他无产阶级政党不同的地方只是：一方面，在无产者不同的民族的斗争中，共产党人强调和坚持整个无产阶级共同的不分民族的利益；另一方面，在无产阶级和资产阶级的斗争所经历的各个发展阶段上，共产党人始终代表整个运动的利益。"还指出，共产党领导工人革命的第一步就是使无产阶级上升为统治阶级，争得民主；然后，利用自己的政治统治，夺取资产阶级的全部资本，把一切生产工具集中在无产阶级手里，并且尽可能快地增加生产力的总量。同

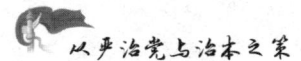

时强调,共产党的最终奋斗目标和使命是实现共产主义社会。世界社会主义运动170多年的历史充分证明,马克思主义的上述重要思想是完全正确的。

中国共产党是马克思列宁主义与中国工人运动相结合,为拯救中华民族的危亡、独立和复兴,实现人民的解放和幸福而创立的。党的一大提出:"采取无产阶级专政,以达到阶级斗争的目的——消灭阶级""消灭资本私有制,实行生产资料社会公有"。这表明,我们党从建党开始就旗帜鲜明地把实现共产主义社会作为自己的奋斗目标。党的二大提出了反帝反封建的民主革命纲领。在以后召开的党的历次代表大会上,我们党对党在各个不同革命时期的战略任务和目标作过新的概括和阐述。党的七大,把"中国共产党人必须具有全心全意为中国人民服务的精神"载入大会通过的《党章》上。党的十九大,习近平总书记指出,中国共产党人的初心和使命,就是为中国人民谋幸福,为中华民族谋复兴。这个初心和使命是激励中国共产党人不断前进的根本动力。可见,中国共产党人的初心和使命是中国共产党人对马克思主义关于无产阶级政党理论在中国的运用和发展。

二、"不忘初心、牢记使命"是中国共产党成立98年来奋斗历程的真实写照

中国共产党98年的历史,从一定意义上说,就是"不忘初心、牢记使命"并使之逐步成为现实的历史。建党初期,中国人民苦难深重,中华民族内忧外患,正是由于共产党人高高举起这个初心和使命的大旗,冒着杀头的危险,积极开展工人运动、农民运动,成功实现第一次国共合作并取得北伐战争的胜利,使中国人民看到了胜利的希望。在国民党叛变革命,疯狂残杀共产党员,全国一片白色恐怖的形势下,正是由于活着的共产党人"不忘初心、牢记使命",挺身而出,不畏强暴,掩埋好同伴们的尸首,擦干净身上的血迹,继续奋斗,开创了中国革命的新局面。在中央红军第五次反围剿斗争失败后,也是由于共产党人"不忘初心、牢记使命",带领红军将士战胜国民党反动派的围追堵截,翻越鸟儿飞不过的雪山,踏过无人走过的草地,用双脚走完了万里长征路,中央红军的长征路上平均每300米就有一名红军将士献出自己年轻的生命,红军将士用生命和热血谱写了一部震惊世界的英雄

史诗。在日本帝国主义侵略中国，中华民族陷入亡国灭种之灾的危急时刻，还是由于共产党人"不忘初心、牢记使命"，摒弃前嫌，与国民党实现了第二次合作，建立了抗日民族统一战线，推动中华民族实现伟大觉醒，在中华大地上形成了陷敌于灭顶之灾的人民战争的汪洋大海，用血肉之躯筑起了抵御外敌入侵和国内反动派挑起内战的钢铁长征，取得了抗日战争的伟大胜利；接着又取得了解放战争的伟大胜利，使中国人民站起来了。

新中国成立后，共产党成为执政党，仍然坚持"不忘初心、牢记使命"，在领导人民取得社会主义革命和建设伟大成就，认真总结经验教训基础上，成功开辟中国特色社会主义道路，创立并发展中国特色社会主义理论、制度和文化，实现了中国经济社会历史性伟大变革，取得了举世瞩目的伟大成就，使中华民族实现了从站起来、富起来到强起来的伟大飞跃，中国人民实现了从贫穷落后、温饱不足到小康富裕的伟大飞跃，新中国实现了快速走进世界舞台中央的伟大飞跃。

中国共产党98年的实践充分证明，共产党的初心和使命是完全正确的，这是共产党的宗旨、理想信念、奋斗目标的集中体现。初心的伟大，在于心系人民；使命的神圣，在于关乎民族的命运。"不忘初心，牢记使命"，彰显了共产党对人民和民族的忠诚，对理想信念的坚定。正是由于共产党坚持不懈地坚持初心和使命，才赢得了广大人民群众的拥护，取得了中国革命、建设、改革事业的核心领导地位和伟大成就。如果共产党丢掉了初心和使命，就没有共产党的发展壮大，就没有中国人民的解放和幸福，就没有中华民族独立和如此近距离接近伟大复兴的目标。

三、思想政治教育是中国共产党人守初心、担使命的中心环节

中国共产党人的初心，是其价值观的集中体现；中国共产党人的使命，是一个长期艰难的奋斗过程。初心引导和推动使命，使命践行和发展初心。一代又一代中国共产党人"不忘初心、牢记使命"，除了艰苦斗争实践的磨炼外，最重要的是靠艰苦细致的思想政治教育。在革命战争年代，毛泽东同志不仅创造性地提出并践行了思想建党的重要思想和掌握思想教育是团结全党进行伟大政治斗争的中心环节等重要观点，而且领导全党至上而下地普遍

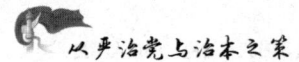

深入开展以学习马克思主义，反对主观主义、宗派主义、党八股为中心内容的延安整风运动，实现了全党思想上的高度统一和组织上的空前巩固，完成了在无产阶级人数很少而战斗力很强，农民和其他小资产阶级占人口大多数的国家之中，建设一个具有广大群众性的、马克思主义的无产阶级政党的极其艰巨伟大的任务。这其中，党内思想政治教育工作发挥了极为重要的作用。

新中国成立70年来，党的思想政治教育工作尽管在一段时间内受到"左"的错误的严重影响，出现过片面夸大主观能动性问题，以及放松思想教育的失误；但总体来看，党的思想政治教育工作的成绩是巨大的。这一工作，在教育引导全党和全国人民适应新的形势任务，继承和发扬党的优良传统，经得起进京赶考的考验，团结和带领全国人民完成社会主义革命和建设的伟大任务并取得重大成就，是发挥了重要作用的。特别是党的十一届三中全会以来，党的思想政治教育工作在推动全党和全国人民解放思想、团结一致向前看，坚持中国特色社会主义道路、理论、文化、制度，认真贯彻党的路线和各项方针政策，排除"左"、右两个方面的干扰，实现中国经济社会历史性伟大变革，取得历史性伟大成就方面，更是功不可没。

建党98年来，党的思想政治教育工作的历程和成就可以给我们以下启示：一是党的思想政治教育工作是党的其他一切工作的生命线。其根本任务是，教育全党团结带领广大人民群众认识并为实现自己根本利益而英勇奋斗。不论在什么历史时期、什么条件下，党的思想政治教育工作都只能加强，不能削弱。二是党的思想政治教育工作没有离开党的中心任务再有所谓独立任务，必须围绕中心、服务大局。当前必须把习近平新时代中国特色社会主义思想作为党的思想政治教育工作的中心内容，把推进中国特色社会主义事业作为党的思想政治教育工作的根本目的。三是党的思想政治教育工作的对象是受教育者的灵魂，必须遵循干部群众接受教育的规律来进行，掌握被教育者思想变化的特点，找准被教育者存在的主要问题，理论联系实际，解决思想问题与解决实际问题相结合，才能增强教育的针对性和有效性。四是党的思想政治教育工作具有的广泛的群众性和鲜明的导向性，既要充分发动群众人人参与，更要强调领导干部特别是党的高层领导干部模范带头、言行一致、加强领导，这是取得思想政治教育工作显著效果的关键。

2019年开展的"不忘初心,牢记使命"的主题教育在继承上述经验的基础上,又有了一些新的做法:始终把学习党的创新理论贯穿主题教育全过程,始终把深入群众、调查研究、找准问题、深挖根源贯穿主题教育全过程,始终把发扬刀刃向内的自我革命精神贯穿主题教育全过程,始终把整改落实贯穿主题教育的全过程,立查立改、即知即改等等,这些做法都是对党的思想政治教育历史经验的丰富与发展。

四、"不忘初心、牢记使命"主题教育,是中国共产党人为实现新时代历史使命提供根本保证的重要举措

实现中华民族伟大复兴,是新时代中国共产党人的历史使命。完成这一使命仍然艰难而辉煌。正如习近平总书记所说:"摆在全党全国各族人民面前的使命更光荣、任务更艰巨、挑战更伟大。""我们现在所处的,是一个船到中流浪更急、人到半山路更陡的时候,是一个愈进愈难、愈进愈险而又不进则退、非进不可的时候"。同时还要看到,在党长期执政条件下,各种弱化党的先进性、损害党的纯洁性的因素无时不有,各种违背初心和使命、动摇党的根本的危险无处不在,"四大考验""四种危险"依然严峻复杂,在这种条件下,特别迫切需要大力加强党的建设。为此,习近平总书记明确指出,要把"不忘初心、牢记使命",作为加强党的建设的永恒课题,作为全体党员、干部的终身课题。

两批主题教育实践证明,开展主题教育不仅是极为重要的,而且是十分必要的。

广大党员干部通过主题教育进一步增强了坚持习近平新时代中国特色社会主义思想的自觉性。深化和拓展了对这一思想时代意义、理论意义、实践意义、世界意义的理解,更加深刻认识到这一思想的核心要义、精神实质、丰富内涵、实践要求,较好地把握了这一思想贯彻的马克思主义立场观点方法,为增强"四个意识"、坚定"四个自信"、做到"两个维护",奠定了一定的理论基础,为锤炼忠诚干净担当的政治品格,提供了思想武器。为团结带领人民群众为实现中国梦,提供了精神动力。

广大党员干部通过主题教育更加深刻认识到党群关系的极端重要性,对

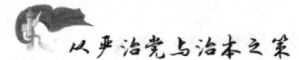

于筑牢党长期执政的阶级基础和群众根基必将发挥重要作用。大家认识到，党群关系是最大的政治，党脱离人民群众是最大的危险；党内腐败和形式主义、官僚主义、享乐主义和奢靡之风是影响党群联系的最大障碍。在党长期执政和发展社会主义市场经济、改革开放的历史条件下，党脱离人民群众的危险比以往任何时候都增加了。这次主题教育，一方面通过教育引导党员干部自觉践行党的宗旨，主动为群众办实事、解难题，使党密切联系群众的优良作风得到发扬；另一方面教育引导党员干部深入群众之中，听取意见，查找存在问题，以刮骨疗伤的勇气，坚韧不拔的韧劲坚决予以整治；鼓励党员干部敢于同一切影响党的先进性、弱化党的纯洁性问题作坚决斗争；教育引导党员干部自觉对照党中央提出的要求对照检查，有的放矢进行整改。这些努力，使党员干部存在的问题较好地得到了纠正，许多同志触及到了灵魂，卸掉了包袱，思想政治受到洗礼，精神面貌发生了变化，党群关系得到改善。

这次主题教育开创了新时代党勇于自我革命的新局面。自我革命，是共产党运用革命的方法，革除自身顽疾，保持先进性和纯洁性的重要方法。勇于自我革命，是我们党最鲜明的品格，也是我们党最大的优势。在革命战争年代，我们党坚持这个方法，成功完成了建设一个具有广大群众性的、马克思主义的无产阶级政党的极其艰巨的任务。新中国成立以来，我们党在运用这一方法方面尽管出现过一些失误，但取得的成就与经验是主要的。一段时期内，有些单位放松甚至丢掉了自我革命这一方法，致使批评与自我批评开展不起来，原则不高，政治生态受到污染，甚至滋生腐败。党的十八大以来，我们党重新强调这一方法，习近平总书记在这次主题教育中不仅多次强调并深刻阐述这一方法，而且科学总结了我们党自我革命的重要经验：坚定理想信念、加强党性修养，从严管党治党，严肃党内政治生活，坚持党内经常性教育与集中性教育相结合，勇于开展的批评与自我批评，加强党内监督，接受人民监督，不断纯洁党的思想、纯洁党的组织、纯洁党的作风、纯洁党的肌体，等等，这些都是党的自我革命的丰富思想成果。在这次主题教育中，上述重要思想成果得到较好落实，党的创新理论的学习收获很大，批评与自我批评的优良作风得到弘扬，自我革命精神明显增强，有力推进了主题教育取得好的成效。

主题教育的实践告诉我们：革别人的命容易，自我革命并非易事。共产党员搞好自我革命，必须掌握马克思主义的基本理论特别是中国化马克思主义的最新成果，必须有忠诚于党和人民，始终把人民利益放在第一位的高度政治自觉，必须遵循人们思想变化的规律、循序渐进，必须坚持惩前毖后、治病救人的方针政策，党内和社会上必须形成强有力的推动和监督自我革命的机制。我们完全相信，随着这一方法的广泛运用，党的这一品格和优势一定能够在新时代得到发扬光大。

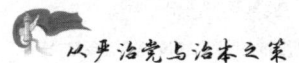

"三太干政"相对较少的清王朝

李永忠

中国纪检监察学院原副院长

清朝是离我们最近的中央集权帝制王朝。由于时间距离近，现有史料多，因此研究者众。我以为，公元前221年，自秦始皇统一中国后，中国的治与乱，与"三太干政"紧密相联。"三太干政，必出乱政"成为解读中国古代国家治乱的一把钥匙。在我看来，清王朝是"三太干政"相对较少的帝制王朝。

我想说的是，单就明清两朝而论。如果清朝的皇帝，仍然还是朱元璋的子孙。那么，歌颂皇帝的声音，就会自然消停。因为，至今也很少有人，去歌颂明朝的皇帝。

但是，历史从来都只重结果，而没有如果。

因此，我们有必要以明清两朝的结果为据，认真比较一下明清两朝的优劣。明王朝17个朱氏皇帝，连续执政276年；清王朝12个爱新觉罗氏皇帝，连续执政295年。

尽管明清两朝执政的时间长短都差不多，但执政的效果，却大相径庭。由于农耕社会执政的优劣，常常把人口的增减，作为最重要的指标。这里仅以明清两朝人口的增长为例。

据《中国人口史》研究资料显示，唐朝初期为2400万，经历贞观之治、开元盛世，中国人口达到第一个历史高峰9000万。第二次大分裂的五代十国，人口减少。宋朝作为中国历史上最繁荣富足的朝代，人口数量首次超过1个亿。元朝灭宋后实行残酷的统治，人口增长很慢，直至明朝，人口最多时也不过6000万。

但是清朝后，中国人口开始了井喷式增长，从顺治年间破1亿到民国时的4亿，中国的人口开始了万万（亿）时代。其原因主要是因为清朝太平时长，稳定面广，粮食产量大幅增长，老百姓因为没有粮食吃而饿死的现象大为减少。

我认为，历史有其自身的客观规律。取而代之明朝统治者的，不是李自成、张献忠等农民起义领袖，而是山海关外的满族王公贵族及其所率领的铁骑之师。他们之所以能打败农民起义军，并取代明朝统治者们。

简而概之，无非是人数上的以少胜多，文化上的以弱胜强，行动上的以快胜慢，军事上的以长胜短，经济上的以有恒产胜无恒产，特别是决策上的以八王民主议事胜崇祯皇帝刚愎自用的个人独裁。一个看似不可能获胜的清军冲关行动，居然就以大获全胜而取得天下！

其实，认真分析研究清王朝连续执政295年，只要不心存偏见，就可以发现，清王朝创造了中国历史上的很多个重要的第一，甚至是唯一：

1. 清朝皇帝的整体素质之高，为中国历史第一。
2. 清朝实际并有效控制的疆域面积第一。
3. 康雍乾三朝连续130多年，保持长期稳定的局面第一。

当然，清朝同此前的其他王朝一样，也同样存在很多的弊病、弊端和弊政。

一是为实现少数民族对多数民族的长期统治，在初期采取了极其血腥的杀戮政策。

二是大兴文字狱，阉割儒家民本、批判等精神。

三是闭关锁国，排斥改革，导致被动挨打，坐失跟随世界潮流前进的大好时机。

尽管对于这些弊病、弊端和弊政，清朝的统治者难辞其咎。但在几个关键点上，清朝也创造了历史的奇迹！

首先，改革嫡长子传承制，秘立储君，避免了历朝历代皇位传承的刀光剑影。

其次，当大势已去，能认清潮流，派出议和代表与南京临时政府商定有关清帝退位的条件，并诏示天下，避免了改朝换代的腥风血雨。

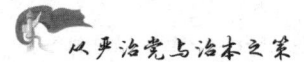

最后，对于"三太干政，必出乱政"的周期律，清朝基本上有效的防止了"两太干政"。最后"一太干政"，是到了清王朝的末期，才失守于慈禧太后。

"三太干政"中，第一危险的是太子。他不仅距离最高权力最近，而且又可以直接接班，属于既可望又可及的人。力学原理告诉我们，拥有多少人爱的作用力，就会产生多少人恨的反作用力，因此位居最高处的同时，也就身处最危险的境地。

"三太干政"中，第二危险的是太监。他的存在，就是权力中最丑恶的体现。因此太监如果干钱，则钱污；如果干色，则色败；如果干政，则政乱！但是，作为与常人完全不同的另类人，太监干政也就是干权，则被其中有理想的太监，认为是最有价值，最有追求的事业！

"三太干政"中，第三危险的是太太。太太干政是丈夫权力的假借或转让。如果说太子干政借用的是太子，皇子与皇帝的血亲关系；太监干政利用的是与皇帝无时无刻，又寸步不离的贴身关系；而太太干政，动用的不仅有姻亲关系，而且有与太子或皇子的血亲关系，还有与太监时时相处的身边关系。

由此可见"三太干政"中，太子干政，最为直接；太监干政，最为隐秘；太太干政，最具合力。

领先全球，独步世界的大唐王朝，从"开元盛世"，断崖式的坠入"安史之乱"，在其由盛转衰的过程中，"三太干政"堪称经典！

当年清宫戏极其火爆时，我不仅是反对者，而且在给各地各单位的讲课中，明确指出：所谓"康乾盛世"，不过是两千多年中央集权帝制寿终正寝前的"回光返照"。

翻阅史书就可知道，乾隆皇帝卒于1799年正月初三。如果此时正值盛世。那么，仅仅41年后，1840年第一次鸦片战争，英军开始只出动了4000人的陆军。最后，英军以阵亡69人的极小代价，就打赢了这场战争。让拥有将近四万万人的中国政府，不但以赔款割地失败告终，而且屈辱地签订了中国历史上第一个不平等条约《南京条约》，严重危害中国主权，也是中国近代史的开端。

我认为，所谓"康乾盛世"，不过是那些只会从中国角度看世界的人的孤陋寡闻。稍稍从世界的角度看中国，就能完全清楚，当时中英两国的巨大悬殊。其悬殊之大，已经远远超出当时统治者最大限度的想象力。"康雍乾三朝"的盛世之虚名，不过是帝制大厦将倾前的回光返照而已！

从历史的纵向比较，无论是清朝的统治集团，还是统治技术，确有明显的进步。因此清王朝认真吸取"三太干政，必出乱政"历史教训，在长达200多年的执政史上，较好的防止了太子、太监的"两太干政"。

但是，通过世界的横向比较，就会发现，无论明朝还是清朝，已经被君主立宪制和民主共和制的世界潮流，拉下太远。这种不知进化的、老态龙钟的中央集权帝制，到头来也阻挡不住"老佛爷"的"一太干政"。让大清王朝入关以来的所有努力，都前功尽弃，满盘皆输。

从纵向来看，乃是"靡不有初，鲜有克终"。从横向来观，清朝不过是抱残守缺下的励精图志，江河日下中的卧薪尝胆。由"康乾盛世"到半殖民地，不过在转眼之间。

大清王朝，同此前它取而代之的大明王朝一样。最大的悲哀，莫过于已经被世界潮流远远抛下，却毫不自知，依然沉醉于自我感觉良好的个人世界里。

尽管大清王朝，是"三太干政"相对较少的帝制王朝。但是，只会纵向比较，不会横向观察的统治集团，注定是没有明天的！

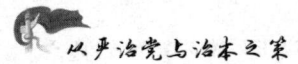从严治党与治本之策

廉洁自律永为民

李豆罗

江西省南昌市原市长

我叫李豆罗，是一位来自农村、出身农民的南昌市人民政府原市长。近六十年前，有位甘祖昌将军从红军战士到将军，又从将军返乡当农民。而我是从农民到市长，又从市长回归到农民。我先后在基层摸爬滚打了几十年。从生产队计工员、大队会计、民兵营长、团支部书记、党支部书记，到公社书记、县委书记、市长、市人大常委会主任，我一个台阶一个台阶地走了过来，一晃就是40年。可以说，南昌市的各种农活，我没有不会干的；南昌市的各级职务，除了妇女主任，我没有没当过的。因此，我特别珍惜这段历史，非常感恩于党和人民。党的十九大一个重要精神，是全面从严治党。按我的理解，要落实全面从严治党，首要的是每个共产党员，要切实做到严格要求自己，以实际表现做到不忘初心，牢记使命。作为一个老党员，40年来，全心全意为人民服务，廉洁自律为群众谋福，自然是我一生的奋斗目标。

记得很清楚，我是1992年5月当选为南昌市人民政府副市长的。当时，我正在新建县担任县委书记，这一突如其来的职务变化，既使我备受鼓舞，又让我忐忑不安。因为我热爱农村，喜欢和农民打交道。但组织的信任，人民的拥护，我不能不服从。于是，我大胆地走上施政演讲台，满怀深情地对大家说："我年龄不小，水平不高，心眼不坏，脾气不好；我追求品德高尚，办事认真，生活俭朴，为官不贪，为官不懒；我奉行事在人为，天道酬勤；我赞成伟人讲业绩，学生讲成绩。我既不是伟人，也不是学生，只希望到个地方留点痕迹！"也许我这些不打官腔掏心窝子的话是与会同志特别想听到

的，会场上顿时响起了雷鸣般的掌声！履任之后，我就像一部永不停息的发动机，奋战在自己分管的战线上。以实际行动践行权为民所用，情为民所系，利为民所谋，始终把人民群众的利益摆在第一位，成了我的终身操守和最亮底色！

2001年6月，我被选为南昌市人民政府市长。从一个配角变为主角，这不能不说是一件挑重担干重活的事。然而，我知道这是跨入新世纪的第一年，党的十五届五中全会刚刚开过，而且明确提出，从新世纪开始，我国进入了全面建设小康社会，加快推进社会主义现代化的新阶段，任务繁重而艰巨。就在此时，江西省委、省政府也作出了"发展江西，首先要发展南昌"的决策。如何开好头、起好步，这是我面临的一场严峻的考验。于是，上任不久，我就召开了市长办公会议，要求新的一届班子成员，一定要"高品质做人，低格调为官，严要求办事""摆正自己的位置，把握自己的分寸，注意自己的形象，坚持自己政治操守""凡事都要想一想，干得干不得，要得要不得，拿得拿不得，用得用不得，花得花不得，吃得吃不得，心里要晓得，因为品正才能业兴。"接着，我便明确地提出了"七个致力于"，即"致力于解放思想、致力于经济建设、致力于城市建设、致力于公益事业、致力于社会和谐、致力真抓实干、致力于廉洁奉公"，让大家找到着力点，干出闪光点！很快就步入了一个"人心思上、人气兴旺、经济提速、城市变样"的新征程，自觉地将南昌市的建设融入高起点、高标准、高水平的现代理念，并用"心"绘制出了一幅全新的蓝图，使南昌成了一个"美的空间、人的乐园！"接着，便是与城市环境巨变联袂而来的投资的大量注入。"成本最低、回报最快、信誉最好、效率最高"，成了对接沿海、吸引内外客商的强大磁场。南昌这个动感都会和全球最具活力的城市，被众多慧眼所认识，1000多亿的资金则铿锵作响地落在了南昌的一江两岸。南昌，这座自汉代灌婴筑城至今有2200多年历史的古城，在经历了太多的彷徨之后，终于在21世纪开始了重铸她骄人的辉煌，出现了一个从未有过的"经济运行高位增长，招商引资人来客往，三个文明协调发展，城市建设有模有样，各项保障健全有力，社会稳定人民安康"的可喜局面！在我短短的5年任职期间，不仅为南昌市赢得了"世界动感都会""国家卫生城""全国楹联文化城""全国综治先进城市""全国人居环境奖"等众多的殊荣，而且做出了许多爱民利民的实事,开展了全民创业,实施了社保医保,建起了休闲广场,疏浚了玉带河,整治了内外八湖及300多条小街小巷,并在农村新修了5700多公里的进村公路,开挖了5340口门塘和山塘,兴建了35所农村敬老院,改造了85所乡村卫生院,解决了159个村5.67万人的吃水用水问题,加固了181座病险水库,维护修整了500公里外洪圩堤。无论是城市居民还是乡村农民,个个都得到了实惠,人人都感受到温暖!

在奋进的路上,我虽然也遇到过艰难、挫折和失败,但我没有低头,没有退却,总是不断勉励自己,要奋发有为。我常常对自己讲:"一个人活在世上,无非是索取和奉献四个字。未成年时,要吃、要穿、要住、要医,还要上学,这是索取;长大成人了,就要感恩社会,报效祖国,服务人民,这是奉献。奉献,是一种义务,也是一个人的责任,任何时候都不能忘记。一个勇于奉献的人,才称得上高尚的人、纯粹的人、有益于人民的人。我们要做人,就要做这种人!"2006年底,我转岗到了南昌市人大常委会担任主任。一上任,我就提出了"服务中心,关顾大局,演好主角,当好配角"的工作思路。要求大家:代表好人民的利益,执行好人民的意志,行使好人民的权力,做到"内抓管理,外拓局面,奋发有为,为而不争""让市委放心,让政府舒心,让百姓欢心,让自己开心"。从而,使得南昌市人大充满活力,有形有色,对外有了个好名声,对内有了个好环境,机关有了个新气象,工作有了个新局面!

人生如旅,岁月如歌。只有起点,没有终点。2010年1月,我根据干部任职年限的有关规定,主动辞去了南昌市人大常委会主任的职务,彻底告别政坛,毅然决然地回到了生我养我的进贤县前坊镇西湖李家,成了一名"青岚农夫",开始了我建设社会主义新农村的生活。诚如我在《生日励志》一诗中所言:"休政回家当农民,策马扬鞭又登程。任凭征途千般苦,留点痕迹后人评。"当时,社会议论不少,但我想:人生有涯,官位有止,事业无尽!作为一名共产党员,应该退休不退志,离岗不离党,一定要树立正确的进退观、比较观,比贡献大小不比职务高低,比群众口碑不比名利多少,比心灵净化不比物质享受。这样,才能激发出干劲、树立起正气,并从服务党和人民的事业中,找到自己奋进的动力,做到进退留转都泰然!于是,我在经过省市有关部门的批准后,便义无反顾,旋不计踵,决定回家务农,把自己的后半生定格在了社会主义新农村建设的事业上。

我的家乡——西湖李家，有着600多年的历史，位于乌岗山麓、青岚湖畔，是个山水相济、易涝易旱的穷地方，上半年"水漫金山寺"，下半年是"热过火焰山"。由于历史的种种原因，这里的环境一直没有得到很好的整治，500多户人家、2200多位村民依然过着贫穷落后的生活。我回村后，立即投入了改天换地的战斗，既当农民，又当顾问，专心致志，打造新村。在村里召开的第一次动员大会上，我满怀深情地对大家说："乡亲们，西湖李家是我们共同的家园，不管你走多远，不管你官做多大，也不管钱多少，起根发苗在这里，落叶归根也要到这里，我们一定要共同努力，把她打造好！""宗旨是：传承华夏文化，恢复古村精华，重墨青山绿水，美我故乡天下。特色是：红石路，马头墙，碧绿水，满村树。步骤是：先村庄，后田庄；先村容，后文化，再产业。时间是：三年开头，三年扫尾。目标是：古村神韵，田园稻香；塘中莲藕，山间鹭翔；农家饭菜，湖边泳场；集体经济，做大做强；中华文化，继承弘扬。"总之，我的梦想是，要把西湖李家建设成为："一幅山水画，一部田园诗，一首文化交响曲，一张平安富贵图！"用自己的实际行动，来践行习近平总书记提出的"中国梦"，并为南昌市、江西省的新农村建设，作出个样子，引出个路子，提供点有益的经验。

目标既定，责无旁贷，只有奋斗！我在村里，吃的是公饭，住的是公房，做的是公事，成天忙碌在建设施工的现场，常常是"白天加班加点，晚上干过零点，逢年过节照常到点，一年四季无时无点""白天抓进度，晚上抓调度，半夜想思路，第二天早上找出路"，真是好苦、好累、好难！苦就苦在缺人又缺钱，累就累在体累又心累，难就难在少数村民不理解、不支持、不配合。知我者谓我心忧，不知我者谓我何求？好在毛主席早有教导："要做一个高尚的人，做一个纯粹的人，做一个脱离低级趣味的人，做一个有益于人民的人。"我虽然做不到高尚的人、纯粹的人，但我要做一个脱离了低级趣味、有益于人民的人。因此，再苦、再累、再难，我也要挺住，仍然顽强地战斗在第一线，栉风沐雨，与村民们一道拼搏。

常言道，天道酬勤。经过八个寒来暑往，熬过两千多个日日夜夜，终于取得了可喜的成绩，村庄的面貌焕然一新。

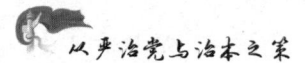

现在的西湖李家，脏乱差清了一遍，破烂旧拆了一遍，400多栋房子修了一遍，村庄所有的道路铺了一遍。

现在的西湖李家，所有的荒山野坡绿了一遍，山塘水库深挖了一遍，旱地水田整治了一遍，机电设备和排灌渠道维修了一遍。

现在的西湖李家，六种文化（农耕文化、孝悌文化、节庆文化、楹联文化、谱牒文化、红色文化）做了一遍，两个基地（传统文化教育基地、红色文化教育基地）重构了一遍。

现在的西湖李家，只有上大学的，没有进大牢的；只有善待父母的，没有不供爷娘的；只有勤劳致富的，没有赌博偷盗和吸毒的。

现在的西湖李家，望得着青山，看得见绿水，记得住乡愁。

现在的西湖李家，村前飘扬的是五星红旗，村中荡漾的是《没有共产就没有新中国》，村民谈论的是在习近平总书记领导下如何努力实现"中国梦"。

现在的西湖李家，开过全国性的会，登过国家级的报，上过国家级的电视，获过全国性的奖。成了闻名遐迩"全国文明村""全国美丽乡村示范村""国家4A级旅游景区"和"中国幸福村"。我个人也成了"全国三农人物奖""爱故乡特殊贡献奖""中华文化人物奖""共和国功勋奖""中华慈孝人物奖"的获得者。

面对所取得的成绩，我感到无比的欣慰和自豪！这都得益于党中央方针政策的指引，得益于省市县镇各级领导的支持，得益于各界朋友的鼎力相助，得益于广大村民的尽力配合。因此，我要感恩大家，并以此来激励未来。习近平总书记说得好："中国要强，农业必须强；中国要美，农村必须美；中国要富，农民必须富。"何况我们现在，还离"强""美""富"相距甚远，必须继续努力，负重前行。我知道，有一种行为叫执着，有一种精神叫坚守，认准了的事就不动摇、不彷徨，要坚定不移地干下去！作为一个领导干部，虽然有退休的年龄，但作为一名共产党员，必须牢记初心，不忘宗旨，积极践行，为实现民族的振兴、国家的富强、人民的幸福贡献自己毕生的力量！

历史是永不停息的车轮，梦想是照耀未来的灯塔。尽管这些年，西湖李家发生了巨大的变化，也赢得了众多的荣誉，但开创的事业没有止境，追求的幸福也没有止境！我还要继续奋斗，勇于追梦，勤于圆梦，用"一幅山水画，一部田园诗，一首文化交响曲，一张平安富贵图"的景象，来编织西湖李家的锦绣前景。"不要人夸颜色好，只留清气在乾坤"。我之所以当完市长当村长，当过市人大常委会主任又回村里当顾问。不是当官有瘾，而是干事有瘾；不是为个人谋利，而是要为群众造福。最大限度地把勤政和廉政统一起来，让自己的一颗全心全意为人民服务的初心永远年轻，通过真心实意的为民造福的实践和历练，真正成为一个脱离了低级趣味、有益于人民的人！

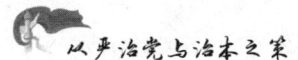

不忘初心　廉洁行医

庄仕华

武警新疆总队名誉院长

清正廉洁是我们党的宝贵财富。90多年来（特别是党的十八大以来），党一直重视反腐倡廉工作，大力推进廉洁政治建设，有力巩固了执政基础和执政地位。始终保持清正廉洁的政治本色，既是共产党人赢得人民群众信赖和支持的前提基础，也是全面建成小康社会，实现中华民族伟大复兴中国梦的有力保证。

清正廉洁，就要始终牢记党和人民的恩情。

我出生在四川简阳贫困山区的农民家庭，从小吃政府救济粮。学校减免了我的学费。在1973年11月我入伍，分到一个偏僻的部队农场当卫生员。1974年11月25日傍晚，风雪交加，气温零下四十度，三个牧民送来一位生命垂危的病人。当时卫生所唯一的军医回内地休假了，那个时候我只会打针发药、面对危重病人我不知道该怎么处理，牧民只好在风雪中失望地离去，我心里很难过，当时，我就想：要多学医疗知识。农场的卫生员主要是干活，看病是业余时间的事。我白天干农活，农场没有通电，晚上小发电机只发两个小时的照明电，熄灯后，我在煤油灯下学习医学书籍，半年多时间里，我几乎没在床上睡过觉，困了就趴在桌子上打个盹，那段时间眼睛红了、腰痛了、脚肿了，仍然坚持学习。1977年，我考上了解放军第四军医大学，几乎把所有时间都用在学习上，每门功课考试成绩均在90分以上。毕业分配时，学员队王义队长想让我留校工作，但我想边疆更需要医生，就选择了回新疆。分配的医院只有大内科，大外科，传染科三个科室。医院规定新分到医院的大学毕业生要在每一个科室见习一年，一共转科见习三年后，根据科室人员编制再定科，我轮转的第一个科室是大外科。在见习期间，我天天住在病房陪着每个医生值班，内科来了急诊，我先去询问病史、写病历，然后报告值班医生，一有空我就模拟练习切开、止血、结扎、缝合、打结等基本功，只要一有急诊手术，我就去参加手术，在实习期间，像阑尾、疝气等常规手术老师都让我主刀，我锻炼的机会多，手法越来越熟练。我在医院大外科第一次跟带我的老师做手术当助手，他就发现我配合的比较好。而且告诉了科主任，第二天主任做手术，安排我当助手，配合默契，加之我对病人好、病历写得规范、工作认真仔细，见习才三个月，科主任向医院打报告，让我留在外科，当时有位领导不同意，最后院长政委亲自看了我做手术，就批准我留在外科。为了多学知识，我吃住都在科里。有了病人我去看，有了手术我当助手，凡是有利于病人康复的事我都主动去做。心想尽力干好工作，感党恩，感人民之恩。

清正廉洁就要有为病人服务的真本事。

新疆是胆结石和肝包虫病高发地区，为了提高手术质量，我和医护人员一起练习剥葡萄皮，一直练习到把葡萄皮完整剥离下来后，又买来宰了的羊的肝脏练习剥胆囊。经过反复实践，成功完成了全国武警部队第一例胆囊微创手术，当时做一例手术用了4个半小时，现在只用5—8分钟，我们为8100多名同时患有高血压、糖尿病、心脏病等多种疾病的高危病人做了胆囊微创手术，共计完成了13万胆囊等微创手术，年龄最小的只有1岁，最大的104岁，收治了全国各省市以及国外的病人。探索出肝包虫内囊摘除等27种手术方式，经医学查新有7项填补了国内空白。撰写出版了《实用腹腔镜手术学》等7部医学专著，发表专业论文51篇，获医疗成果奖6项。

我认为医生应该多为病人着想，做到不过度检查，不过度治疗，既要治好病，又要让病人少花钱。40多年来，我从没有休过假，我想：早一天给病人做手术，病人就少受一天的病痛，也少交一天的住院费，病人和家属就少一天忧虑。一个合格的医生应该把病人的痛苦当作自己的痛苦，把病人的生命当作自己的生命，我坚持每天提前半小时上班、会诊、做手术，每天晚上用二到三个小时查病房，节假日上门诊，做手术，给病人送饭，喂饭，洗头，洗脚，洗衣服等，有人说这样做，确实有点累，我认为医生多受累，病

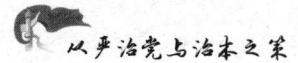

人就少受罪。

新疆占全国陆地面积的六分之一,居住着很多兄弟民族。农牧民居住分散,就医不方便,党和政府、部队首长非常关心他们的健康,几十年来,我带领医疗小分队走村入户,义务巡诊,行程近40万公里,巡诊39万多人次;发放疾病预防手册4万多份。我们先后与21家偏远医院和15个乡卫生院、村卫生室结队帮扶,赠送药品,医疗器械和设备,义务培养了300多名技术骨干。多年来,关爱病人从自己做起,从一点一滴做起,做到挂好每一个号、开好每一张处方、做好每一台手术、看好每一个病人。因为治好一个病人,就温暖一个家庭,温暖一个家庭,就促进一地和谐,就赢得一方稳定!我从不收病人的红包、礼品,不参加请吃

清正廉洁就要为部队战斗力服务。

2002年5月,我带领医疗队到基层巡诊,喀什支队战士王伟在参加军校统考前8天出现腹痛,当地医院诊断为胆结石,中队连夜把王伟送到了武警新疆总队医院。经过检查,发现王伟胆囊内有2cm大小的结石,胆囊肿大、有炎症,为了王伟早日康复如期参加军校统考,我从距离乌鲁木齐230公里的地方连夜赶回医院,给王伟做了急诊手术,亲自给他做饭送饭。考试前一天,我亲自把他送进了考场。

王伟不负众望,以高出录取线80分的成绩被军校录取,圆了他的军校梦。

战士张友涛患骨癌晚期,全身多处转移,弥留之际他想看一场电影,我安排政治处到电影发行公司租了一部小型放映机,在病房里给他放喜剧片《我是警察》,第三天他就永远离开了我们。

我经常想:我们的战士,十八九岁参军到部队,远离亲人的呵护和关爱,加之紧张的军事训练,难免会让他们产生想家的念头,特别是生病后,会更想念亲人。我们医务人员就要把他们当成自己的孩子或者兄弟,用一言一行传递对他们的关爱,让他们感觉到医院就像他们的家,亲人就在他们的身边,我们医务人员每一个都是他们的亲人。

2002年我负责医院工作后就制定了为兵服务16项措施,规定了首诊负责制,废除了用药、检查要领导审批的规定,把招待所改成军人病区,让所有的军人都住上了星级病房,并在军人病区建立了心理咨询室、阅览室、健身房、乒乓球室、台球室、话吧、棋类等娱乐场所,丰富了他们住院期间的

文化生活，有利于他们的康复；每周给住院官兵的部队领导，汇报一次住院官兵的思想和治疗情况，让部队和医院互相配合，搞好住院官兵的管理与治疗；每月给住院官兵过一次集体生日；每季度组织医疗骨干带上医疗设备到基层部队、边防哨卡义务巡诊，对每个官兵进行体检，建立健康档案，发放疾病预防手册，加大对基层卫生业务干部的培训，进行传帮带，不断提高基层医务人员的医疗技术水平，留下一支永远不走的医疗队，方便基层官兵就医；组建军人服务保障组，帮助病人购买车票、机票，负责到车站、机场接送病人，自筹600多万元建设覆盖全疆部队卫生队的远程医疗会诊信息网，官兵不出营门就能得到专家的治疗，极大地方便了官兵的就医，确保部队官兵的身心健康，使部队的战斗力得到保障。

清正廉洁就要为老百姓多做好事。

45年前，我当卫生员巡诊时就发现，哈萨克族牧民达汗的丈夫拉孜，患慢性哮喘性支气管炎等3种疾病，家庭条件也不好。从那时候起，我每逢休息时，就请假给达汗家送水、拾柴火、帮她放牧、打扫卫生、教她孩子识字，我在西安上大学期间，也定期给拉孜寄药，给他们的孩子寄学费。回新疆工作后，我继续帮助达汗一家，资助她们盖起了220平米的抗震房。达汗的女儿考上大学，我承担了她的学杂费，她大学毕业后，当上了一名人民教师。如今，达汗一家的日子过得越来越好。已满84岁的达汗老人和女儿花了半年多时间，用了39999粒，油菜籽大小的彩珠，一针一线、绣了一面"军民团结鱼水情，各族人民一家亲"的锦旗。送锦旗时达汗老人说："我们一辈子记得：就是共产党好，民族团结好，人民军队好！"

几十年来，我们共资助了680多位贫困病人脱贫致富，为帕坦木汗等七户贫困家庭盖起了新房，资助了61名有困难的各族学生，其中三十七名已经大学毕业，都有了工作，让我感到欣慰的是，他们也在帮助有困难的人，互相传递着各名族之间的爱。我深深感到帮助一个人，幸福一个家，团结一片人。

医者以德为先，我们制定了《文明行医十做到》《廉洁行医十不准》。在药品、耗材和器械设备等方面采取了科室申请。分别由药事委员会、器械委员会考察后，在上级纪委和卫生主管部门领导的监督下，实行公开招标、当场开标。这种做法，使同厂、同品种、同规格的药品在原来的进价基础上

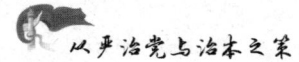

降低了70%，耗材降低了43%。对每个医生的用药比例进行定期公示，严肃查处不规范用药的医生，我们医院病人住院费用与当地同等三甲医院相比，低41%。

在医院设立公示栏，对药品医疗器械设备、营建、物资采购都实行公开招标，公示。对大家关注的士兵入党、考学、转改，技术干部学习进修、干部晋职晋级晋衔、官兵立功受奖、住房分配、财务收支，特别是招待费、领导的差旅费报销等敏感问题，全部实行先公示倾听群众意见，再会议研究决定，所有的申请报告、物资采购、资金支付，招标后的合同，都是自下而上至少6个人签字，层层把关。刚开始实行这些制度时，好多人嫌麻烦、不习惯、不理解，因为以前都是主管一支笔签字，这样一改，风言风语都来了，有的说：这是脱了裤子放屁——多此一举，不会当领导。不会用权。但是我认为多一个人签字就多一个人监督，多一分安全。因为平时守规矩，办事按程序，所以顺利通过了各级巡视和审计。有人问我是怎么做到的？我的体会是守初心、慎交友、不贪心。我在新疆已工作47年了，为新疆各族群众和部队官兵做了一些有利于健康的事，先后受到习近平总书记7次亲切接见，总书记的谆谆教导时刻在我耳边响起。我要永远听党的话。感党恩，努力做到自持、自重、自省。恪尽职守、严于律己、不忘初心，牢记使命，为建设健康中国，实现中华民族的伟大复兴而努力工作。

八项规定重构中国社会关系

梁相斌

新华出版社党委书记、社长、中国行为法学会廉政研究委员会副会长

党的十八大以来，党和国家事业发生历史性变革，中国政治、经济、社会等各方面都发生了深刻的变化。2012年12月，中央八项规定出台，全面从严治党首先从中央政治局立规矩开始，从落实中央八项规定精神破题，坚持以上率下、层层示范，起到了徙木立信的作用。现在，八项规定精神落地生根、深入人心，产生腐败的文化土壤得到空前改变，中国社会关系得到重构，党群、官商、官官、官民关系逐步变得"清""亲"，党风、政风、民风、社风为之一新。

一、八项规定出台的背景

1. 破解"历史周期律"

2012年12月，上任伊始的中共中央总书记习近平走访民主党派并和全国工商联的领导同志分别座谈。在与民建中央主席陈昌智会谈时，习近平提到了民建元老黄炎培先生提出的历史周期律，指出"历史周期律"至今对中国共产党都是很好的鞭策和警示。

在新的历史条件下，习近平同志再谈"历史周期律"，并明确指出"历史周期律"的重大现实意义，表明"历史周期律"以及如何破解"历史周期律"仍是中国共产党当下应当严肃、认真思考的重大课题。那么，"历史周期律"是什么？

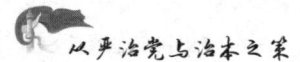

1945年7月，知名民主人士黄炎培来到地处西北的陕甘宁边区。在延安，黄炎培目睹了陕甘宁边区崭新的面貌和军民精神风貌，他感到一生追求的理想社会已经不远了。7月4日下午，毛泽东同志邀请黄炎培来到他所住的窑洞做客，并询问黄炎培对边区的感想。黄炎培说："我生六十余年，耳闻的不说，所亲眼见到的，真所谓'其兴也勃焉，其亡也忽焉'……一部历史，'政怠宦成'的也有，'人亡政息'的也有，'求荣取辱'的也有，总之没有能跳出这周期律。"

毛泽东说："我们已经找到新路，我们能跳出这周期律。这条新路，就是民主。只有让人民来监督政府，政府才不敢松懈。只有人人起来负责，才不会人亡政息。"

1944年，郭沫若一篇《甲申三百年祭》的雄文为中国共产党人敲响了警钟：1944年是农历甲申年。往回300年的农历甲申年是1644年。在中国传统的纪年方法中，1644年是明崇祯十七年、清顺治元年。除了这两个众所周知的纪年方法外，还有一种纪年方法所知者甚少——大顺永昌元年，"大顺"是李自成所建新王朝的年号。文章深刻反映的李自成入京后迅速腐败导致失败，为中国共产党人提供了鲜活的反面教材。

国际共产主义运动的经验，也提供了关于历史周期律的鲜活教材。1917年以来，国际共产主义运动风起云涌。然而，自20世纪70年代末起，苏联、东欧的共产党陷入了执政困境。及至80年代末，东欧各社会主义国家的共产党纷纷丧失执政地位。

俄国十月革命前，人民用选票把60%的苏维埃代表席位交给了布尔什维克，在反动统治的支柱——旧军队中，布尔什维克党也赢得了绝大多数的支持，可以说，正是人民的支持与拥护，才有了十月革命的成功与苏联的辉煌历史。但随着苏维埃政权的巩固和经济形势的好转，苏共党务干部和政府官员的生活开始奢华起来。苏共政治局委员一级高级领导干部住在普通百姓难以企及的别墅里，享受着各种各样的特权与服务。1968年11月，苏联国家安全委员会一份关于青年学生的报告中提出，多数学生群众对苏共有"抵触情绪"，一些青年学生认为"党对他们已经不是最光明、最先进东西的化身"。

西方资本主义国家的执政党同样存在着历史周期律的问题。"历史周期律"是世界各国各政党面临执政考验时的共性问题。以墨西哥革命制度党的执政经验为例：墨西哥革命年度党曾经在墨西哥连续执政71年（1929—2000），是世界范围内连续执政时间最长的政党之一。革命制度党在执政期间，带领墨西哥创造了持续30年年均经济增长5%的"墨西哥奇迹"。革命制度党2000年黯然败选，70年执政的辉煌经历终结。革命制度党的失利，在相当程度上是它脱离了自己锻造的执政基础，脱离了拥护和支持它的选民群体。革命制度党创造了独具特色的职团主义组织体系，全党分为工人部、农民部和人民部三个职团系统，将全国绝大多数阶级和阶层的公民吸纳到自己的组织框架中，使得革命制度党能够包容和协调墨西哥各个阶级的利益。然而，长期执政导致职团部门的领导人逐渐脱离群众，只考虑个人的政治前途和既得利益，官僚化倾向和贪污腐败现象日益严重，各职团成员的利益不仅没有从党内获得维护，反而因此受损。职团主义组织体系的解体，动摇了革命制度党的执政基础，分化了它的选民，最终导致了2000年的败选。

其余如印度国民大会党、印度尼西亚专业集团，乃至于曾经在北非阿拉伯国家突尼斯、埃及等国长期执政的政党，都纷纷失掉了政权，一些长期执掌国家政权的知名政治领袖要么出逃国外，要么身陷囹圄，有的甚至殒命沙场，最终未能逃脱"历史周期律"。

无论是古代的农民运动领袖，还是现代文明视野下的政党，它们的兴衰成败都给中国共产党人以深刻的启示：一个执政党，尤其是长期执政的政党，必须时刻注重党的作风建设，时刻保持与人民群众的血肉联系，永葆执政初期的朝气与正气。党的执政地位不是与生俱来的，也不是一劳永逸的。习近平总书记指出，人心向背关系党的生死存亡。

习近平总书记就"革命党"与"执政党"的关系做出过重要论述："有人说，我们党现在已经从'革命党'转变成了'执政党'。这个说法是不准确的。我们党的正式提法是，我们党历经革命、建设、改革，已经从领导人民为夺取全国政权而奋斗的党，成为领导人民掌握全国政权并长期执政的党；已经从受到外部封锁和实行计划经济条件下领导国家建设的党，成为对外开放和发展社会主义市场经济条件下领导国家建设的党。这里面并没有区分'革命党'和'执政党'，并没有把革命和执政当作两个截然不同的事情……我们党是马克思主义执政党，但同时是马克思主义革命党，要保持过

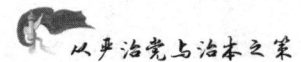

去革命战争时期的那么一股劲、那么一股革命热情、那么一种革命精神，把革命工作做到底。"（《习近平关于"不忘初心、牢记使命"重要论述选编》，295-296页）

2. 十八大前的党群关系背离置我们党于生死存亡的紧急关头

作风问题在不同时期有不同表现，十八大前，作风问题主要是"四风"问题：在长期执政的条件下，相当一部分共产党员和领导干部的作风出现了一些不符合党的宗旨的现象，集中体现为形式主义、官僚主义、享乐主义和奢靡之风盛行。作风就是形象，作风就是生命。甚至可以说，作风重于形象，作风重于生命。"四风"侵蚀着党的肌体，拉远了党员领导干部与人民群众的距离，影响着党和人民群众的血肉联系，也损害了党的形象。

什么是"四风"问题，概括起来：形式主义背后是功利主义、实用主义作祟；官僚主义背后是官本位思想，严重脱离实际、脱离群众；享乐主义是极端的个人主义和拜金主义；奢靡之风带来的是节庆泛滥、大兴土木，官员的骄奢淫逸、腐化堕落。"四风"问题已经成为向我们走来的"灰犀牛"。

一些地方党委和政府部门办公用房严重超标，其奢华程度已经令人瞠目结舌。比如，河南郑州市惠济区于2004年建成一片貌似白宫的办公楼群。豪华办公楼的背后必有腐败。2007年，决策建设这片办公楼群的惠济区委书记冯某因受贿罪、贪污罪、挪用公款罪被一审判处无期徒刑，剥夺政治权利终身。

中国农业大学专家课题组曾对大、中、小三类城市，共2700桌不同规模的餐桌中剩余饭菜的蛋白质、脂肪等进行系统分析，保守推算，我国2007年至2008年仅餐饮浪费的食物蛋白质就达800万吨，相当于2.6亿人一年所需；浪费脂肪300万吨，相当于1.3亿人一年所需。由此可见，中国是不折不扣的饮食浪费大国。其中，公款浪费是饮食浪费的主力。2012年"两会"期间，九三学社中央在向全国政协提交的提案中列举了一项数据：全国一年公款吃喝的开销已达3000多亿元。鲍鱼、海参、河豚等高档菜肴被端上了公务接待和公务宴请的餐桌，茅台、五粮液等售价超过千元的高档酒成为酒桌上的宠儿。

另外，一部分党员干部比的不是贡献大小，而是排场大小。

一些名为"会所"的场所藏身于历史建筑或者公园，有的甚至将众所周知的名胜古迹围作私用，占用了大量公共资源。

公车私用现象屡见不鲜。这些人不仅使用着公车，而且车辆所用的燃油、修理、路桥等费用，都由公家承担。由此导致的一个特殊现象，就是公车频现旅游景区。国家发改委的一份调研报告指出，公车使用有三个"三分之一"：办公事占三分之一、领导干部及其亲属私用占三分之一、司机私用占三分之一。一些公车更是"特权车"，成为官员特权的标志，严重影响了党和政府的形象，拉大了党员领导干部和人民群众的距离。

二、八项规定的主要内容及特点

2012年11月，中央出台八项规定，其主要内容是：要改进调查研究，切忌走过场、搞形式主义；要轻车简从、减少陪同、简化接待；要精简会议活动，切实改进会风；提高会议实效，开短会、讲短话，力戒空话、套话；要精简文件简报，切实改进文风，没有实质内容、可发可不发的文件、简报一律不发；要规范出访活动，严格控制出访随行人员，严格按照规定乘坐交通工具；要改进警卫工作，减少交通管制，一般情况下不得封路、不清场闭馆；要改进新闻报道，中央政治局同志出席会议和活动应根据工作需要、新闻价值、社会效果决定是否报道，进一步压缩报道的数量、字数、时长；要严格文稿发表，除中央统一安排外，个人不公开出版著作、讲话单行本，不发贺信、贺电，不题词、题字；要厉行勤俭节约，严格执行住房、车辆配备等有关工作和生活待遇的规定。

自此以后，围绕落实中央八项规定精神，又有一系列文件、规章、制度出台，八项规定的执行深入社会关系的方方面面。

1. 八项规定首先是"以上率下"的规定

"八项规定"是党中央对政治局的规定，全党各级根据这一精神，出台了贯彻八项规定精神的具体措施。"事在四方，要在中央"。八项规定起于新一届中央领导集体的自我规范，也是新一届中央领导集体向全党提出的总号召和总动员令。中央领导能不能带头执行"八项规定"？"八项规定"是不是动真格？党内外在关注，国内外在关注。

2014年10月8日，习近平总书记在党的群众路线教育实践活动总结大会上

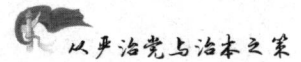

的讲话中指出:"正人必先正己,正己才能正人。中央怎么做,上层怎么做,领导干部怎么做,全党都在看。首先从中央做起,各级主要领导亲自抓、作表率,是这次活动取得成效的关键。"

2. 八项规定是我党作风建设制度的有效传承

在长期的革命、建设、改革过程中,我们党形成了许多优良的作风,比如,理论与实际相结合、密切联系群众、批评与自我批评三大优良作风。又如,党的十七届四中全会提出"四个大兴":大兴求真务实之风;大兴密切联系群众之风;大兴艰苦奋斗之风;大兴批评和自我批评之风。

人民军队建设史上,"三大纪律八项注意"对军队的作风建设起到了至关重要的作用。1927年9月,毛泽东发动和领导了著名的湘赣边界秋收起义,第一次在武装斗争中公开打出了中国共产党的旗帜。他明确要求起义部队——工农革命军官兵对待人民群众说话和气,买卖公平,不拉夫,不打人,不骂人。1927年10月,毛泽东向全体官兵郑重地宣布了三条纪律:行动听指挥,不拿群众一个红薯,打土豪要归公。1928年1月,当工农革命军攻克遂川县城后,针对军队存在的违反群众纪律的现象,在遂川县城李家坪,毛泽东又向部队提出了六项注意:"上门板,捆铺草,说话和气,买卖公平,借东西要还,损坏东西要赔"。1928年3月12日,毛泽东率部队到达桂东县沙田村。在这里,向全体官兵正式宣布"三大纪律六项注意"。

1929年6月,红四军政治部向全军官兵重申纪律,并在"三大纪律六项注意"后特意增加了两项注意,即"大便找厕所""洗澡避女人"。"三大纪律八项注意"就此诞生。

1947年10月10日,毛泽东起草了《中国人民解放军总部关于重新颁布三大纪律八项注意的训令》又称《双十训令》。从此,内容统一的"三大纪律八项注意"就以命令的形式固定下来,成为全军的统一纪律。

3. 八项规定是很具体的规定

八项规定充分体现了以习近平同志为核心的党中央鲜明的执政风格:各项措施和禁令直指监督对象和监督目标,不模糊,不空谈。如针对借考察利用公款大肆吃喝、搞高档次接待的现象,《党政机关国内公务接待管理规定》明确规定:"确因工作需要,接待单位可以安排工作餐一次,并严格控制陪餐人数。接待对象在10人以内的,陪餐人数不得超过3人;超过10人的,不得超过接待对象人数的三分之一。"如此之具体的数字规定，在党内法规中是不多见的。

4. 八项规定具有制度刚性

不搞一阵风，驰而不息抓查处，"八项规定"已成为"铁八条"。中央特别重视制度的刚性作用。2013年6月22日至6月25日，中央政治局的专门会议强调，特别要把制度约束作为刚性约束，令行禁止、不搞例外，坚决整治对中央规定变着法子进行规避的各种行为，绝不允许上有政策、下有对策，绝不允许打"擦边球"。长时间以来，很多党员领导干部已经形成了有"一般"就有"特殊"，有"原则"就有"例外"的习惯。解读文件时，习惯找"一般"、找"原则"，强调本地区、本部门的特殊性和具体性，对中央的各项政策搞所谓"创造性执行"。十八大以来的各项措施和禁令，大量使用"禁止""全部""一律"等刚性用语，大量出现具体的数字，减少"一般"和"原则上"，大大地提高了制度的刚性。如针对公车浪费严重的现象，在公车改革领域，《党政机关厉行节约反对浪费条例》明确规定，"取消一般公务用车"。规定并没有留下"原则上"的口子，刀锋直指积弊多年的公车浪费现象，下足了猛药！又如针对一些单位以培训为名花费高昂代价公款旅游的现象，《中央和国家机关培训费管理办法》规定，培训费采取综合定额标准，每人每天限定为450元。通过定标准的方式，有效地遏制借培训公款旅游的现象，划定了红线！

三、以壮士断腕的决心抓查处

治国必先治党，治党务必从严，从严必依法度。如何将八项规定落到实处，让作风建设不走过场？

1. 下猛药：制度建设落实八项规定

党的十八大以来，制度的笼子越扎越紧、越扎越密、越扎越牢。党内法规制度建设成为全面从严治党的新亮点，90余部党内法规超过现行有效的党内法规总数的40%。以党章为根本，党章以下分为党的组织法规制度、党的领导法规制度、党的自身建设法规制度、党的监督保障法规制度四大板块。党内法规制度建设是中央把握治国理政基本规律和中国特色相结合的重大制

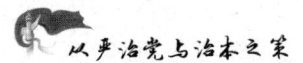

度创举和战略安排。

2. 出重拳：弘扬党纪国法、查处典型案例

对于腐败现象，党以壮士断腕的勇气，"攥紧拳头打出去""坚持以零容忍态度惩治腐败"，一批党内的腐败分子被查处。

党的十九大报告指出，要"加强纪律教育，强化纪律执行，让党员、干部知敬畏、存戒惧、守底线，习惯在受监督和约束的环境中工作生活。"

对于腐败现象，党中央采取了坚决果断措施，实行重拳整治。

习近平总书记在十八届中央纪委第二次全体会议的讲话中指出："我们党严肃查处一些党员干部包括高级干部严重违纪问题的坚强决心和鲜明态度，向全党全社会表明，我们所说的无论是什么人，无论其职务多高，只要触犯了党纪国法，都要受到严肃追究和严厉惩处，绝不是一句空话。从严治党，惩治这一手决不能放松。要坚持'老虎''苍蝇'一起打，既坚决查处领导干部违纪违法案件，又切实解决发生在群众身边的不正之风和腐败问题。"

3. 咬耳朵、扯袖子、红红脸、出出汗

习近平用"提提领子""扯扯袖子"来表达对党员早期违法违纪行为和不规范行为的惩处和矫正。在长期执政的条件下，一些党员干部逐渐养成了"大错不犯、小错不断"的习气，一些轻微的违法乱纪行为，被认为是"打擦边球"，是"小问题"。久而久之，这些"小问题"就成为风气，八项规定颁布后，这一不正常的现象得到了极大改观，过去曾经常见的现象，成了监督检查的重点，一些对"小问题"习以为常的党员领导干部因此受到党纪国法的严惩。

4. 反腐败斗争压倒性态势已经形成并巩固发展

习近平总书记在十八届中央纪委第七次全体会议上指出，经过全党共同努力，反腐败斗争压倒性态势已经形成，不敢腐的目标初步实现，不能腐的制度日益完善，不想腐的堤坝正在构筑，党内政治生活呈现新的气象。

中央纪委和各地方纪委已形成了常态化的典型案例通报机制，中央纪委和很多地方纪委还明确规定，对于被通报对象一律采取实名通报，增强通报的威慑力度和惩戒力度。这些被通报的案件如一本本"反面教材"，警示着各级党员领导干部。

腐败是社会毒瘤，是我们党面临的最大威胁。习近平总书记指出："不得罪成百上千的腐败分子，就要得罪十三亿人民。这是一笔再明白不过的政治账、人心向背的账！"

党的十八大以来，我们党以猛药去疴、重典治乱的决心，以刮骨疗毒、壮士断腕的勇气，坚定不移"打虎""拍蝇""猎狐"，不敢腐的目标初步实现，不能腐的笼子越扎越牢，不想腐的堤坝正在构筑，反腐败斗争已经取得压倒性胜利。

四、八项规定下的党风政风大转变

党风政风引领民风社风。八项规定实施以来，在新一届党的领导集体率先垂范下，党风政风发生了显著变化。勤俭、务实、高效、亲民，八项规定创造了中国共产党治国理政的新气象。

1. 大力弘扬中华民族勤俭节约的优良传统

遏制"舌尖上的浪费"。2013年1月28日，习近平总书记在新华社一份名为《网民呼吁遏制餐饮环节"舌尖上的浪费"》的材料上做出重要指示，指示指出，"从文章反映的情况看，餐饮环节上的浪费现象触目惊心。广大干部群众对餐饮浪费等各种浪费行为，特别是公款浪费行为反映强烈。联想到我国还有为数众多的困难群众，各种浪费现象的严重存在令人十分痛心。浪费之风务必狠刹！要加大宣传力度，大力弘扬中华民族勤俭节约的优秀传统，大力宣传'节约光荣，浪费可耻'的思想观念，努力使'厉行节约，反对浪费'在全社会蔚然成风。"

合理点菜、饭后打包，成为绝大多数消费者响应"光盘行动"的主要方式。

让艺术回归人民。2013年8月，中宣部、财政部、文化部、审计署、国家新闻出版广电总局联合发出通知，要求制止豪华铺张，提倡节俭办晚会，禁止用公款办豪华晚会。2014年7月11日，文化部发布通知，坚决抵制国内各级各类艺术团到金色大厅等国外著名演出场所或国际组织总部办公场所"镀金"，对于以全自费和租场方式进行的演展活动一律不批准，坚决杜绝政府资助项目赴国外"镀金"。

遏制高档消费品的非理性涨价。2012年底，根据八项规定的要求，公务

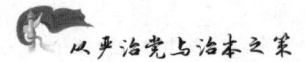

接待不准上烟酒，高档白酒的用量大幅下降。

2."飞入寻常百姓家"

"湘鄂情"曾经是高档餐饮业的一块标志。根据"湘鄂情"在2013年7月发布的公告，2013年上半年"湘鄂情"预计亏损1.6亿元至2.4亿元，旗下关闭了北京的8家门店。

2013年全国有50多家五星级酒店要求"降星"，还有一些准备申报五星级的酒店暂缓申报。酒店"降星"是酒店业谋求转型的一大变化，而还有一些酒店则干脆转做其他业务：天津一家四星级酒店于2014年春节前彻底停业，准备转做养老院；苏州一家五星级酒店拿出部分区域做"月子会所"，生意火爆；北京一家五星级酒店开始针对大众消费做早点，一份早点最贵22元，最便宜仅7元；济南一家酒店则将做燕窝鲍翅的厨师裁员，做起了盒饭生意。

高端消费品的转型则更接"地气"，过去大众消费者难以企及的高端消费品，随着转型的深入，真的"飞入寻常百姓家"了。洪山菜薹是武汉的特产。原产地出品的洪山菜薹受到了自然条件限制，出产量极小，大多被当作了节礼，寻常百姓根本买不到。2014年1月，受八项规定的影响，原产地出品的洪山菜薹也成为普通百姓的盘中餐。

受到八项规定的影响，其他一些行业也转型了：台挂历和贺卡产业开始向制作、印刷包装盒、包装纸和手提袋转型；策划演艺行业更加注重对大企业年会、基层社区文艺会演和舞台剧的投入；烟酒类企业开始缩减高档烟酒的产能；茶叶行业开始将过去的高档茶叶分散零装，并简化不必要的过度包装，尽力降低成本……这些受到八项规定的产业，都在短暂的寒冬中意识到过去产业发展的不合理、不正常之处，借八项规定颁布的契机，加速产业升级，推动产业回归到真正服务于大众的本质上来，保证产业自身的可持续健康发展。

五、关于"八项规定"实施情况的两个判断

第一个判断：八项规定改变中国。

笔者所著《八项规定改变中国》一书以八项规定为切入口，对八项规定

出台的背景、八项规定给党风政风社会风气带来的变化、八项规定昭示的执政党的执政理念治国方略以及中国梦蓝图进行了梳理和论述。

我写这本书不是心血来潮,而是学习习近平总书记一系列重要讲话和党中央出台的治国理政的战略、理念和政策,看到了习近平总书记的决心、中央的决心,也看到了当时正在出现变化的趋势,所以决定策划、调研、采写和出版《八项规定改变中国》一书,力图从实践到理论层面引导全党同志对加强党的作风建设的共识,增强全党同志的理论自觉和制度自信。

十八大刚提出,我就作出了这个判断,并出版了《八项规定改变中国》这本书。在这本书的结尾,我写了两句话:"八项规定已经改变中国,八项规定还将继续改变中国!"这本书刚一出版,就受到党内外高度关注,引发热烈讨论,成为《光明日报》新书榜当月热销第一名的图书。

党的十九大以来,八项规定精神深入人心,它也成为群众监督我们党的尺子和秤。我认真研读了十九大报告,根据十八大以来的实践,我又写作了《八项规定深刻改变中国》,外文出版社以中文、英文、阿文、西文等7种文字出版发行。八项规定深刻改变中国,这是关于中共十八大以来中国社会发展变化的一个重大政治判断。本书的这一观点已得到国内外政治家、外交家和中国官员、学者及广大民众高度认同。

八项规定改变中国,改变的不仅是党风政风,还润物细无声地改变着中国社会关系,甚至重构中国社会关系。

第一,八项规定改变了官员生态。整顿贪腐,改进党的作风,是八项规定的直接目的。八项规定的各项具体内容都是直接指向这种恶质的"官场生态",指向干部队伍中形形色色的"官场风气",高居政治局常委的高官落马,省部级高官接连被查,纪律和法律的威慑力不仅体现在干部队伍中,而且也让人民群众明白了一个道理:不管多高级别的干部,只要触犯了党纪国法,都要受到法纪的严惩。

在2013年6月28日召开的全国组织工作会议上,习近平总书记提出了他心中的好干部形象:信念坚定、为民服务、勤政务实、敢于担当、清正廉洁。这20个字,勾勒出了一名党员干部应当做到的基本要求,也呼应了人民群众对于好党员、好干部的要求。

八项规定就是标志,就是符号,就是灯塔,它竖立在那里,给党员干部

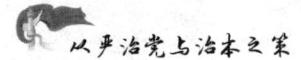

树立了一个标杆,党员干部时刻以八项规定为准绳衡量自己的言行举止、日常习惯。经过贯彻执行八项规定的洗礼,一些党员干部的"官气"收敛了,干部队伍的生态发生了显著的改变。

第二,八项规定改变了官民关系。八项规定的直接目的是推动党员领导干部贴近群众,取消了行车开道、考察封路等常见的"官架子",拉近了党员领导干部和人民群众的距离,打破了过去分割干群关系的不合理障碍。根据八项规定的要求,党员干部必须转作风,管住自己的言行举止,以人民群众的要求为执政兴国的第一要务。

习近平总书记曾引用一副对联,来要求党员干部正确对待官民关系:"得一官不荣,失一官不辱,勿道一官无用,地方全靠一官,穿百姓之衣,吃百姓之饭,莫以百姓可欺,自己也是百姓。""莫以百姓可欺",这是总书记对全体党员领导干部提出的警示和告诫。

2014年10月8日,习近平总书记在党的群众路线教育实践活动总结大会上的讲话中指出:"我国是个人情社会,人们的社会联系广泛,上下级、亲戚朋友、老战友、老同事、老同学关系比较融洽,逢事喜欢讲个熟门熟道,但如果人情介入了法律和权力领域,就会带来问题,甚至带来严重问题。"

第三,八项规定改变了民风民俗。提到中国的民风民俗,"善良淳朴"恐怕是很多人首先想到的词。然而,中国人的另一面,却以虚荣、好面子、讲排场闻名于世。

八项规定实施以来,浪费现象受到了遏制,用公款和公权讲吃喝、讲排场的现象受到了遏制,逢年过节送礼发钱的少了,节日的家庭气氛、朋友气氛浓了,各种不正常的、变了味的待客之道没有了,取而代之的是大方、朴素、得体的礼仪。上下级之间的关系,由于减少了金钱往来,更加单纯了,家庭内的关系,由于减少了不必要的客套,更加亲近了。

第四,八项规定改变了国企和民企的关系。过去,在国企与民企之间,存在着工程分包、产业链条配套等复杂交易,也相应存在着民企"围猎"国企领导的现象。现在,工程招标,阳光化运行已成常态。过去建立在利益链条上的格局已经发生改变,现在民企参与工程分包的"难"是正常状态。

第二个判断:再过20年回看这段历史,会觉得惊心动魄。这个判断刊发在2014年6月21日《新京报》上,笔者当时在接受《新京报》的提问时曾做出这个判断。《新京报》问道:"你刚才提到一开始大家对八项规定能不能执行是有疑虑的,那你觉得是什么事件或节点,让大家消除了这个疑虑?"我当时就认为:"总书记到深圳,他在路上不要警车开道,这就是上行下效的状态。底下人看总书记已经这样做了,高级干部就会跟着做,中级、基层干部也都跟着。这一届中央给出的最大信心就是,要别人做的自己先做,就是所谓的'打铁先要自身硬'。不搞那些做不到的。我就不让你发粽子还不行吗?不发贺卡和月饼还不行吗?我到你单位去查账,坚持这样做,只能越来越严,越来越廉。我觉得再过20年看这段历史,那是惊心动魄的,这是中国共产党的中兴转折。现在有些官员不适应。有牢骚,但是这样的做法才是得民心的,能看到总书记的决心,如果能坚持10年,就会成为一种定式,成为做人做事的标准。"

当时的《新京报》用整版作了报道。人民网、新华网也作了转载。

八项规定是以习近平同志为核心的党中央治党治国的一个战略思考和举措。中国共产党在历史的紧要关头,我们党的领袖都会直面问题。比如1935年的遵义会议,就是党在危急时刻召开的具有决定性意义的非常重要的会议。党开始独立自主地解决中国革命和党内的重大问题,在政治上走向成熟,是以这次会议为标志的。以毛泽东同志为核心的第一代中央领导集体,是从这次会议开始逐步形成的。又如20世纪40年代的延安整风,这是一次全党范围内的普遍的马克思主义教育运动,也是一次伟大的思想解放运动。它以独特的方式解决了党内长期存在的三种不良作风,给予我们深刻的历史启示。整风使党的领导机关和干部进一步掌握了马克思列宁主义的普遍真理同中国革命实践相结合的原则,树立了联系群众、调查研究、实事求是的优良作风,使党内达到了空前的团结。

1978年,毛泽东主席去世后,中国向何处去,成为全党、全国和全世界关注的问题,1976到1978年,中国共产党的党史和中华人民共和国的国史上用了一个非常贴切的称谓"徘徊中的两年"。大部分人徘徊的原因,是因为看不准未来中国的方向。"阶级斗争"的利剑出鞘了十几年,不徘徊,怎么办?徘徊的背后,是对国家和民族命运的担忧,是对个人和家庭命运的无奈,国家的路怎么走、个人的路怎么走,成为那个时代,最揪心的问题。人们在徘徊中期待着一个声音,期待着带领他们走出徘徊的旗帜和向导,更加

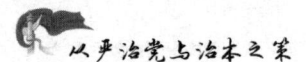

期待着中国未来的改变。

从解放思想入手,用解放思想来凝聚人心,成为中国政治社会发展的一个重点。一个新提法、一个新口号、一篇新文章,常常是一个新时期的开端。1978年5月11日,《光明日报》刊登一篇题为《实践是检验真理的唯一标准》的特约评论员文章,它打破了沉寂,更准确地说,是引起了轩然大波。历史已经解密,这篇文章并没有所谓的背景,而是南京大学哲学系的一名普通老师所作。文章的初衷也非常简单,就是厘清何谓真理、用什么检验真理这一近似于哲学命题的思考。但是,正是这篇文章,直指当时中国的病灶,为改变中国突破了意识形态上的最后一道藩篱。全国人民对于"实践是检验真理的唯一标准"这个命题倾注了太多关注,这种关注最终演变成一场关于真理标准大讨论,成为中国新一轮思想解放的开端。邓小平同志这样评价这场大讨论:真理标准问题的讨论,是个思想路线,是个政治问题,是个关系到党和国家前途命运的问题。

进入新世纪,党情国情世情发生了剧烈的变化。以习近平同志为核心的党中央,面临着"四大考验""四种危险",任务艰巨、责任重大。2012年,中国再次站在了历史的新起点上。中国向何处去?这个被问了无数次的问题再次现诸报端、见诸公论。借助网络新媒体的力量,这个问题从过去的精英之问,变成了大众之问、全民之问。如何改变中国?靠什么改变中国?每个人在这个改革时代会发生何种变化?

丧失初心,失去继续前进的支柱和动力,是古今中外执政者陷入"历史周期律"的根本原因。不忘初心,继续前进,是中国共产党人对于自我历史的清醒认识。今天的中国共产党人继续着当年的初心,顺民心、解民意、整党风,是党的生死存亡、党的事业兴衰成败的关键所在!

"八项规定",是中国共产党人不忘初心的制度载体之一,记载着中国共产党的初心;是中国共产党的维系初心永在、走出"历史周期律"艰难探索的一部分,也是中国共产党人对历史、对人民交代与承诺。

另外,八项规定也是全面从严治党"组合拳"中的重要制度。比如:巡视制度化,形成强大震慑;严治党,党委主体责任、"一岗双责"制度的实施,把八项规定精神落实责任压到了实处;党的十八大以来,一个接一个主题教育扎实推进;坚持"老虎""苍蝇"一起打等等。其中,八项规定作为一项重要制度，在全面从严治党中发挥着重要作用。

六、作风建设永远在路上：目前作风建设存在的主要问题

党的十八大以来，从制定和执行中央八项规定开始，全党上下纠正"四风"取得重大成效，但形式主义、官僚主义在一定程度上仍然存在，如：一些领导干部调研走过场、搞形式主义，调研现场成了"秀场"；一些单位"门好进、脸好看"，就是"事难办"；一些地方注重打造领导"可视范围"内的项目工程，"不怕群众不满意，就怕领导不注意"；有的地方层层重复开会，用会议落实会议；部分地区写材料、将文件机械照抄，出台制度决策"依葫芦画瓢"；一些干部办事拖沓敷衍、懒政庸政怠政，把责任往上推；一些地方不重实效重包装，把精力放在"材料美化"上，搞"材料出政绩"；有的领导干部热衷于将责任下移，"履责"变"推责"；有的干部知情不报、听之任之、态度漠然；有的干部说一套做一套、台上台下两个样。

从2019年6月开始，全党自上而下分两批开展"不忘初心、牢记使命"主题教育。中央政治局会议强调，开展这次主题教育，要坚持思想建党、理论强党，推动全党深入学习贯彻习近平新时代中国特色社会主义思想；要贯彻新时代党的建设总要求，同一切影响党的先进性、弱化党的纯洁性的问题作坚决斗争，努力把我们党建设得更加坚强有力；要坚持以人民为中心，把群众观点和群众路线深深植根于思想中、具体落实到行动上，不断巩固党执政的阶级基础和群众基础；要引导全党同志勇担职责使命，焕发干事创业的精气神，把党的十九大精神和党中央决策部署特别是全面建成小康社会各项任务落实到位。

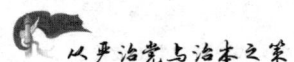

国外政府官员廉政行为准则一瞥

孔祥仁

中央纪委监察部原外事局局长、中国行为法学会廉政研究委员会副会长

没有规矩，不成方圆，政府机构运转须遵循规则，政府官员行为须遵守准则。就职业道德而言，政府官员因负有特殊的责任而应具备更高尚更严格的道德标准。公民有权要求他们的行为符合最高标准，如果公众怀疑他们可能受到不正当动机的影响，公众对政府公正廉明的信心即会受到动摇。因此必须为政府官员提供一种道德尺度，即制定职业道德行为标准，明确怎样做是正确的、许可的，怎样做是错误的、不许的、甚至是违法违纪的，以此来规范、制约、监督政府官员的行为。目前，世界大多数国家都制定有政府官员廉政行为法规，绝大多数行业也制定了行业职业道德守则。

一、廉政行为准则之基本原则

纵观世界各国，从政道德法规构成国家廉政法律体系的主干，有的国家制定了专门的从政道德法，有的国家在不同法规中对政府官员职业道德行为做出规范。它们明确规定政府官员从事公务活动的一整套廉政行为标准，提出处理个人利益和国家利益关系的基本原则。

廉政行为准则的内容因国而异。然而，国家利益至上，忠实履行法律法规，公正执行公务，恪尽职守，严禁利用公职及其影响谋取私利，这是几乎所有国家对政府官员职业道德的基本原则要求。事实上，官员腐败的核心是"以权力和职位不正当地谋取私利"。因此，从政道德立法也是围绕着防止官员以权谋私而展开的。澳大利亚提出了15条公共服务道德标准和13个政府官员"必须",英国规定了公共生活七大原则,美国在1989年以总统令的形式发布了廉洁从政的13条基本原则。

美国学者阿兰·劳顿总结出12条具有普遍意义的从政道德原则。1. 廉正。内容包括良好个人行为,认真履行职责,体现专业能力(即工作态度和干劲、专业技术、效率和效益),维护和提高政府名誉,赢得公民信任和信心等。2. 忠诚。内容包括忠于宪法、政府、上级、同事及家庭朋友,不在外兼职,离职后行为规范,敢于揭发违法违纪行为,不盲从等。3. 透明。内容包括决策公开,联系群众,向公民提供基本信息,申报个人和家庭财产,公共采购透明,公开政府服务,接受公民监督等。4. 保密。内容包括严守该保密的信息,公布公民该知道的信息,不利用内部信息谋取私利等。5. 诚实。内容包括坚持真理,拒绝贪污、贿赂和欺诈,如实申报礼品和招待,不利用公务时间、公共设备及资金谋私利等。6. 负责。内容包括明确规定负责的对象、事项和形式,建立财政、行政、法律、管理、工作的责任,承担责任,不滥用自由裁量权等。7. 为公共利益服务。内容包括以公共利益为基准决策,不以权谋私,避免公私利益冲突,申报财产和利益,明确公职容易被个人利益颠覆的境况等。8. 依法行使权力。内容包括防止滥用权力,建立分权机制,确定未授权和非法的行为,依法使用资源和国家财产,不干涉立法和司法工作等。9. 公正。内容包括公正决策,以事实而非个人好恶向领导或各利益集团提供建议和咨询,建立人员录用和晋升功绩制,禁止以种族、肤色、国籍、性别、语言、宗教、政治信仰不同而歧视等。10. 尊重法律。内容包括尊重宪法和法律,坚持法律至上原则,依法办事、拒绝破坏法律的要求等。11. 回应性。内容包括倾听人民的要求和愿望,及时回应人民的需求,礼貌待客等。12. 领导表率。内容包括做廉洁从政的带头人,在执行上述原则方面起表率作用,在本部门建设公开、信任的组织文化等。

上面12项原则基本涵盖了政府官员应遵循的道德标准。但这只是一种美好设计,要使这些原则落实到实际工作中去,指导官员的日常活动,必须根据这些原则作出详细的规定,提供切实可行的指导和解决问题的方法。由于抓政府廉洁只是近几十年的事情,关于从政道德的法规也正在制定之中。尽管许多国家都有了这方面的规定,但很少有国家推出一部按劳顿设计的那样

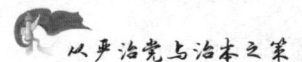

十分完善的规范政府官员道德行为的法规体系。多数国家只是就利益冲突、礼品、经商、兼职、以职位谋私、官方信息、离职后行为等方面做出了明确规定。

二、廉政行为准则之具体规定

1. 关于利益冲突的规定

所谓"利益冲突",是指政府官员公职上所代表的公共利益与其自身所具有的私人利益二者之间的冲突。现实生活中,公益与私利之间的潜在冲突司空见惯。同配偶及子女同在一个单位供职,很难避免裙风与荫庇。拥有所管辖公司的股份或投资,其决定总会有利于那个公司的业务。与某些私营企业保持着财产关系,损公肥私就会成为挡不住的诱惑。凡此种种,不胜枚举。而且,它们披着合法合情的外衣,你奈我何。由此而引发的腐败现象最难医治。因此,必须建立一种预防机制,使公益与私利之间泾渭分明,避免发生矛盾和碰撞,进而防止以职位谋私。

目前,许多国家对防止利益冲突做出了规定。美国法典第18章208节规定:任何政府官员或雇员不得故意亲自或实质上参与任何同自己及其配偶子女等有着经济利益关系的特定事项,如果此特定事项对他本人或上述其他人的经济利益直接或可能产生影响。违者为刑事犯罪,可处以1—5年监禁或最高25万美元的罚款,或两相并罚。《美国行政部门雇员道德行为准则》以及各州制定的廉政准则作出了更详细的规定。加拿大专门制定了一部防止利益冲突的行政法规,即《公务员利益冲突与离职后行为准则》。该准则较全面地规定了公务员廉正公务、防止利益冲突的原则和要求,避免和解决利益冲突的措施和办法。

现实生活中,利益冲突的情况在所难免,重要的是发现并解决之。特别是通过财产申报和审查发现那些构成实际或潜在利益冲突的资产,并进行处理。处理的形式一般有利益出售、利益委托以及回避等。

2. 关于在公务活动中索、送、受礼品的规定

请客送礼在任何国家似乎都是人之常情。然而,给政府官员送礼势必会影响他们在执行公务中的公正决策。因此,各国从政道德法规无一例外地

对礼品做出明确规定。其主要内容包括：礼品的定义，禁止索要礼品，哪些礼品是禁止接受的，哪些是允许接受的，收到的礼品应如何处置，违反礼品规定的处分等。各国在具体规定上存在一定差距。礼品的范围比较宽泛，指提供给受礼人的一切款项、有价物品、宴请招待、交通住宿、各种优惠、酬谢、服务及其他利益。公众均可获得的商业优惠、纪念品、小食品等不在其内。美国佛罗里达州的道德法可能是一部就此规定得最详细的法规。"礼物"包括房地产，房地产的使用权，有形或无形的个人财产及其使用权，债务、贷款、商品、服务方面的优惠条件，免除借贷，提供运输、居住、停车条件，食品和饮料（一次性消费掉的除外），会员费，入场券、入会券，比赛和演出的入场券，花草树木和花卉布置，专业人员或持照营业的人员提供的服务，其他情况下应缴费的个人服务，以及没有规定的其他类似的有价值的服务或物品。

多数国家道德法规都明文规定，禁止在公务活动中索要、赠送、接受礼物，禁止上下级之间送、受礼品。禁止送、受礼品的范围还包括公职人员的家庭成员，明显是亲朋好友赠送的除外。许多国家对公务活动中的各种形式的招待也做出限制性规定。允许接受价值不大的象征性的物品或招待，但不能对公务和政府信任产生不良影响，受理者与送礼者之间不因此承担某种义务，不能使外界对公务人员公正公务产生任何怀疑。有的国家对可接受的礼品做出价值上的限制，如美国规定，可接受的礼品不得超过市场价20美元，一年内从同一位送礼者处接受的礼品总值不得超过50美元。

现实生活中往往因特殊原因如碍于脸面或拒收会招致冒犯而难以拒绝某项礼物，这时宜先接收下来，再上交有关部门处理。为此，许多国家规定了礼品申报制度。加拿大规定，公职人员直接或间接接受200美元以上的礼品、招待或其他利益，应在30天内告知道德专员，并在60天内向道德专员作出公开声明，说明其来源细节。对已接受的禁收礼品的处理有以下几种办法：一是原物返还；二是按市场价付足钱款；三是上交或转赠给慈善组织；四是易腐坏的物品经批准后可以销毁或由办公室人员分享。

生活中经常出现对官员赞助和官员借钱的情况，常常无法无据，难以以行贿受贿认定。但有的可能是权钱交易的伪装。为防止此类腐败，一些国家规定任何政府官员，非经事前批准，不得索取、接受或以任何方式参与筹集任何名目的赞助和资助。对借款也划定了范围，如任何公职人员不得借钱给任何在他们管辖范围内以及在公务上与他们有联系的人，不得向上述人员借钱，不得对上述人员在金钱上承担任何义务。上司不得向其下级借钱。

3. 关于不准经商的规定

想当官就莫想发财，想发财就莫想当官。即当官又发财，必然导致贪污腐败。因此，世界各国几乎无一例外地规定，政府官员一律不准经商。在西方资本主义历史上，一直是官商一体。直到20世纪后半叶，人们才意识到必须在官与商之间画出一道鸿沟，任何人在担任公职期间禁止从事任何经商性的活动。因此，各国的政府官员职业道德法规基本都有这样一项规定，公职人员在任职期间不得自办营利性企业，不得在以营利为目的的商业、工业、金融等公、私营企业中兼职。

在西方一些国家，在私营公司效力的精英被任命担当高级公职司空见惯。但是，道德法规规定他们在担任公职后须立即与原雇主脱离关系，不得利用职权给原雇主以任何优惠待遇。一些大老板到政府任职也不鲜见。但担任公职后须以协议的方式将其企业委托给他人经营，在担任公职期间不得参与企业的经营活动，离开公职后方可继续经营该企业。

4. 关于兼职及其他公职以外活动的规定

为了防止利益冲突和假公济私，大多数国家都立法对政府官员的兼职作了限制，一些国家还对政府官员八小时以外的其他活动作了限制性规定。

对兼职的限制一般有两种情况：第一，禁止兼职。一是禁止政府官员在以营利为目的的各种公、私营企业及团体兼职。二是禁止某类公职人员兼职。如英国规定："六级以上官员未经议会明确同意，应将全部时间投入政府工作，不得从事任何其他事务或接受其他任命。"有些国家禁止军人、警察、法官兼任任何其他职业。三是禁止接受外国政府任命的职务或官衔。第二，允许有条件地兼职。这类兼职各个国家的规定不尽一致，条件也各不相同。但首要条件是：公职人员必须绝对保证对履行公职不产生任何影响，不致引起公私利益的任何冲突。一般来讲，公职人员的兼职严格限制在有限的范围内。如参加慈善机构、非商业组织、非营利性社会团体或在其中担任一定负责职务，以及业余从事一些科学、艺术、文学、教育等方面的工作。凡业余工作与当局利益有冲突时，即不得承担业余的工作。任何业余的工作都不应在办公室里进行，不准使用当局的设备。一般不允许从兼职活动中领取报酬，即使允许领取报酬，也规定了最高限额。

5. 关于不得以职位谋私的规定

几乎所有国家的政府官员职业道德法规都在总纲中开宗明义，规定政府官员必须效忠国家，不得将个人利益置于职责之上，不得利用职位谋取私利。禁止政府官员利用职位及其影响谋取私利的条款主要有：禁止利用职位和便利工作条件为个人或亲属谋利；禁止利用公务行为直接获得私利；不得代表任何个人或组织向政府及其雇员要求利益补偿；不得超出职权为某单位或个人谋求优惠或特殊照顾。为了避免官员以职位谋私，许多国家做出了预防性的规定。例如，公职人员保有或拟获得可能与本人工作部门利益相悖公司的股份，必须先请示上级；不准泄露经济情报，不准利用工作之便得到的信息去从事投机活动；不准接受与工作有关的个人或组织赠送的礼品、馈赠、宴请；不准介入与个人或亲属利益相关的事项等。这些规定如得到很好执行，会有效防止官员以权谋私。

许多国家还对具有经济管理职能、与企业打交道较多或直接进行经济活动的政府部门及其工作人员，专门作出一些限制性规定：（1）不得与自己所在单位做生意的商业实体建立雇佣或合同关系；（2）招标须公开进行，通过平等竞争后选定最低价和最优的投标者；（3）交易应在合格商品或服务的供应商之间轮流进行；（4）以私人身份采购物品或安排某项服务时，其他公职人员也能以相同的价格和条件获得；（5）参与公共事业管理的人员不能利用管理权谋好处，或给其他个人或团体以特殊优惠等。

6. 关于政府信息保密与公开的规定

在当今信息时代，信息是一种无形资产，一条政府内部商业信息可能会给一个企业带来丰厚利润。保守国家秘密是每一位政府官员的天职。政府官员绝对不允许出卖国家机密或以政府未公开信息换取好处。另一方面，政务透明，政府信息向公众公开，是世界公认的建设廉洁政府的重大举措之一。不少国家制定了《信息自由法》，就政府信息的保密和公开划出一道清晰的界限。

纵观各国的政府官员职业道德法规，禁止不正当使用政府未公开信息是其中重要的规定内容，新加坡将保守官方秘密列为政府官员十大行为准则的

第一条。美国的《行政部门雇员道德行为准则》对此规定得较为具体。未公开信息包括雇员知道或应该知道的下述信息：（1）通常按《信息自由法》不得泄露或法律禁止泄露的信息；（2）机关列为机密的信息；（3）实际从来未向公众公开或未经批准可提供给公众的信息。各国对未公开信息限制使用的主要规定有：（1）未经授权或批准，不得泄露未公开信息；（2）不得拿未公开信息从事有偿交易；（3）不得利用未公开信息为本人、他人或单位谋利益；（4）公职人员无论在职期间还是离职以后都应保守秘密。

"隐秘总是与腐败结伴而行"。保密与公开既是一对矛盾，又是一个统一的整体。有的官员泄露信息来换取私利，也有的官员以保密为借口搞暗箱操作和不正当的勾当。国外一些国家专门颁布关于政府信息的法规，其目的是划清哪些政府信息是要公开的，那些是需要保密的，哪些行为是违法违纪的，从而推进政务公开，满足公民的知情权和参政意识，减少腐败现象。然而，政府信息的保密与公开敏感性强，历来是一个有争议的问题。真正制定并较好执行的国家凤毛麟角，尽管这是防止官员以职位谋私的一个有效举措。

信息自由法规定的基本原则是，任何官方信息都应该尽量让公民知晓，除非有充分的理由不这样做。判定是否公开的基准是公共利益。同时列举出不能公开或有条件公开的信息种类。英国的《信息自由法》详列了23项免于公开的信息。其主要内容包括国家安全、国防、安全事务、国际关系、国内部门间关系、经济、案件调查、执法、法院记录、审计资料、政府政策制定、环境信息、个人隐私、法律特权、商业利益，以及那些公开会影响公正公务或导致泄密的信息。凡违反法定的保密与公开条款的，交由监察机关查处。

7. 关于限制离职后行为的规定

政府官员在离职、退休后利用其在政府中的专业知识和人际关系，充当企业说客游说政府，在各国都司空见惯。在西方国家特别是美国甚至成为一门兴旺的挣钱行当，被戏称为"回旋门"现象。这种"贩卖影响"的交易不可小视，它干扰政府部门的正常运转和公正决策，引发利益冲突和政府腐败。纵观世界各国，政府离职官员到私人企业"发挥余热"都是容许的，而且他们利用其所长继续为社会服务还受到鼓励。但是，那种利用个人影响捞钱、进而腐化政府部门的活动必须予以坚决禁止。为此，加拿大、美国率先通过立法来限制离职官员的行为。近几年其他国家也仿效制定了相类似的规定。

对政府官员离职后的限制主要指再就业限制和活动限制。就业限制就是禁止政府官员在离职后的一定期限内到与其任职期间一定时间内有工作关系或较密切联系的公司任职。活动限制就是禁止政府官员离职后的一定期限内从事与原职务、原单位有关系的活动。有的国家还规定不准离职人员将他们所掌握的政府内部信息或材料提供给与原任职单位有工作关系的个人或单位。

美国规定要求，任何政府官员或雇员离职后，永远不准就某项他在职时曾亲自和实质性参与的特定事项，故意担当他人的代理或律师在正式或非正式场合出面，或以施加影响为动机，与政府部门工作人员进行口头或书面联系；特别高级政府官员（总统、副总统、薪俸为行政级别第1级的官员等）还不准在离职后1年期限内，出于施加影响的目的，在涉及任何事项中代表他人出面与任何原政府官员和现职官员联系，寻求官方行为。后来又将一些限制期限延长至5年。

英国根据国家颁布的《商界任职规则》，专门制定了关于高级官员离职到商界任职的审批规定。并且由首相任命成立了一个商界任职顾问委员会，对高级官员的申请提供咨询和建议。

本规定适用于工资级别4级或4级以上、职位13分以上的高级官员，或同等级别的技术专家或特别顾问。他们在离职两年之内到国内或国外私营或公营企业，或者外国政府部门任职、兼职或有偿服务，必须申请政府批准。常务秘书、工资为最高三级、职位分数为18或以上的官员、直接由首相批准。工资为4级或4级以上、职位分数为13的官员以及相当的技术专家或特别顾问，报内阁办公室由国内公务员首长批准。

三、实施廉政行为准则的保障机制

如前所述，制定行为准则只是一种美好的设计，要落到实处仅仅靠官员的自觉性是远远不够的，必须有一套保障措施即监督检查机制来保证这些准则得到有效落实。这也是多数国家当前面临的一个难题,由于实施措施不到位,官员职业道德准则往往停留在纸面上。当然,也有不少国家做得不错,专门设立了监督机构,来监督官员行为准则的执行。例如,英国议会设有道德委员会,加拿大成立了道德专员署,美国联邦政府下设政府道德署,各州也设有相应机构。美国联邦政府道德署是负责行政部门廉政建设的专职机构,其主要职责是制定联邦政府官员道德行为法规、制度和准则,宣传推广廉洁行为准则,制订并协助各单位实施廉政教育计划,监督检查道德行为准则的落实情况。

不忘初心与社会主义民主制度

王瑞璞

中央党校原副教育长

社会经济的发展是一个不断演进提高的过程。文化就是在社会经济发展的过程中形成的思想理念和实践成果。包括原始时期的文化、奴隶制时期的文化、封建制时期的文化、资本主义时期的文化、社会主义时期的文化。

中华民族是一个具有光辉文化传统的民族。从春秋战国时期诸子百家的思想理念,之后形成儒释道思想理念,到近代形成的毛泽东思想、邓小平理论、"三个代表"重要思想、科学发展观、习近平新时代中国特色社会主义思想。

中华民族文化发展,形成了一个根本的、永恒的思想理念,就是人本主义思想。纵观中华民族的历史发展,不断地改朝换代,凡是统治者比较重视人民疾苦的,国家兴盛;凡是统治者残酷压榨人民的,国家衰败。大唐盛世,皇帝唐太宗高论:"君犹舟也,民犹水也,水可载舟亦可覆舟。"风平浪静好行船,风高骇浪翻了船。唐太宗刚继位时,面对前朝关在监狱中的大量囚犯,如何处理?是放还是继续关押,朝臣们有多议。关押的囚犯多是青壮年劳动力,唐太宗主张先放,规定时间,限期返回监狱,即放后再收。结果呢,全体囚犯如期返回监狱,无一迟到。接着唐太宗宣谕大赦天下,仅此一招,收获了民心,开启了大唐盛世。当时唐朝是世界上最发达的国家,同时也是最开放的国家。首都长安已是有百万人口的大城市,波斯人、日本人、东南亚人云集,文化交流,开商通衢。特别是日本,全面向唐朝学习,日本的文字就是汉字与片假名的组合,取汉字之意,用片假名之音。现今中国的

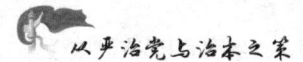

学者研讨中华民族文化发展时，对大唐盛世仍津津乐道，引以为傲。

关于人本主义思想，唐后的一些文人墨客都有极佳的论述。杜牧的《阿房宫赋》从人本主义思想出发，论述了秦王朝和六国兴衰成败的经验教训。"灭六国者，六国也，非秦也；族秦者，秦也，非天下也。嗟乎！使六国各爱其人，则足以拒秦；使秦复爱六国之人，则递三世可至万世而为君，何得而族灭也？秦人不暇自哀，而后人哀之；后人哀之而不鉴之，亦使后人而复哀后人也。"哀就是总结经验教训，后人没有接受这个经验教训，结果就一代一代地亡国。杜牧讲得何等精彩！

中华民族的伟人毛泽东主席熟读"二十四史"，研究总结历史发展的经验教训，提出"为人民服务"，继承和弘扬了人本主义思想，升华了人本主义的内涵。人民是历史的创造者，中国共产党的宗旨是为人民服务，中国共产党的初心就是为中国人民谋幸福，为中华民族谋复兴。新中国成立前夕有个毛主席和黄炎培先生的"窑洞对"，黄先生曰：纵观中国的历史发展，不断地改朝换代，其兴也勃焉，其亡也忽焉。兴得也快，亡得也快，此乃历史发展的周期率。他问毛主席：中共如果取得全国政权，创建新中国，能否避免这个历史周期率？毛主席回答：能！实行民主，让人民起来监督政府！

民主制度取代封建专制制度，是人类历史发展的根本性的追求。既然都叫民主制度，就必然有共性。中国的民主制度称中国特色社会主义民主制度，既然如此，两种民主制度必然有差异性。

仅就两类民主制度的共性而论，民主的概念、民主的性质、民主的宪法规定根本分不出什么"主义"。各民主制国家的宪法都有国家的一切权力属于人民的规定。与此相应的权力框架都是选举制、多党制和三权分立。民主制度是相对于君主制度来讲的，前者人民是主人，后者皇帝国王是主人，选举制是相对于世袭制来讲的，在封建专制制度下，皇权是世袭的，老子死了，儿子继位当皇帝，儿子死了，孙子继位当皇帝。当继世传位继续不下去了，这个朝代也就灭亡了。皇帝权力极大，杀一个大臣大将军，就是派一太监去宣示一下："奉天承运，皇帝诏曰：立斩某某人，钦此！"没有皇帝与他人商量，走什么司法程序。但也有极个别的皇帝比较开明，能够听大臣们的不同意见。择善言而取的唐太宗一日退朝回宫，恨恨地说我要誓杀此田舍翁。长孙皇后急问，你要杀的田舍翁是谁？皇帝回答：魏征！他在朝会上几面折于我。长孙皇后立刻回到内室，换上朝服。太宗惊问：你在家里穿朝服做什么？长孙皇后立刻回答：恭贺陛下得一贤臣。皇帝一言九鼎，大臣都随声附和称皇帝圣明，魏征敢与陛下讲不同的话，还不是为了你好吗！太宗大悟。后来唐太宗与魏征的关系既是君臣，又是朋友。太宗和魏征谈论何为明君，何为昏君，共识兼听则明，偏信则暗。在那个年代，君不送臣，魏征辞世，唐太宗站在长安城楼上望魏征灵柩远去痛哭，对群臣曰："以铜为镜，可正衣冠；以史为镜，可知兴替；以人为镜，可明得失。"此故事可视为在封建专制制度下的宫廷民主。在新中国成立前夕，中国共产党是五大书记，即毛泽东、刘少奇、周恩来、朱德、任弼时，毛泽东有最终决定权。时中央军委命令华东野战军立即打过长江去，当时野战军负责人粟裕同志急奔中央，向毛泽东主席斗胆进言，讲了地理环境、全国的军事态势、群众基础，认为立即过江作战不如在江北先肃清国民党军，然后再打过长江更为有利。毛主席接受了粟裕同志的意见，说自己考虑不周，改变了原定的打过长江的军事部署，同时决定先在江北打淮海战役，并任命粟裕为代司令员、代政委，全权指挥打淮海战役。结果是解放军的60万兵力打败了装备精良的国民党80万大军。斯大林评价说这是奇迹。此役之后，肃清了江北的敌人。取得如此辉煌胜利的原因：一是战略正确，英勇善战；二是人民群众的支持，支前民工就有100多万人。陈毅元帅说，淮海战役的胜利是山东人民用小车推出来的，我永远都不会忘记山东人民对我们的支持。诚如毛主席所讲的："军民团结如一人，试看天下谁能敌。"

  在封建制度下，皇帝国王是国家的象征和执政者。封建制度废除，但国家还在，仍然要有国家的象征和执政者。在民主共和制国家，执政者被称为总统或主席，在君主立宪制国家，国王是国家的象征，执政者被称为首相。国王世袭，总统和主席、首相选举产生。总统、主席和首相权力很大，又非常荣耀，社会精英都想干，势必产生权力竞争。在民主制度下，从理论上讲每个公民都有当总统、首相的权利，候选人由各党派推出，在极个别的时候，也有个人参与竞选。哪个党派推出的候选人当选了，这个党就成为执政党，其他党派就成为在野党。总统是行政权，国会是立法权，法院是司法权，即所谓的三权分立。那三权分立，分谁的权？是分皇帝的权！封建制度下，皇帝三权统揽，民主制度下是三权制衡。

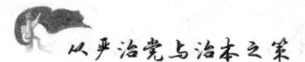

中国特色社会主义民主制度，特在哪里？特在它既不同于西方国家的民主制度，也不同于苏联的民主制度。西方国家的民主制度和苏联的民主制度都是实行联邦制。苏联的全称"苏维埃社会主义共和国联盟"，乌克兰共和国和白俄罗斯共和国在联合国有席位。在联邦制度下，州长由该州的人民选举产生，中央政府无权调整罢免。在那些国家州长骂总统，与总统唱对台戏是常事。中国特色民主制度实行的"郡县制"（借用此词）。何为"郡县制"？省长由该省人民代表大会选举产生，候选人需要得到中央认可。中央对地方选出的省长可以随时调整撤免，再给地方派去一位新省长，暂时在省长前加一个"代"字，待省人代会开会，通过选举程序，"代"字就取消了。

中国特色社会主义民主制度的权力架构除还有另一个机构：政治协商会议，由各个党派和各社会界别组成。则与西方民主制度不同的是中国共产党领导的多党合作制。中国共产党和各个民主党派长期共存，相互监督，主要是民主党派监督中国共产党，民主党派参政议政。

中国共产党执政是全方位的、长历史时期的。此乃中国特色社会主义制度的本质所在，也是与西方国家民主制度的根本区别所在。

就民主制度形成的时代来讲，中国民主制度的形成晚于西方国家。十五、十六、十七世纪，西欧国家葡萄牙、西班牙、荷兰相继崛起，这个时代被称为重商主义时代。商品经济的发展是民主制度形成的物质基础，民主制度推动创新。荷兰是世界第一个建立资产阶级民主共和制的国家。政治民主反过来又推动商品经济制度的形成和发展。现在世界通行的银行、保险、证券制度等都是荷兰人发明创造的。当时荷兰首都阿姆斯特丹是世界的金融中心，十七世纪被称为是荷兰世纪。商品经济的发展进一步推动资产阶级民主革命。十八世纪英国崛起，商品经济快速发展，相伴随的第一次工业革命，英国成为世界上最强大的国家，经济政治扩张，在世界强占了许多殖民地，号称"日不落帝国"。正是西欧国家政治经济大发展的时代，清王朝统治中国，在自然经济和封建专制制度徘徊三百年。1840年鸦片战争失败，中国沦为半封建半殖民地国家，也正是中国发展最落后的时期。拿破仑说中国是一头睡狮，他一旦醒来，整个世界将为之颤抖，那就让他睡吧！直到1949年新中国诞生，建立了社会主义民主制度，中华民族开始崛起，中国民主制度建立，自然参照西方国家的民主制度，但没有照搬，而是参照中国民族文化发展政治制度传统和依据中国国情。中国特色社会主义民主制度是中华民族独创，是中华民族政治制度创新的结果。

中华民族在近代史发展中，追求建立民主制度，曾仿照民主制度的一般形态，诸如君主立宪制、民主共和制、多党制等，但都失败了。1894年甲午战争惨败，割地赔款，中华民族到了最危急的时候，光绪皇帝和一批先进的知识分子搞"戊戌变法"，实行君主立宪制。结果是光绪皇帝被囚禁后被慈禧太后毒死。支持和执行变法的先进知识分子被处死或逃亡。在北京菜市口，一次就砍了六位变法者，史称"戊戌六君子"。其中有一位能逃而不逃，等着清兵来抓捕，此人就是谭嗣同。入狱时他作诗言志，"我自横刀向天笑，去留肝胆两昆仑"。

戊戌变法彻底失败。留下的仅是改革者的一首警示后人的慷慨悲歌！民主共和制我们也搞过，1911年孙中山先生领导辛亥革命，推翻清王朝的封建专制制度，建立民国，但最终还是失败了。西方国家民主制度为多党制，我们也搞过，也失败了。在近代史民主革命中，国共两党两分两和。在第一次革命战争中，国共两党合作，共同打倒北洋军阀。当时中共党员可以个人身份参加国民党，毛泽东主席曾任国民党宣传部长，北伐战争尚未胜利，蒋介石就挥起屠刀残杀共产党人，国共两党合作失败。1937年日本全面侵华，中国共产党提议建立统一战线，互称友军。在共同对抗外敌的情况下，蒋介石发起"皖南事变"，以绝对军事优势围剿新四军。新四军只有少数人冲出围剿，军长叶挺去谈判被扣押，政委项英牺牲，国共两党合作再次失败。总之，在中国建立民主制度，搞不了西方国家民主制度的多党制。

民主制度取代封建专制制度是历史发展的规律。西方国家民主制度的君主立宪制、民主共和制、多党制在中国都行不通，那就另寻他途。那就是中华民族传统优秀文化的继承和发展。新加坡前总理李光耀讲道：任何国家的发展都摆脱不了文化的影响。美国前国务卿基辛格先生在《论中国》一书中讲道，美国的社会精英只能从二百年的历史中找寻灵感，中国的社会精英可以从二千年文明中寻找灵感。二千年文明的政治灵感是什么？郡县制中央集权。秦始皇是在中国的历史发展中有很大贡献的一位皇帝。他搞的中央集权制和统一文字，奠定了中华民族大一统和发展的政治基础和文化基础。毛主席批评郭沫若的《十批判书》，写了一首七律诗："劝君少骂秦始皇，焚坑之

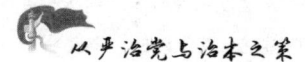

事要商量，祖龙虽死秦犹在，百代多行秦政法"。纵观中国历史发展，凡中央集权强大的时候，国家统一，社会稳定，经济发展；凡中央集权制削弱的时候，国家分裂，社会失序。总之，中国特色社会主义民主制度就是现代政治文明和中华民族传统政治文明的统一。

中国特色社会主义民主制度1949年建立，至今也就70年历史。苏联民主制度1917年建立，存在70多年后失败了。民主制度与其他任何一种政治制度都有个发展完善过程。毛主席讲中国革命首先是农民问题，农民问题首要是土地问题。通过土地改革，土地由地主所有制转变为农民所有制，完成了民主革命的任务。接着进行社会主义革命，农村实行合作化。从互助组、初级社、高级社、人民公社，农村土地私有制变成集体所有制。农民生产积极性由改革初期的高涨随着土地公有制层次的提高越来越低了。1978年开始了社会主义改革。改革首先由农村开始，实行包产到户。随着市场经济的发展，形成了农村土地"三权分立"的制度，即土地集体所有权、农民土地使用权，企业土地经营权。企业使用土地，土地使用权转移，企业要给农民补偿金。补偿金一般都高于农民自己经营土地的收益。全民所有制经济是没收官僚资本，国家投资兴建的基础上形成的。通过改革，民营资本可以投资国企，形成混合所有制经济。经济所有制的多元化，推进了商品经济的发展，不但没有削弱社会主义经济制度，反而强化了中国特色社会主义民主制度的物质基础。中国社会主义民主制度建立时，中国经济发展极端落后。1950年按人均GDP计算，中国是世界上最贫穷的国家之一，在亚洲仅比缅甸、蒙古略高一点。现在我国已成为世界第二大经济体，2019年中国经济总量已达100万亿元人民币，人均国民收入1万美元。经济的快速发展充分显示了中国特色社会主义民主制度的优越性。

中国民主制度优越不优越是比较而言的，西方国家民主制度只是作为参照物，所比较的也就两个国家印度和美国，两个国家都是民主制度，都是大国。中国和印度都是发展中国家，美国是发达国家。和印度比，二次世界大战之火没有烧到印度、印度仍处在和平发展状态。中国经过14年抗战，经济发展遭到严重破坏，当时印度的经济发展状况要比中国好得多，周总理到万隆开会，还是租的印度民航飞机，现在中国经济发展的总量是印度五倍。和美国比，1950年朝鲜战争时，我国的经济总量仅是美国的3.8%，我国一年钢产量70万吨，美国7650万吨。中国的全国产量不及美国的百分之一。美国有空军，海军，原子弹，中国都没有。当我国国家安全遭到严重威胁时，毅然派出中国人民志愿军抗美援朝，保家卫国、出国参战。战争中美国三易其帅，志愿军扛着红旗进入汉城把美军推到三七线，之后签订停战协议。美国统帅克拉克签字后说："我是第一个在没有取得胜利的协议上签字的美国将军"。在经济、军事实力极为悬殊的情况下中国能取得胜利，靠的是什么？靠的是毛泽东思想和社会主义民主制度。朝鲜战争的胜利，第一次显示了中国特色社会主义民主制度的优势。

当今世界处于大变局状态，对我国的发展来讲既是机遇，也是挑战。抓住机遇，迎接挑战，最重要的是做好自己的事。坚持习近平新时代中国特色社会主义思想，坚持制度自信，努力向着实现两个一百年的奋斗目标前进，中国会越来越好。

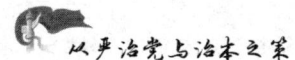

新时代我国反腐败追逃的成功经验

王秀梅[①] 宋玥婵[②]

习近平总书记在党的十九大报告中强调，不管腐败分子逃到哪里，都要缉拿归案、绳之以法。按照"天网"行动的统一部署，我国公布了100名红色通缉人员，加大全球追捕力度。在坚持不懈的努力下，截至2019年10月，先后追回外逃人员6690人，追回赃款151亿元人民币，"百名红通人员"已到案60人。通过对"百名红通"人员归案情况的分析，目前我国反腐败追逃措施以劝返、缉捕为主，少数适用遣返，但没有成功引渡的案例，一个重要原因是腐败分子出逃时多选择与中国尚未签署引渡协议的国家，甚至是没有建交的国家。从长远的观点看，利用他国有关法律适用遣返措施并建立双边引渡和刑事司法协助制度，以追赃促追逃，对防逃、追逃工作意义重大。反腐败追逃的过程不仅能实现惩治和威慑腐败犯罪的目的，同时也可推动我国国际刑事法律合作的完善，有利于我国相关法律制度同国际接轨。

习近平总书记在党的十九大报告中指出，当前反腐败斗争形势依然严峻复杂，巩固压倒性态势、夺取压倒性胜利的决心必须坚如磐石；总书记强调，不管腐败分子逃到哪里，都要缉拿归案、绳之以法；同时要强化不敢腐的震慑，扎牢不能腐的笼子，增强不想腐的自觉。在追逃方面，按照"天

[①] 北京师范大学刑事法律科学研究院教授、法学博士、博士生导师，G20反腐败追逃追赃研究中心执行主任，中国廉政法治研究会副会长，国际刑法学协会副主席暨中国分会秘书长。

[②] 香港大学法学院刑法学博士研究生。

网"行动的统一部署,2015年4月22日,国际刑警组织中国国家中心局针对100名涉嫌犯罪的外逃国家工作人员、重要腐败案件涉案人等人员集中公布了红色通缉令(以下简称"百名红通"),加大全球追捕力度①。从2015年4月25日,戴学民被缉捕归案②;至2018年7月28日张勇光主动回国投案并退赃,全国"百名红通"已有54人归案③;除去已死亡的2人,其余52人平均出逃7.84年,最长的出逃海外19年④,最短的1年零两个月⑤;其中,包括"第一女巨贪"杨秀珠、"亿元股长"李华波、"中国伟哥之父"闫永明等极具代表性的追逃案例。这些案例集中体现了多年以来我国反腐败追逃所积累的经验以及需要完善的空间。

一、"百名红通"归案方式分析

按照归案追回的方式,具体可分为:劝返、缉捕、遣返、以追赃促追逃等。劝返,是指在逃犯发现地国家司法执法机关的配合下,通过发挥法律的震慑力和政策的感召力,促使外逃人员主动回国接受处理的一种措施⑥。采取劝返方式的归案人员有38人,占已到案人数的73.08%⑦。缉捕,分为国外缉捕和国内缉捕。国外缉捕通常需要在外交部、公安部和驻外使馆的协调配合下,与

---

① 一图读懂:红色通缉令上的100名外逃人员名单,中央纪委监察部:http://www.ccdi.gov.cn/tjts/ytdd/201712/t20171222_157453.html,访问日期:2018年3月23日。
② "百名红通人员"追逃纪实(一)触网第一人归国记,中央纪委监察部:http://www.ccdi.gov.cn/special/ztzz/ztzzjxs_ztzz/201705/t20170509_98912.html,访问日期:2018年3月23日。
③ 第54人!"百名红通人员"张勇光回国投案,上观新闻:https://www.jfdaily.com/news/detail?id=98073,访问日期:2018年7月28日。
④ "百名红通"黄红于1998年5月16日出逃,至2017年7月31日回国投案,外逃19年之久。参见《"百名红通人员"黄红回国投案》,中央纪委监察部:http://www.ccdi.gov.cn/gzdt/gjhz/201708/t20170801_153570.html,访问日期:2018年3月23日。
⑤ "百名红通"黄水木2015年7月5日被劝返回国,其出逃时间为2014年5月。百名红通人员"到案50人都是谁?,中央纪委监察部:http://www.ccdi.gov.cn/yaowen/201712/t20171205_151109.html,访问日期:2018年3月23日。
⑥ "百名红通人员"30人到案,都是怎么追回来的?,中央纪委监察部:http://www.ccdi.gov.cn/toutiao/201606/t20160625_124877.html,访问日期:2018年3月25日。
⑦ 本文计算数据时均除去死亡的2人。

逃犯发现地国家的司法执法部门通力合作①。通过缉捕方式归案者共12人，占已到案人数的23.08%，其中国内缉捕4人，国外缉捕8人。遣返，是指向逃犯所在地国家提供其违法犯罪线索，被请求国将不具有合法居留身份的外国人强制遣返至第三国或请求国②。采取遣返归案者2人，占已到案人员中的4%。

根据以往经验，当前适用追逃措施的地区有以下几个特点：（1）在发达国家，我国主要适用劝返措施进行追逃。从统计数据看，从美国归案的14人中，13人系劝返；从新加坡归案的3人中，2人系劝返；从加拿大、澳大利亚、新西兰、英国共归案20人，皆为劝返；发达国家归案人数共计37人，劝返35人。（2）在我国境内及亚非地区，主要适用缉捕手段追逃。在我国境内追回5人，缉捕4人；从非洲三国肯尼亚、加纳、几内亚，以及亚洲三国柬埔寨、韩国③、马来西亚共追回6人，皆为缉捕到案。（3）"百名红通"归案人员还包含从加勒比海地区④归案的3人，2人缉捕到案，1人劝返归案；秘鲁归案1人，劝返回国；我国在这些地区综合适用劝返、缉捕手段。（4）我国在发达国家少数地区适用了遣返措施，包括李华波在新加坡刑满释放后遣返回国和杨进军从美国通过非法移民质控遣返回国。

透过归案人员的情况也可以反映出我国外逃人员选择目的地的特点。（1）发达地区。逃往发达国家的人数较多，因这些国家经济发达、法制健全，多未与我国正式签署双边引渡条约，所以成为"百名红通"人员首选的出逃目的地，且占有极大的比例，逃亡美国的40人，逃往加拿大的26人⑤，加上逃往其他发达国家的，总共占100人中的85%⑥。（2）亚非地区。亚洲国家离我国地理位置较近，文化差异较小，隐匿较为容易，也是主要的出逃

---

① "百名红通人员"30人到案，都是怎么追回来的？，中央纪委监察部：http：//www.ccdi.gov.cn/toutiao/201606/t20160625_124877.html，访问日期：2018年3月25日。
② "百名红通人员"30人到案，都是怎么追回来的？，中央纪委监察部：http：//www.ccdi.gov.cn/toutiao/201606/t20160625_124877.html，访问日期：2018年3月25日。
③ 韩国虽然也为发达国家，但是将其分类放入亚非地区更能总结出规律。
④ 将从圣基茨和尼维归案的任标和从圣文森特和格林纳丁斯归案的付耀波和张清曌归为从加勒比海地区归案的一类。
⑤ 一图读懂：红色通缉令上的100名外逃人员名单，中央纪委监察部：http：//www.ccdi.gov.cn/tjts/ytdd/201712/t20171222_157453.html，访问日期：2018年3月23日。
⑥ 有些出逃地区尚不确定，无法计算准确数据，仅为粗略统计估算。

目的地国；而在"百名红通"人员逃往非洲的几起案例中，行为人之所以能够藏匿下来，是因为在非洲有了一定的经济积累①，当然也有仓皇出逃选择非洲的②。（3）其他地区，如加勒比海地区某些国家由于尚未与我国建交，也成为外逃者选择的目的地国。除此之外，一些"红通"人员则选择藏匿于国内。

二、"百名红通"归案的追逃经验

从追逃情况来看，我国已从世界各地追回一半"百名红通"人员，这是付出巨大努力得到的成果。由于我国同外逃的主要目的地国尚未订立引渡条约，这在某种程度上极大限制了我国追逃工作的开展。在这样的背景下，我国主要采取了一系列的引渡替代措施，其中最为重要的为劝返和缉捕。

（一）劝返措施广泛应用的历史性

在"百名红通"归案人员追逃的过程中，劝返③是追逃追赃初期经常采用的一种手段，劝返过程多是追逃人员与在逃人员之间的心理战。大多数外逃人员在国外的生活并不像出逃前计划的那样顺利，身处异国他乡，语言不通、举目无亲，只能东躲西藏。追逃人员通过阻断在逃人员经济来源、利用在逃人员亲人劝说、作出量刑减轻承诺等多种措施相配合的方式实现劝返。例如，在杨秀珠案中，杨秀珠除了涉嫌在中国实施腐败犯罪以外，在转移赃

---

① "百名红通"裴健强藏身在西非国家几内亚的首都科纳克里市，经营一家洗浴中心，有涉黑背景。参见：红通10号嫌犯裴健强被抓在几内亚涉黑，人民网：http://politics.people.com.cn/n1/2016/0102/c1001-28003666.html，访问日期：2018年3月26日。"百名红通"钱增德于2006年3月仓皇潜逃出境至非洲。据了解，之所以选择非洲，是因为他此前在苏丹、肯尼亚等国有投资项目，甚至他在当地还能享有"特权"，以满足其物质欲望。参见：中纪委揭秘海外追赃："丁义珍"为何选择非洲？，网易新闻：http://news.163.com/17/0425/21/CIT89EK000018AOR.html，访问日期：2018年3月26日。

② 2012年9月23日，鲁洁纺织厂负责人赵汝恒持旅游签证去了非洲加纳共和国，随后就失去了联系。参见："百名红通人员"追逃纪实（五）三年逃亡路青丝变白发，中央纪委监察部：http://www.ccdi.gov.cn/toutiao/201706/t20170602_125666.html，访问日期：2018年3月25日。

③ 在此认为，主动回国投案也是受到大力追逃政策的影响，因此将"百名红通"归案人员中主动回国投案算作劝返而不做单独的区分。

款到美国,以及入境美国过程中,都涉及洗钱犯罪。我国将杨秀珠涉嫌跨境洗钱的证据提交给美国,促使美国方面进行异地追诉,以洗钱犯罪追究刑事责任。同时协助所在国以非法移民遣返并冻结财产,阻断其经济来源,这些综合措施最终促使杨秀珠接受劝返,选择主动回国自首①。

劝返的成功,对于追逃国、逃犯藏匿国、逃犯本人都有益处。对于追逃国而言,劝返措施的优势在于节省司法资源、节约时间,"使刑事外逃人员便捷、迅速、无障碍、顺利地返回本国,符合诉讼经济和诉讼便宜的原则"②。对于逃犯藏匿国来说,逃犯接受劝返"既有助于节省为开展国际合作或者国内法律程序需要的大量经费开支,又有利于维护本国的秩序与安全"③。而对于逃犯本人,接受劝返回国后如实供述自己罪行,构成自首的,按刑法可以从轻或减轻处罚,犯罪较轻的甚至可以免除处罚。

总体而言,"在西方发达国家,劝返是最为高效的措施"④。需要注意的是,劝返工作的开展需要得到逃犯藏匿国执法或司法机关的允许和配合,以免对方以我国在他国无执法权为由阻止或造成其他纠纷。2015年8月16日,美国《纽约时报》就曾发表一篇题目为《奥巴马政府就在美行动的秘密工作人员警告北京》的文章,指责中国追逃人员在美国从事"秘密活动"⑤。在追逃工作实践中,劝返的程序也在不断完善。目前,我国与加拿大、澳大利亚、美国都已经建立了较为规范的劝返程序。以美国为例,在中美执法合作联合联络小组(JLG)的基础上,通过共同劝返程序,我国成功从美国劝返多名外逃人员。中美执法合作联合联络小组成立于1994年,在2000年《中美司法协助协定》签订后,中美两国在刑事司法协助和合作领域的合作取得了迅速的发展,在相互协助调查取证,追缴非法转移的犯罪所得、相互通报有关犯

---

① 参见张磊:《反腐败零容忍与境外追逃》,北京:法律出版社,2017年版,第109页。
② 参见陈雷:《反腐败国际合作理论与实务》,北京:中国检察出版社,2012年版,第179页。
③ 参见陈雷:《反腐败国际合作理论与实务》,第179页。
④ 参见张磊:《从"百名红通人员"归案看我国境外追逃的发展》,《北京师范大学学报(社会科学版)》,2017年第3期,第151-159页。
⑤ 参见张磊:《反腐败零容忍与境外追逃》,北京:法律出版社,2017年版,第164页。

罪情报和对逃犯的监控及缉捕等方面取得丰硕成果①。近些年，在"天网"行动的推动下，中美执法合作联合联络小组也为我国劝返在美逃犯提供了保障。

（二）缉捕手段的直接有效性

缉捕到案也是一项极为重要的追逃措施，缉捕，分为国外缉捕和国内缉捕。就国内缉捕而言，在我国内地发现在逃人员行踪后直接将其缉捕到案是单纯的国内刑事措施，并不涉及跨法域合作问题。但当嫌犯身在港澳地区时，内地执法人员就无法直接实施缉捕，需要进行区际的司法合作。"百名红通"中唯一一名村支书吴权深，在2012年案发后，从广州横琴口岸仓皇潜逃出境，吴权深虽购买了几内亚比绍的机票，但是实质上却只在澳门与香港间往返。最终，侦查人员在澳门查到吴权深的踪迹，并发现早在2011年10月，吴就通过投资移民申请了澳门临时居住资格，并开始申办澳门永久居民身份。由于内地与澳门之间尚未签署司法合作方面的移送条款，不能通过澳门警方直接对其采取拘捕行动。内地警方随即依法注销吴权深的国内护照和港澳通行证，接着通过国际刑警组织渠道，向澳门警方通报有关情况，并将吴权深的红色通缉令、犯罪证据以及同案嫌疑人的刑事判决书、检察机关的批准逮捕决定书等法律文书及时提交给澳门相关方面。澳门方面按照相关法律规定，履行相关程序后，取消了吴权深的临时居留申请。失去临时居留资格后，吴权深就没有了留在澳门的正当性，澳门警方按照法律规定将其驱逐出境；随后，广东省公安机关将其抓获归案②。

至于国外缉捕，除了我国追逃人员的努力外，还需要对方提供充分的支持和配合。"基于对他国主权的尊重，任何国家的执法人员未经许可均不得在他国执法；我国执法人员如果在他国发现犯罪嫌疑人，只能够将相关信息通报给被请求国，由被请求国进行缉拿，或者经过该国同意，由我国执法人员

---

① 百度百科：中美执法合作联合联络小组，http://baike.baidu.com/item/中美执法合作联合联络小组/10629886？fr=aladdin，访问日期：2018年3月26日。
② "百名红通人员"追逃纪实（六）小官巨贪涉千万东躲西藏终归案，中央纪委监察部：http://www.ccdi.gov.cn/toutiao/201706/t20170608_125726.html，访问日期：2018年3月27日。

参与该国执法活动,以该国执法人员为主开展缉捕行动"①。我国在亚非地区适用缉捕手段相对较多,这些地区和"我国具有良好的外交关系和稳定的司法合作关系,再加上本国法治程度不高,所以对我国执法人员和其本国联合执法具有较高积极性和认可度"②。

以赵汝恒案为例,2012年9月23日,赵汝恒持旅游签证逃往加纳共和国,为逃脱法律制裁,赵汝恒频繁变换住址和联系方式,曾先后7次逃脱加方实施的抓捕行动③。在加纳警方的第一次抓捕行动中,赵汝恒在警方抵达的半个小时前恰巧离开,随后去向不明;第二次抓捕行动中,据加纳警方回忆,他们曾与赵汝恒打过照面,但是由于赵汝恒外貌变化太大,加之加纳警方对亚洲人的面貌并不敏感,让他从眼皮底下溜走了;最终于2015年10月19日,加纳警方成功缉捕赵汝恒,并于2015年11月1日,在中加两国的协作下,赵汝恒被押解回国④。

同劝返相比,缉捕手段在某种程度上更为高效。在诸多情况下,劝返"以犯罪嫌疑人无路可走为前提,甚至还需要以获得一定好处作为条件"⑤;而缉捕方式,只要获得该国的支持即可由我国执法人员或该国执法人员实施抓捕行动。从"百名红通"归案人员的情况来看,缉捕手段目前在法治较为健全的发达国家难以实现,但在与我国交往较为密切的亚洲、非洲等发展中国家和地区适用较多。

---

① 参见张磊:《从"百名红通人员"归案看我国境外追逃的发展》,《北京师范大学学报(社会科学版)》,2017年第3期,第151-159。
② 参见张磊:《从"百名红通人员"归案看我国境外追逃的发展》,《北京师范大学学报(社会科学版)》,2017年第3期,第151-159。
③ "百名红通人员"赵汝恒押解回国曾7次逃脱抓捕,搜狐新闻:http://news.sohu.com/20151102/n424886720.shtml,访问日期:2018年3月27日。
④ 百名红通人员"追逃纪实(五)三年逃亡路青丝变白发,中央纪委监察部:http://www.ccdi.gov.cn/toutiao/201706/t20170602_125666.html,访问日期:2018年3月25日。
⑤ 参见张磊:《从"百名红通人员"归案看我国境外追逃的发展》,《北京师范大学学报(社会科学版)》,2017年第3期,第151-159。

三、我国反腐败追逃面临的主要问题

（一）遣返措施应用较少

"百名红通"归案人员中只有杨进军和李华波两人系遣返归国的。在杨进军案中，由于中美没有签订引渡条约，美国依据移民法将杨进军作为非法移民遣返回国，这也是美国第一次向中国遣返涉嫌职务犯罪的在逃人员[1]。美国表示，在非法移民遣返问题上，并不反对同中国合作，但需要中国提供符合美国法律规定的证据来支持驱逐出境的请求[2]。

在中国和新加坡没有引渡条约的背景下，李华波案是中新双方依据《联合国反腐败公约》、践行《北京反腐败宣言》开展追逃追赃合作的成功案例。同杨进军案的非法移民遣返不同，李华波系在新加坡犯有罪行而被驱逐出境后遣返回国。李华波案中，我国向新方提出司法协助请求并提供有力证据，由新方冻结了李华波涉案资产然后实施逮捕、起诉，以"不诚实接受偷窃财产罪"，判处其15个月有期徒刑[3]。李华波在新加坡完成三分之二刑期后，新加坡移民厅认为他"已不具备继续逗留新加坡的合法事由"[4]，于出狱当日即被遣返回国。

传统意义上的"遣返"，主要指"遣返非法移民"[5]。无论作出遣返的国家具有怎样的意愿，这在客观上造成了与引渡相同的结果，因而也被称为事实引渡[6]。遣返程序的特点在于并非刑事程序，本质上不具有惩罚性，并且遣

---

[1] 杨进军作为非法移民被遣返，腾讯网：http://new.qq.com/cmsn/20150919/20150919005663，访问日期：2018年3月27日。

[2] China hails U.S.repatriation of corruption fugitive，https://www.reuters.com/article/us-china-corruption-usa/china-hails-u-s-repatriation-of-corruption-fugitive-idUSKCN0RI0AO20150918，访问日期：2018年3月27日。

[3] 李华波在新加坡出狱当日即被遣返回国，网易新闻：http://news.163.com/15/0510/03/AP7L8U8Q00014AED.html，访问日期：2018年3月27日。

[4] Former Chinese govt official Li Huabo sent back to China，https://www.channelnewsasia.com/news/singapore/former-chinese-govt-official-li-huabo-sent-back-to-china-8273314，访问日期：2018年3月27日。

[5] 参见陈雷：《反腐败国际合作理论与实务》，第158页。

[6] 参见黄风、凌岩、王秀梅：《国际刑法学》，北京：中国人民大学出版社，2007年版，第212页。

返程序"只需行政审查，不受烦琐的司法程序的制约"①。同时，遣返依据的是国内法，不需要双方有双边合作的条约。因此，在和我国没有双边引渡条约的国家，通过移民法适用遣返也是极为重要的追逃措施。一般情况下，只要证明该犯罪嫌疑人不具备合法居留身份并说明从犯罪地国或国籍所属国非法出境即可，并不要求证明该犯罪嫌疑人出逃前在本国所犯罪行的事实②。除上述"百名红通"人员在美国、新加坡成功遣返的案例外，我国在加拿大也遣返了外逃人员赖昌星。这些案例的成功对于我国适用遣返措施追逃起到了重要的示范和参考作用。

（二）引渡措施的缺失

在"百名红通"归案人员中，并没有成功的引渡案例，这在一定程度上反映了我国在反腐败追逃过程中引渡手段的缺失。

制约我国引渡措施广泛适用的主要原因是，我国同大多数外逃目的地国没有正式签订双边引渡条约，尤其是发达国家。以美、加、澳为例，仅此三国的外逃人员就占百名红通人员的80%；而我国与这三个国家都未签署引渡条约。2014年，外交部条法司司长徐宏在反腐败国际追逃追赃中外媒体会上表示，中方向美方提出过要签署中美引渡条约，但是美方对此提议表示"还没有准备好"③。中国和澳大利亚虽然早在十年前就已经签署了双边引渡条约，但至今尚未被澳大利亚议会通过。2017年4月中纪委公开的22名"百名红通"涉嫌贪污受贿并潜逃海外人员详细资料，其中肖斌、李文革、贺俭、程慕阳及王清伟5人被指匿藏在加拿大卑诗省。2016年9月25日，中央政法委书记孟建柱会见了加方高级别代表团后，中加双方发表了《联合声明》提及"加快启动引渡条约讨论"④。但时任加拿大驻华大使麦家廉表示，针对中国政府对通缉人士遣返要求，加国立场是必须依照加国司法程序及标准，逐个

---

① 参见李林：《遣返成为引渡外的追逃方式研究》，《西南政法大学学报》，2016年第5期，第26-33页。
② 参见陈雷：《反腐败国际合作理论与实务》，第161页。
③ 外交部点名美国签引渡条约态度消极，腾讯网：http://new.qq.com/cmsn/20141127/20141127003732，访问日期：2018年3月27日。
④ 参见《中加协商签署双边引渡条约，外逃贪官的丧钟已经敲响》，网易新闻：http://news.163.com/16/0929/08/C2487UGH00014SEH.html，访问日期：2018年3月27日。

案件审核确保被遣返者不会面对死刑等风险才作决定。他表示加方只表示愿意谈判,但加国(签署引渡条约)的门槛很高,加中要签署条约,要有相当漫长的过程[①]。

在不能采取引渡措施的背景之下,我国发展并广泛适用了上述引渡替代措施。通过这些引渡替代措施,虽然也实现了成功的追逃,但不得不承认,与引渡手段相比,引渡替代措施存在着许多不足之处。劝返手段需要办案人员往返奔波,投入巨大的人力物力,与外逃人员进行心理战具有很大的不确定性,缉捕手段需要双方有良好的合作基础和司法上的互信,可以适用的地区十分有限。遣返措施,依据各国移民法的不同规定适用的程序、提交的证据都有所不同,作为追逃手段大范围适用需要有足够的专业法律人才。虽然依靠以上手段对部分"百名红通"人员实现了有效追逃,对腐败犯罪形成了一定的威慑力,但始终不能忽略引渡措施的法律作用。如果在双边引渡条约的支持下适用引渡措施,将会实现更为有效的追逃和防逃。

四、我国反腐败追逃措施的完善

通过对"百名红通"归案人员的分析可见,目前我国反腐败追逃措施以劝返、缉捕措施为主,少数适用遣返,尚无成功的引渡案例。而从长远角度来看,劝返措施如将继续适用,则需对承诺加以规范,缉捕手段应以刑事司法协助条约的形式确定下来。而利用他国有关法律适用遣返措施并建立健全双边引渡制度,对防逃、追逃工作意义重大。

(一)劝返中承诺的限制问题

在"百名红通"归案人员中,适用劝返占有极大比例。可以预想的是,在我国国际刑事司法合作体系和引渡体系建立完善过程中,劝返措施将在一定时期扮演着较为重要的角色由于每个劝返案例中存在个体差异,劝返措施很难形成统一的规范程序,但是,对于追逃人员在劝返中作出的承诺,有必要进行限制和规范。

---

① 参见《中加签署引渡条约有相当漫长的过程》,http://www.bcbay.com/news/2017/05/11/493737.html,访问日期:2018年3月27日。

在对外逃分子展开说服教育的过程中，追逃人员经常会作出一定的保证或承诺，给予外逃人员"好处"，以使其主动配合回国投案。但事实上，在现有法律框架下办案人员的这种承诺是没有法律依据和法律约束力的[①]。然而，为使得劝返成功的案例能对在逃人员起到感召作用，我国在后续的相关程序中往往会考虑兑现之前作出的承诺[②]。

（二）签订刑事司法协助条约规定缉捕程序

缉捕手段适用的地区一般同我国具有较好的司法合作关系和外交关系。虽然，对方国家为我国缉捕逃犯提供了诸多帮助，但是从现有的统计来看，逃犯隐匿国并未都与我国签有刑事司法协助条约或引渡条约。因此，我国应在现有良好合作经验的基础上，推动与亚非国家签订双边刑事司法协助条约、引渡条约等国际司法合作文件，将合作内容具体化，缉捕手段程序化，将会更有利于实现高效的追捕行动，以及更广泛的互惠互利司法合作。

（三）加大遣返措施适用的力度

一般来说，外逃腐败犯罪分子往往采用虚假证明文件取得他国身份或办理出入境手续，这为追逃中适用遣返措施提供了可能性。遣返措施依据的是逃犯藏匿国的国内法，虽不需要存在双边合作条约，但是，因各国的移民法律规定不尽相同，对不同国家的有关法律有所研究是适用遣返措施的必要前提。

对于逃犯藏匿国而言，外逃人员在该国并无犯罪事实，所以我国的证据材料就成为启动遣返国遣返外逃违法犯罪分子相关程序几乎唯一的依据[③]。因此，我国向外国提供的证据是否符合对方证据规则的要求就十分重要。在同美国、加拿大的遣返合作中，对方国家都曾提及我国提供的证据材料不符合对方要求的问题，严重阻碍了我国适用遣返措施追逃的进度。当然，通过几个成功的遣返案例，目前我国已经基本熟悉了遣返的程序和几个主要外逃国家的证据要求。例如，赖昌星遣返案中，我国主管机关积极协助加方主管机

---

① 参见张磊：《反腐败零容忍与境外追逃》，第163页。
② 参见李红光：《论引渡的替代措施》，载黄风、赵林娜主编《境外追逃追赃与国际司法合作》，北京：中国政法大学出版社，2007年版，第119页。
③ 参见李红光《论引渡的替代措施》，载黄风、赵林娜主编《境外追逃追赃与国际司法合作》，第111页。

关来中国取证,提供多方面的便利为有关的诉讼提供证据材料并派证人前往加拿大出庭作证,从而大大提高了赖昌星难民申请被驳回的可能性并且促进了遣返程序的进程[①]。所以,我国适用遣返程序追逃时,需对不同国家的遣返程序、证据要求进行研究、熟悉和了解后,再启动遣返程序将会起到事半功倍的效果。

(四)引渡体系的完善

反腐败追逃的过程,引渡体系的完善是一个绕不开的话题。我国引渡制度起步较晚,自20世纪年90代才开始谈判缔结引渡条约,至今,我国目前已经与77个国家缔结55项引渡条约、64项司法协助条约,为追逃追赃工作的全面展开提供了充分的法律依据。在就引渡案件进行个案合作以及谈判缔结引渡条约的实践基础上,我国于2000年通过了《引渡法》[②]。

目前,我国签订引渡条约数量尚不能满足与外国开展引渡合作的需要,因此,我国始终在持续推进同各个国家的引渡条约谈判,尤其是美加澳等发达国家。然而,制约我国同他国签订引渡条约的因素众多,在遵循"条约前置主义"原则的国家适用引渡措施也就无从谈起外逃腐败分子在出逃时,更是利用这一点逃往未与我国订立引渡条约的国家,甚至是逃往尚未与我国建交的国家。

为了形成长久有效的追逃防逃机制,我国必须逐步建立完善引渡体系。目前,我国已经摸索出一些灵活的措施应对引渡合作中的各种障碍。例如,对于"死刑不引渡"原则,我国一般采取量刑承诺的方式,保证被引渡人在引渡回国后不会被判处死刑。而"政治犯罪"和"酷刑"问题,一般源于外国对于我国刑事司法和人权保障情况的误解,近些年,随着我国国际形象的提升,我国法制现代化受到了更广泛的认可。与此同时,我国也在不断地提高法制的国际形象,加强人权保障的国际宣传。实现国际引渡合作也需要对国内立法进行完善,我国《引渡法》稍显滞后,《引渡法》在取证送达、诉讼管辖、人员移管等方面的空白须尽快弥补而处于征求意见阶段的《国际刑

[①] 梁文钧:《赖昌星遣返案中若干法律问题的思考》,载黄风、赵林娜主编《境外追逃追赃与国际司法合作》,第129页。

[②] 参见田立晓:《中国开展国际司法合作的若干问题》,载黄风、赵林娜主编《境外追逃追赃与国际司法合作》,第13页。

事司法协助法（草案）》也应尽快出台。

五、结语

习近平总书记在中国共产党第十八届中央纪律检查委员会第三次全体会议上强调："不能让国外成为一些腐败分子的'避罪天堂'，腐败分子即使逃到天涯海角，也要把他们追回来绳之以法，5年、10年、20年都要追，要切断腐败分子的后路。""天网"行动公布"百名红通"人员体现了我国反腐败追逃追赃的决心，"百名红通"归案人员过半凝结了追逃人员几年来坚持不懈的努力，成绩斐然的追逃成果对在逃人员形成威慑的同时，也抑制了腐败犯罪的发生，起到了防逃的作用。反腐败追逃追赃的过程使我国意识到国际司法合作体系的缺失以及国内立法同国际先进立法的差距。在短短的几年间，反腐败国际追逃追赃推动我国国际司法合作体系迅速发展，同时也对国内立法的完善起到了推动的作用，促进我国相关法律制度同国际接轨。法网恢恢，疏而不漏，在我国反腐败追逃国际司法合作体系建立健全的背景下，外逃腐败分子终究会受到法律的制裁。

标本兼治
一体推进不敢腐不能腐不想腐

边保华

原国家行政学院办公厅主任、中国行为法学会廉政研究委员会副会长

习近平总书记在十九届中央纪委三次全会上强调指出,要深化标本兼治,用好治标利器,夯实治本基础,一体推进不敢腐、不能腐、不想腐。这一重要论述,深刻揭示反腐防腐的基本规律,充分体现惩与治的辩证统一,是巩固发展反腐败斗争压倒性胜利的重要思想方法、工作方法,为打赢反腐败正义之战注入强大动力。我们要准确把握一体推进"三不"的辩证关系,切实提高一体推进"三不"的政治自觉、思想自觉、行动自觉,深化标本兼治,巩固发展反腐败斗争压倒性胜利,持续推进全面从严治党向纵深发展。

一、认清"三不"是辩证统一的有机整体

不敢腐、不能腐、不想腐贯穿着思想、道德、纪律、法律、制度、规矩等要求,三者相互融合、相互作用、相辅相成、相得益彰,是辩证统一的有机整体。不敢腐,侧重于惩治和威慑,坚持重点解决突出问题,让意欲腐败者在带电的高压线面前不敢越雷池半步。不能腐,侧重于制度和机制,强化对公权力监督,让权力在阳光下运行,让胆敢腐败者在严格监督中无机可乘。不想腐,侧重于教育和引导,着眼于产生问题的深层次原因,固本培元,正心修身,让人从思想源头消除贪腐之念。

（一）不敢腐是不能腐、不想腐的前提，重在惩治和震慑

从理性经济人角度分析，动机、机会和成本是实施某种行为的先决条件。腐败收益大于腐败成本是行为主体产生腐败的动机，是行为主体选择实施腐败行为的重要决策依据，是行为人理性选择的结果。刑罚的威慑力不在于刑罚的严酷性，而在于其不可避免性。当查处效率很高、腐败行为被处罚确定性风险系数较大，腐败行为的预期收益等于或小于其成本时，行为主体则倾向于自动阻断腐败。不敢腐，就是要有腐必反、有贪必肃，坚持以零容忍态度惩治腐败，其实质就是保持惩治腐败高压态势，提高腐败案件的查处概率，降低腐败收益和腐败成本之间的比率，倒逼干部正确对待权力、谨慎使用权力、不敢滥用权力。无禁区、全覆盖、零容忍，重遏制、强高压、长震慑，"得罪千百人，不负十三亿"，党中央在惩治腐败上始终旗帜鲜明、态度坚决。党的十八大至十九大期间，立案审查省军级以上党员干部及中管干部440人。十九大至今，查处中管干部70多人。充分彰显了我们党惩治腐败持续发力、越向深行，为不能腐、不想腐提供了强大后盾。惩治是后墙、是底线，如果没有惩治，教育、监督和制度就不会带电、长牙，就会成为"纸老虎""稻草人"。

（二）不能腐是不敢腐、不想腐的保障，重在制约和监督

腐败问题易发多发，一个很重要的原因就是制度不完善、管理不严格，权力过大、过于集中，同时又得不到有效制约和监督，权力成为脱缰的野马，为腐败滋生留下了缝隙、提供了漏洞。不能腐，就是要从源头抓起，对党的十八大以来惩治腐败的生动实践进行系统总结和深入剖析，加强反腐败体制机制创新和制度建设，用科学有效的体制机制监督制约权力，打造全方位立体监督平台，编织经纬纵横、星罗棋布的监督网络，把权力关进制度的笼子。党的十八大至十九大期间制定和修订了90部中央党内法规；十九大党章的修改、党务公开条例的颁布实施、宪法修正案的通过、监察法的出台、监督执纪工作规则的修订等，既对不敢腐划出红线，又为实现不想腐提出倡导，为不敢腐、不想腐提供了有力支撑。

（三）不想腐是不敢腐、不能腐的防线，重在教育和自律

无论制度如何完善，执法如何严厉，抗拒贪腐诱惑的最后防线，都在人能否秉持道德操守、坚守思想防线。马克思曾指出："有20%的利润，资本就能活跃起来；有50%的利润，资本就会铤而走险；为了100%的利润，资本就敢践踏一切人间法律；有300%以上的利润，资本就敢犯任何罪行，甚至去冒绞首的危险。"不想腐，就是要强化党员干部和公职人员的官德教育、道德教育、党性党规党纪教育，告诫他们要始终牢记"公款姓公，一分一厘都不能乱花；公权为民，一丝一毫都不能私用"，筑牢廉洁奉公的思想基础，从主客观两个方面入手，在全党全社会树立"腐败可耻、廉洁光荣"的价值取向，建立拒腐防变的精神防线。党的十八大以来，我们党不断补足精神之钙，强身健体，党的群众路线教育实践活动、"三严三实"专题教育、"两学一做"学习教育以及"不忘初心、牢记使命"主题教育等等，使不想腐的基础不断厚植、氛围更加浓厚，为不敢腐、不能腐构筑起坚固思想堤坝。

二、打通"三不"标本兼治的内在联系

一体推进"三不"在逻辑联系上是一个层层递进、互为补充完善的系统，是腐败治理内外部因素协同配合的过程，体现了反腐败工作从治标为主向标本兼治的逻辑演进。反腐败斗争不可能毕其功于一役，一体推进"三不"关键在打通内在逻辑联系，实现系统谋划、同步推进、同向发力。

（一）在推进"不敢"过程中挖掘"不能""不想"的功能

坚持严字当头、勇于斗争，坚持无禁区、全覆盖、零容忍，坚持重遏制、强高压、长震慑，坚决查处政治问题和经济问题交织的腐败案件，坚决斩断"围猎"和甘于被"围猎"的利益链，坚决破除权钱交易的关系网，做到有力削减存量、零容忍遏制增量。同时，注重"打扫战场"和"战后重建"，针对每一起案件，透过"树木"看"森林"，沿着"两个责任"的主线找准制度缺失、监督缺位、管党治党宽松软等案件背后的原因，为做好"不能""不想"打好提前量。

（二）在推进"不能"过程中贯通"不敢""不想"的实践

坚持问题导向，突出政治监督，强化日常监督，构建全覆盖的制度执行监督机制，紧盯关键领域、关键岗位、关键环节，盯住权力运行各个环节，用好监督执纪"第一种形态"，发现苗头性、倾向性问题及时提醒、约谈，抓早抓小、防微杜渐。当前重点是，加强对贯彻落实党的十九届四中全会精

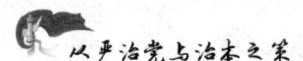

神情况的监督检查，对做选择、搞变通、打折扣的严肃查处。坚持惩前毖后、治病救人，做好查办案件的"后半篇文章"，用活典型案例资源，通过开展警示教育引导广大党员干部知敬畏、存戒惧、守底线；开展以案为鉴、以案促改，深挖案件反映出来的深层次问题、廉政风险点，把"当下改"和"长久立"结合起来，推动完善制度、堵塞漏洞，净化政治生态。

（三）在推进"不想"过程中强化"不敢""不能"的约束

扎实开展"不忘初心、牢记使命"主题教育，紧扣深入学习习近平新时代中国特色社会主义思想这一主线，准确把握坚持和完善中国特色社会主义制度、推进国家治理体系和治理能力现代化的"纲"和"魂"，教育广大党员干部增强"四个意识"、坚定"四个自信"、做到"两个维护"，筑牢拒腐防变思想道德防线。加强党纪国法教育，认真学习宣传党章党规党纪和宪法法律法规，在县处级以上干部中进行党纪法规和德廉知识测试，开展领导干部就任前参加廉政法规考试，明确权力和行为边界，使铁的纪律转化为党员干部的日常习惯和自觉遵循。强化廉政文化建设，传承红色基因、弘扬优良传统、注重家风家教，发挥廉政文化浸润人心作用，营造崇德尚廉的浓厚氛围。要在严厉惩治、形成震慑的同时，紧紧扎牢制度笼子、规范权力运行，加强党性教育、提高思想觉悟。

三、增强"三不"一体推进的整体作用

"三不"一体推进是一项系统工程，是纪检监察工作从治标为主向标本兼治转变的重要方法论，是新时代纪检监察工作高质量发展的重大命题、重大任务。在当前反腐败斗争形势依然严峻复杂、腐败问题易发多发的情况下，主要任务是坚决遏制腐败蔓延势头，重点查处不收敛、不收手，顶风违纪的腐败增量，坚决清除腐败存量，注重补短板、强弱项，以治标促进治本、以治本巩固治标，以永远在路上的坚韧和执着把反腐败斗争进行到底。

（一）要坚持严厉惩治手段，持续强化不敢、知止的氛围

反腐败是一场持久战，反腐败斗争要取得最终胜利，必须树立有腐必反、有贪必肃的坚强意志、一反到底，让所有公职人员有所忌惮。要坚持"双管齐下"，在严惩受贿犯罪的同时，加大对行贿犯罪的惩处力度，扩大

反腐败工作面，防止行贿受贿者之间形成利益同盟。深度参与反腐败国际合作和国际治理，开展重点个案攻坚，完善防逃制度机制，切断腐败分子后路，让已经潜逃的无处藏身，让企图外逃的丢掉幻想，不断夯实不能腐、不想腐的根基。

（二）要健全制约监督体系，切实扎牢不能腐的笼子

恩格斯指出："人来源于动物界这一事实已经决定人永远不可能摆脱兽性，所以问题永远只能在于摆脱多些或少些，在于兽性或人性程度上的差异。"从权力的特性看，权力具有二重性，既可以用来为公众谋利益，也可以为自己谋私，一切有权力的人都有滥用权力的可能。只有对权力加以监管，才能防止党员干部走上违纪违法道路。要以权力制约权力，督促掌握公权力的部门和组织，合理分解权力、科学配置权力、严格职责权限，完善权责清单制度，形成科学的权力结构和运行机制。要健全反腐败法规制度体系，把权力关进党纪国法的笼子里，通过改革和制度创新切断利益输送链条，进一步压缩腐败现象生存空间和滋生土壤。要建立健全保障制度落实的长效机制，严惩违反制度行为，防止制度被歪曲、篡改、滥用，压缩权力行使的任性空间，让党员干部知敬畏、存戒惧、守底线。

（三）要重视抓好党性教育工作，不断增强不想腐的自觉

马克思指出："不可收买是最崇高的政治美德，是抽象的美德。"列宁也指出："政治上有教养的人是不会贪污受贿的。"这说明加强对公职人员教育的极端重要性。要着力加强理想信念教育，以开展"不忘初心、牢记使命"主题教育为契机，把学习习近平新时代中国特色社会主义思想内化为坚定的政治信仰和政治信念。让党员干部从思想上扶正祛邪，始终牢记执政"为了谁"，正确对待手中权力，自觉抵制各种诱惑，严防各种"围猎"，把好用权"方向盘"，系好廉洁"安全带"，永葆共产党人的清廉本色。

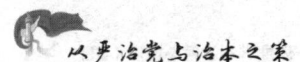

发扬斗争精神
持续推进党风廉政建设

韦大乐[①]　王宇[②]

党的十八大以来，以习近平同志为核心的党中央把党风廉政建设和反腐败斗争摆在更加重要的位置，坚持无禁区、全覆盖、零容忍，坚持重遏制、强高压、长震慑，使党风政风为之一新，取得的成绩有目共睹。党的十九大在总结历史与实践经验基础上，作出一系列新部署，提出一系列新要求，全面从严治党力度不减、节奏不变、尺度不松。但从近年来查处的违纪违法案件看，党风廉政建设和反腐败斗争形势依然严峻复杂，特别是党的十九大后顶风违纪案件仍有增量，不收敛、不收手问题依然存在。因此，站在讲政治的高度，在党风廉政建设和反腐败领域继续发扬斗争精神，增强斗争本领无疑是巩固压倒性态势、夺取压倒性胜利的迫切需要和必然选择。

一、正确认识斗争精神

对于中国共产党来说，斗争精神有着特殊重要的含义。近百年的党史，

[①] 国家发改委基建物业管理中心党委副书记、纪委书记、副主任，中国行为法学会廉政研究委员会副会长。
[②] 国家发改委基建物业管理中心党委办公室副主任。

就是一部敢于斗争、善于斗争的历史。历史昭示未来，新时代我们要实现伟大梦想，必须继续进行具有许多新的历史特点的伟大斗争，要进行伟大斗争，首先要明确斗争精神的科学内涵与精神实质。

（一）斗争精神就是舍我其谁的奉献精神

舍己为人一直以来就是共产党员的优秀品质，从给群众留下"半条被子"的女红军、到发扬"螺丝钉"精神的雷锋、再到守岛卫国的王继才，这些家喻户晓的先进人物，永远是激励我们无私奉献的精神动力。在新形势下，领导干部更应该弘扬奉献精神，牢记全心全意为人民服务的宗旨，设身处地为群众着想，真正做到知民情、晓民意、排民忧、解民难，构建和谐党群关系。

（二）新时期的斗争精神就是主动作为的实干精神

领导干部要在实际工作中一马当先、真抓实干。"幸福是奋斗出来的"，领导干部应转变"多干多错""干多干少都一样"的消极态度，摒除"不作为、慢作为、假作为"的不良风气，培养脚踏实地、敢于拼搏的实干精神，以踏石留印、抓铁有痕的劲头为群众做实事，为官一任、造福一方。

（三）新时期的斗争精神就是勇于负责的担当精神

习近平总书记多次号召广大领导干部要敢于担当、主动作为、善谋善为。所谓担当，就是在关键时刻能挺身而出、举起大旗、担起重任，这是干部应具备的政治品质，也是新时期检验干部能否脱颖而出的试金石。担当精神不仅是一种态度，更是一种能力，它要求领导干部不仅具有大而无畏的勇气，更需要具备扎实过硬的本领。

（四）新时期的斗争精神就是反躬内省的自省精神

领导干部要培养"吾日三省吾身"的习惯，时刻反思自身言行是否符合规范，牢记"三严"要求，做到严以修身，加强自身道德修养，提升思想觉悟，自觉抵制歪风邪气；做到严以用权，心存敬畏方能行有所止，要严格依照法律、规则、制度行使权力，不搞特权，不以权谋私，让权力在阳光下运行；做到严于律己，要以高标准严格要求自己，慎独慎微、对表对标、一身正气、两袖清风。

二、牢固树立斗争意识

斗争精神是共产党人必须具备的党性品格,党员领导干部投身"伟大斗争",需要树牢"四个意识",坚定"四个自信",做到"两个维护",强化政治责任,保持政治定力,把准政治方向,提高政治能力,始终保持一种敢于斗争、善于斗争的政治勇气。

(一)树立斗争意识就是要维护国家核心利益

只有在这个原则下开展斗争,才能真正地为人民谋幸福,为国家谋发展,为民族谋复兴。斗争不是在小事上斤斤计较,而是要抓主要矛盾、抓矛盾的主要方面,在原则问题上寸步不让,在事关中国特色社会主义前途命运的大是大非问题上坚定不移,在全面从严治党上敢于动硬,不在困难面前低头,不在挑战面前退缩,不拿原则做交易。同时,在策略问题上灵活机动,不是所有事情都一味地以硬碰硬。斗争的最终目的是要化解矛盾而不是激化矛盾、解决困难而不是制造困难、维护社会稳定而不是损害社会稳定。

(二)树立斗争意识就是要准确把握唯物辩证法

唯物辩证法认为,社会是在矛盾运动中前进的,有矛盾就会有斗争。矛盾不依外部的客观环境而生灭,也不以人们的主观好恶而增减。由此,新时代中国共产党人清楚认识到,新事物通过斗争方能赢得自己的诞生和发展,新时代仍然是伟大斗争的时代。今天,面对新时代世情国情党情的深刻变化、我国改革发展稳定面临的新情况新矛盾新问题,发扬斗争精神,突出表现为敢于直面矛盾问题,敢于迎接风险挑战,敢于出击,敢战能胜。

(三)树立斗争意识就是要吸取中华民族传统文化的精髓

自古以来,中华民族正是在敢于斗争中不断突破自我,使偏于一隅的华夏文明成长为幅员辽阔、多民族和谐共生的文明大国;正是敢于斗争,使中华民族在历经多次动荡波折的历史沉浮中,始终保持昂扬向上的生机活力;正是敢于斗争,使中华民族和中国人民才能在1840年以来的一个半世纪的磨难探索中,重新踏上阔步前行的中华民族伟大复兴之路。

(四)树立斗争意识就是要防范各种风险和挑战

从"富起来"到"强起来"的时代关口,无不提醒我们船到中流、人到半山,注定是愈进愈难、愈进愈险,必然是不进则退、非进不可。当前和今后一个时期,我国发展进入各种风险挑战不断积累甚至集中显露的时期,面临的重大斗争不会少。"以斗争求团结则团结,以退让求团结则团结亡"。前进路上,要在斗争中争取团结,在斗争中谋求合作,在斗争中争取共赢,才能转化风险,敢战敢胜。

三、努力增强斗争本领

领导干部的斗争精神、斗争本领不是与生俱来的,而是通过长期实践逐步养成的。党员领导干部要自觉经受严格的思想淬炼、政治历练、实践锻炼,在复杂严峻的斗争磨砺中经风雨、见世面、壮筋骨、长才干,只有这样才堪当重任、行的路远。

(一)强化理论武装

要持续深入学习贯彻习近平新时代中国特色社会主义思想,不断加深对习近平新时代中国特色社会主义思想重大意义、科学体系、丰富内涵的理解,筑牢信仰之基、补足精神之钙、把稳思想之舵。学习习近平新时代中国特色社会主义思想的同时,广泛学习哲学、历史、优秀传统文化,学习做好本职工作所必需的各种新知识、新技能,切实提高战略思维、创新思维、辩证思维能力。要在工作实践中掌握新知识,积累新经验,增长新本领,形成学以致用、用以促学、学用相长的良性循环。

(二)注重生活小节

大量案例表明,党员干部违法,一般都是从违纪开始的,而违纪往往起源于不拘生活的小节。不法分子"围猎"官员往往善于打出"金钱牌""嗜好牌""感情牌""迂回牌""影响牌""恐吓牌"等等。"泾溪石险人兢慎,终岁不闻倾覆人。却是平流无石处,时时闻说有沉沦"。这是唐代诗人杜荀鹤所写的《泾溪》,就是说人们在通过一条激流险滩的时候,因为思想上高度戒备,非常谨慎,所以一年到头也听不到人员落水的消息。却是平流无石处,时时闻说有沉沦,反而是在水流平缓,没有礁石的地方,却常常能听到有人落水的消息。这也告诫我们,如果我们不注重生活的小节,处理不好生活的小事,极易贪小利失大节,最终走上违法犯罪道路。所以,我们要强化纪律规矩的刚性约束,时刻紧绷纪律规矩之弦。

（三）提高党性修养

习近平总书记强调，"党性教育是共产党人修身养性的必修课"。我们要在政治建设中锻炼自己，时刻与党组织同心同德、步调一致。在思想建设中净化自己，强化革命理想高于天的坚定信念。在组织建设中完善自己，自觉接受批评、敢于自我批评。在作风建设中改造自己，坚持脚踏实地，力戒形式主义。在纪律建设中约束自己，严守各项纪律，警钟长鸣、防微杜渐。当前，各种社会矛盾和问题相互叠加，导致个别人员的做法与党员标准严重不符，更与革命战争年代那些坚贞如玉、信仰如山的共产党员相距甚远。我们要不断运用党的创新理论武装头脑、指导实践、推动工作。要更加自觉地以党员标准约束和规范自己的思想与言行，做到八小时内外一个样，言行一致、表里如一，在任何时候、任何情况下都一尘不染、一身正气。

（四）自觉接受监督

监督是权力正确运行的根本保证。权力不论大小，只要不受制约和监督，都可能被滥用。领导干部要正确对待监督，主动接受监督，习惯在监督下开展工作，决不能拒绝监督、逃避监督。对大多数人来说，最大的敌人往往就是自己，在外界不良因素影响下，有时候难以做到自我约束和自我控制。从现实情况看，即便受党培养教育多年的领导干部，有的在工作生活中，依旧没能约束和控制住自身言行，挡不住诱惑，经不起考验，守不住底线，结果走上违法犯罪的道路，由此可见，个人的自觉未必就能自然地形成铜墙铁壁。不少因堕落腐败走向违法犯罪的人，在自己的悔过书中，都有一条共同的教训，就是悔恨事前事中缺乏监督提醒，悔恨置组织和他人的监督提醒为耳旁风。所以，我们要习惯在监督下开展工作，对纪检监察部门的同志开展的提醒谈话等工作，要正确认识、积极配合，让咬耳扯袖，红脸出汗成为常态，有效防止"要么是好同志、要么是阶下囚"局面的出现。同时，严格按照重大事项请示报告有关要求，遇有重大问题、重要事项及时请示报告，切实做到党中央提倡的坚决响应、党中央决定的坚决照办、党中央禁止的坚决不做。

（五）营造良好氛围

邓小平同志曾说，制度好可以使坏人没法办坏事，制度不好可以使好人没法办好事，甚至走向他的反面。其实小平同志所讲的制度，除了制度条文，还包括执行制度形成的工作氛围。"徒善不足以为政，徒法不能以自行"。好的制度有了，还要能有效的落实，制度落实需要有一个人人守法的环境，制度一般都是用文字来表达的，有文字就可能有漏洞，如果人人都去找制度的漏铜、都去钻制度的空子，制度是很难落实下去的。所以，我们每个人都要为营造爱岗敬业的机关文化，营造风清气正的工作氛围尽一份力，坚持制度面前人人平等、制度执行没有特权，制度约束没有例外，坚决维护制度的严肃性和权威性，使制度成为硬约束而不是橡皮筋，大家都身处集体之中，都是集体的一分子，一个良好的集体，会让身处其中的每个人都受益，这也是我们每个人干事创业的基本保障。

四、结语

"休觉天道远上存国法下存民意，长记人事迩前有政声后有史书"。党纪国法民意就在我们身边，党员领导干部要发扬斗争精神，坚定斗争意志，提升斗争本领，用我们每一个人切实的努力换来海晏河清、朗朗乾坤。"人事有代谢，往来成古今"，我们今天从事的工作、付出的努力也写就我们每个人的历史。事业发展永无止境，革命初心永远不变，让我们坚持崇廉拒腐，清白做人、干净做事，为伟大事业继往开来、蓬勃发展贡献自己的力量。

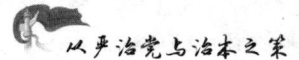

对新形势下高校领导干部作风建设存在的问题、原因及对策研究

范俊英

中央音乐学院纪委副书记

领导干部的作风建设问题已经成为党中央领导和人民群众普遍关注的热点问题之一。党的十八大以来,党的作风建设作为党要管党、从严治党的重要工作,在"八项规定"、党的群众教育实践活动、纠正"四风""三严三实""主题教育"等系列活动过程中不断深化,以习近平同志为核心的党中央,坚持以上率下,以身作则、身体力行,全党各级领导干部自觉向党中央和习近平总书记看齐、对标,一级做给一级看、一级带着一级干;坚持从具体问题抓起,聚焦"舌尖上的浪费""会所中的歪风""车轮上的铺张""节日中的腐败",深入治理隐形变异新表现;坚持强化监督检查,抓日常、经常抓,紧盯关键节点,充分发挥群众监督作用;坚持严格执纪问责,对不收敛不收手的,一律从严查处,且越往后执纪越严,并把问责作为利器,推动主体责任和监督责任落实;坚持标本兼治,不断完善制度,扎紧扎牢防范不正之风的制度笼子。高校系统广大党员干部能够对照中央精神自省自律,守纪律、讲规矩的良好氛围不断形成,作风建设取得良好效果。但是,从近年公开通报的高校领导干部违纪的典型案件,反映出个别党员领导干部仍存在侥幸心理,个别作风建设违规违纪行为时有发生。

高校作为肩负培养人才的重要阵地,承担着人才培养、知识创新和社会服务的重要任务,同时还是科研的高地,文化传播的基地,对构建文明和谐社会具有特殊的引领、示范和推动作用。高校领导干部作为国家教育方针政策的贯彻者、高校改革发展的决策者、组织者、推动者和各项事业的管理者，高校领导干部作风是高校风气的表率，其作风建设十分重要，甚至关系着高等教育事业的成败。

作风建设是一个根本性和长期性的问题，经过几年的不懈努力，面上奢靡享乐之风基本刹住，群众反映强烈的突出问题得到有效遏制，不正之风惯性得以扭转。但在看到领导干部作风建设取得重大成就的同时，更要看到存在作风问题解决的艰巨性和复杂性，不能有丝毫的松动和懈怠。习近平总书记指出：不良作风积习甚深，树倒根在，且"四风"问题具有很强的变异性和传染性，纠风之难，难在防止反弹，防反弹、防回潮任务依然艰巨。未来，如何进一步加强高校领导干部作风建设，努力办好人民满意的教育，值得我们进行深入的思考。

一、目前高校领导干部作风问题的具体表现

高校近年受到党内和社会上一些不正之风的影响，"四风"问题形成了其特殊而具体的表现形式。在形式主义方面集中表现在"三多"问题，即会议多，文件多，口号多。落实会议开会议、落实文件发文件。会议重部署，轻落实，往往是议而不决，决而不行，对于实际问题研究少、解决问题措施少。办学理念思路原则提得多，具体抓落实少，措施不到位，制度跟不上，或者制度不具体，无可操作性。办事流程繁杂，需要各个职能部门逐个审批，再到校领导审批，时间冗长，错失机遇。

在官僚主义方面主要表现为领导干部联系师生不够广泛，渠道不够畅通，深入教学科研一线调研不够，解决实际问题能力不足，办法不多；有的高校有领导联系基层的制度，设置了"接待日"，但从未接待过师生，落实不够，接待日成了门面和摆设。有些高校部门虽然"门好进""脸好看"，但"事难办"，作风依然拖沓，服务意识依然淡薄；有的"双肩挑"领导干部不愿将主要精力用于办学治校等管理方面，一心只关注业务工作，成为挂名领导。

享乐主义主要表现在领导干部开拓创新意识不强，缺乏攻坚克难的勇

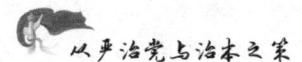

气,精神懈怠,安于现状,工作缺乏主动性和创造性,遇到矛盾困难就转头,不愿在干事创业上下苦功夫,拈轻怕重、不愿奉献,不敢担当。

在奢靡之风方面表现在领导干部高标准配备办公设备和家具;重复购置仪器设备,存在利用率和共享率低,资源统筹使用不够等问题。还出现一些隐匿的新动向新表现,其中比较突出的就是改头换面、潜入地下的隐形变异。比如:违规公款吃喝转入学校内部食堂、培训中心,在费用报销上做手脚,将大额消费拆分成多个小额发票报销,公款旅游打着调研的"幌子",借外出之机游山玩水,变更行程绕道绕远等。

二、高校领导干部作风问题存在的原因

高校领导干部不良作风问题的存在,有着复杂而深刻的社会根源和思想根源,有历史的原因也有现实的原因,有社会人文环境的影响,也有社会制度、监管教育方面的原因,同时也有个人世界观、人生观、价值观、道德观、荣辱观及个性心理特征的原因,具体说来有以下几点:

1. 理想信念教育淡化干部自律意识不够强。社会上一些不正之风通过各种途径或明或暗地渗透到高校中,使一些意志薄弱的高校领导干部受到诱惑。还有领导干部自律不严,不重视理想修养的提高和党性的锻炼,放松了对自己世界观、人生观的改造,在思想品质、价值取向和道德观念上发生了偏离和错位。即便发现自己存在一些问题,也找种种理由和借口为自己开脱。干工作,想问题,考虑自身利益多,考虑群众利益少,不能设身处地为群众着想,脚踏实地地为群众办事,缺乏求真务实、真抓实干的精神和解决问题的能力。

2. 权力集中机制管理不健全。高校"四风"问题得以存在,很大程度上是源于权力过分集中而管理体制机制不健全。有的单位虽然制定了不少制度和规定,但执行不力,约束力不强,对违反制度的干部姑息迁就,没有起到应有的惩诫作用,这在客观上助长了干部队伍中的不良风气。干部缺乏危机感,工作消极被动,缺乏竞争激励机制。助长了官僚主义、形式主义作风的滋生和蔓延。还有一些部门职能交叉、重叠,遇到有利的事互相争抢,遇到麻烦事相互推诿。

3. 对党员领导干部监督不力。管理监督失之于软、失之于松，失之于宽，监督流于形式。四是个人内部心态的影响。有些领导干部长期担任领导职务，自认为位高权重，盛气凌人，党的宗旨意识淡薄，不能坚持立党为公，执政为民。

四、加强高校领导干部作风建设的对策方法

党的十九大闭幕后不久，习近平总书记对纠正"四风"问题作出重要指示，强调解决"四风"问题，要对准焦距、找准穴位、抓住要害，不能"走神"，不能"散光"，在新起点上再出发，关键依然在党员领导干部。各级领导干部要带头转变作风，身体力行，以上率下，形成"头雁效应"。加强高校领导干部作风建设有以下几点对策。

1. 进行作风建设预防性提醒谈话。对高校全体中层干部进行约谈，约谈是加强作风建设的一种行之有效的方式，在谈话中既要有理想信念的教育，又有作风建设的内容，通过领导干部提醒谈话，要求带头转变作风，身体力行，以上率下，形成"头雁效应"。约谈方根据作风建设有关规定，结合具体实际，在谈话主体、谈话情形、谈话方式、谈话程序上积极探索，充分发挥谈话的教育、劝诫作用。约谈中主题鲜明，确保实效，在谈话中开门见山提出存在的倾向性、苗头性问题，也应指出涵盖所有作风建设的问题，内容准确、深入浅出，兼顾宏观与微观，最后有针对性的提出具体的作风建设要求，做到了实效性的指导，谈话不走过场。通过约谈后强化责任，令被约谈干部印象深刻、思想受到触动。约谈是出于组织的关怀，通过主动"面对面"约谈干部，不断树立了高校干部加强作风建设意识，强化守纪律和讲规矩意识。

2. 不断加强廉政教育。教育是作风建设的基础，有扎实的教育才会有良好的作风，深入开展作风教育，是全面加强领导干部作风建设的前提。一要扎实开展"加强作风建设，促进廉洁从政"主题教育活动。充分利用领导班子民主生活会、中心组学习、专家学者专题讲座、知识竞答等形式，加强对领导干部求真务实的工作态度教育，真正做到为民、务实、清廉。二要实行理论学习考核。采取述学、考试、撰写专题调研报告等形式，全面了解掌握

领导干部有关作风建设的理论学习情况，把领导干部作风建设理论学习情况纳入到党政领导班子和领导干部年度考核中，并将其作为提拔重用干部的重要依据。

3. 用铁的纪律保证党的作风建设。与纪律保证相结合，把作风建设变成具体任务。将党的作风建设内容明细化，把过去软性的规范变成刚性的约束，并进一步将刚性的约束变成不能触碰的高压线。通过纪律制定和实施保证作风建设目标的实现，整治"四风"问题必须有永远在路上的恒心和韧劲，只有不断把螺丝拧得更紧，工作做得更实，才能打赢作风建设的攻坚战、持久战。

4. 完善监督问责机制。党的作风建设既为党的建设提供纪律和作风保障，也是党的思想建设、组织建设、反腐倡廉建设和制度建设成效的反映，要定期评估作风建设措施落实情况，分析作风建设方面存在的问题，不断完善领导干部问责机制。学校各级干部建立责任清单，规范各项业务建立流程图，让广大领导干部明确责任，摆正位置。各级党委要切实履行主体责任，党委主要领导干部要发挥表率作用，管好干部，带好队伍。纪检监察机关要履行监督责任。

5. 建立作风评价机制。十八大以来的作风建设对干部的细节做出了规定，也为作风建设评价体系提供了很好的基础，通过完备的评价体系实施对领导干部作风的评价，并将评价结果进行应用，以此加强领导干部作风建设。可以说，建立作风评价体系是高校领导干部作风建设科学化、规范化的前提和重要环节，对深入推进领导干部作风建设起着导引和激励作用。对高校领导干部作风状况进行适时地评价，只是高校领导干部作风建设科学化、规范化的重要环节和有效手段，其目的是通过客观公正的评价结果，发现领导干部作风建设的现状，并采取科学有效地方法，实现对干部的有效管理。

6. 不断加强家风建设。习近平总书记指出："抓作风建设要返璞归真、固本培元，在加强党性修养的同时，弘扬中华优秀传统文化。领导干部要把家风建设摆在重要位置，廉洁修身、廉洁齐家。"家风作为社会文明的一面镜子，不仅有基本的家庭教育要求，完备的个人修养要求，也有社会道德规范的延续，还有社会主流价值观的传承。发挥家风的积极作用，使之与社会主义核心价值观有机结合起来，将"富强、民主、文明、和谐、诚信、友善"等要求融入其中，使人们在家庭的温馨中、在父母长辈的耳提面命中接受熏陶和感染，不知不觉中净化身心。

解决高校领导干部作风特别是"四风"具有长期性、艰巨性和复杂性，习近平总书记指出"作风建设永远在路上，永远没有休止符"的论断，加强高校干部领导作风建设，必须以改革的精神推进作风建设的长效机制，并以坚定的决心、持久的意志力不断推进作风建设，确保作风建设真正取得实效，为高校持续健康发展提供坚实的保障。

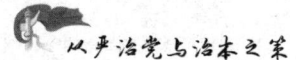

把纪律建设
作为全面从严治党的治本之策

张星星

当代中国研究所研究员、中国社会科学院大学特聘教授

中国共产党是按照民主集中制原则、以严格的纪律组织起来的马克思主义政党,纪律严明是中国共产党的优良传统和独特优势。在90多年波澜壮阔的革命、建设和改革历程中,中国共产党无论遇到什么样的困难、面临什么样的艰险、遭受什么样的曲折,都能始终保持高度的集中统一和顽强的战斗力,攻坚克难,无往不胜,严密的组织和严格的纪律起到了至关重要的保证作用。

党的十八大以来,以习近平同志为核心的党中央把加强纪律建设摆上更加突出的位置,作为落实全面从严治党的治本之策。2013年1月,习近平在第十八届中央纪委二次全会上指出:"革命战争年代,我们党团结带领人民打败穷凶极恶的敌人、夺取中国革命胜利,靠的是铁的纪律保证,新的历史条件下,我们党要团结带领人民全面建成小康社会、基本实现现代化,同样要靠铁的纪律保证。党面临的形势越复杂、肩负的任务越艰巨,就越要加强纪律建设,越要维护党的团结统一,确保全党统一意志、统一行动、步调一致前进。"①2017年10月,党的十九大报告首次把党的纪律建设与政治建设、思想建设、组织建设、作风建设、制度建设、反腐倡廉建设一起纳入新时代党的

---

① 《十八大以来重要文献选编》(上),中央文献出版社2014年版,第131页。

建设总要求和党的建设总体布局，进一步凸显了纪律建设在党的建设中的重要地位和作用。认真学习领会习近平总书记关于加强党的纪律建设的重要讲话精神，深刻总结党的纪律建设的宝贵经验，对贯彻落实新时代党的建设总要求，把纪律建设作为全面从严治党的治本之策，用严格的纪律管党治党，有着十分重要的意义。

一、政治上思想上的集中统一，是加强纪律建设的首要任务

加强党的纪律建设，首要任务就是严明政治纪律。党的纪律有多方面内容，包括政治纪律、组织纪律、廉洁纪律、群众纪律、工作纪律、生活纪律等，政治纪律是最重要、最根本、最关键的纪律，遵守政治纪律是遵守党的全部纪律的重要基础。政治纪律是党的各级组织和全体党员在政治方向、政治立场、政治言论、政治行为方面必须遵守的规矩，是维护全党团结统一的根本保证。全党在政治上思想上的集中统一是党的力量所在，是实现经济社会发展、民族团结进步、国家长治久安的根本保证。党面临的形势越复杂，肩负的任务越艰巨，就越要加强党的政治纪律建设，越要维护党的集中统一。党的各级组织要加强对党员、干部遵守政治纪律的教育，党的各级纪律检查机关要把维护政治纪律放在首位，确保全党在思想上政治上行动上同以习近平同志为核心的党中央保持高度一致。

严明党的政治纪律，最核心的就是坚持和加强党的全面领导，坚决维护习近平总书记在党中央和全党的核心地位，坚决维护党中央权威和集中统一领导。同党中央保持一致不是一句空洞口号，而是一个重大政治原则，要求全党在政治立场、政治方向、政治原则、政治道路上同党中央保持高度一致。各级党组织和全体党员都要牢固树立政治意识、大局意识、核心意识、看齐意识，正确处理保证中央政令畅通和立足实际创造性开展工作的关系。要防止和克服地方和部门保护主义、本位主义，决不允许"上有政策、下有对策"，决不允许有令不行、有禁不止，决不允许在贯彻执行中央决策部署上打折扣、做选择、搞变通，决不允许散布违背党的理论和路线方针政策的意见，决不允许公开发表违背中央决定的言论，决不允许制造、传播政治谣言及丑化党和国家形象的言论。

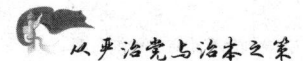

严明党的政治纪律,就要从遵守和维护党章入手。党章是党的总章程,集中体现了党的性质和宗旨、党的理论和路线方针政策、党的重要主张,规定了党的重要制度和体制机制,是全党必须共同遵守的根本行为规范。党章就是党的根本大法,是全党必须遵循的总规矩。在党的各级组织的全部活动中,都要自觉学习党章、遵守党章、贯彻党章、维护党章,自觉增强党的意识、宗旨意识、执政意识、大局意识、责任意识,切实做到为党分忧、为国尽责、为民奉献。每一个共产党员特别是党员领导干部都要自觉用党章规范自己的一言一行,自觉加强党性修养,按照党内政治生活准则和党的组织原则办事,要有担当意识,勇于承担领导责任和政治责任,遇事不推诿、不退避、不违规、不越矩,在任何情况下都要做到政治信仰不变、政治立场不移、政治方向不偏。

严明党的政治纪律,就要从思想教育和制度约束双向发力。党的纪律是建立在共同指导思想、共同理想信念、共同政治目标基础上的自觉纪律,没有思想上政治上的集中统一,就不可能自觉地遵守和维护党的纪律。要加强政治纪律教育,明确政治纪律要求,强化政治纪律监督,督促全体党员在指导思想和路线方针政策等重大原则问题上同党中央保持高度一致,坚定理想信念,保持共产党人的高尚品格和廉洁操守,提高拒腐防变能力。同时,党的各级组织要自觉担负起维护政治纪律的责任,加强对党员遵守政治纪律的监督和检查,对大是大非问题要有坚定立场,对背离党性的言行要有鲜明态度,发现违反政治纪律的苗头性倾向性问题要及时提醒和纠正,对违反政治纪律的行为要坚决制止。党的各级纪律检查机关要加强对政治纪律执行情况的监督检查,严肃查处违反政治纪律的行为。

二、科学的民主的正确决策,是加强纪律建设的政治基础

民主集中制是党的根本组织原则,也是党的根本组织纪律,是形成科学的民主的正确决策、确保全党集中统一和党内政治生活正常开展的重要制度保障。习近平总书记指出:"强调维护党中央权威和集中统一领导,是不是就不要民主集中制了、不要发扬党内民主了呢?绝对不是!不能把这两者对立起来。我们实行的民主集中制,是又有集中又有民主、又有纪律又有自由、

又有统一意志又有个人心情舒畅生动活泼的制度，是民主和集中紧密结合的制度。我们党历来高度重视发展党内民主。"①只有严格按照民主集中制的制度性、程序性规定，充分发扬党内民主，广泛听取党员意见，做到科学决策、民主决策、依法决策，才能在民主基础上形成正确集中，集中全党智慧，凝聚全党共识，为实现政治上的集中统一、严明党的纪律奠定可靠的政治基础。

严明党的组织纪律，必须坚持集体领导制度。实行集体领导和个人分工负责相结合，是民主集中制的重要组成部分，也是党的组织纪律的重要组成部分。党的各级组织必须坚持集体领导，凡属重大问题，要按照集体领导、民主集中、个别酝酿、会议决定的原则，按照议事规则和决策程序，按少数服从多数作出决定。坚决防止和反对独断专行或各自为政，坚决防止和反对议而不决、决而不行、行而不实，坚决反对和防止以党委集体决策名义集体违规。坚持民主基础上的集中和集中指导下的民主相结合，既充分发扬民主，又善于集中统一。如果不是按照民主集中制和集体领导原则，按照党内决策程序形成正确的决策，如果我们的决策不能反映群众利益、全党愿望，脱离组织、脱离党员、脱离群众，单纯依靠硬性的纪律约束，不可能形成真正的团结统一，也无法切实维护党的纪律。

严明党的组织纪律，必须充分发扬党内民主。目前，在贯彻执行民主集中制方面，既有发扬民主不够导致的主要领导独断专行的问题，也有正确集中不够造成的领导班子软弱无力的问题，相对来说，发扬党内民主不够、主要领导独断专行的问题更为突出一些。贯彻落实民主集中制，主要负责干部以身作则起着关键性作用。要把党内主要负责同志带头执行民主集中制作为加强领导班子建设的重要内容，推动各级主要负责同志自觉坚持集体领导，带头发扬党内民主，严格按程序办事、按规矩办事，善于集中、敢于担责；在研究讨论问题时要把自己当成班子中的平等一员，充分发扬民主，注意听取不同意见，正确对待少数人意见；建立上级组织在作出同下级组织有关重要决策前，征求下级组织意见的制度；支持班子成员在职责范围内独立负责开展工作。

---

① 《十八大以来重要文献选编》（下），中央文献出版社2018年版，第586页。

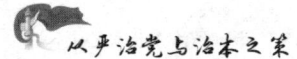

严明党的组织纪律，必须坚决反对个人主义和分散主义。组织松散、纪律涣散已经成为党的一大忧患，有的个人主义、自由主义严重，目无组织纪律，向组织讨价还价，不服从组织安排；有的党组织和领导干部在处理一些应该由中央和上级组织统一决定的重要问题时，事前不请示、事后不报告，搞先斩后奏甚至斩而不奏；有的领导班子里各自为政，把分管领域当成"私人领地"，互不买账，互不服气；有的只对领导个人负责而不对组织负责，把上下级关系搞成人身依附关系。全党必须在组织观念、组织程序、组织纪律等方面都严起来，自觉防止和反对个人主义、分散主义、自由主义、本位主义。对党中央的决策部署，任何党组织和党员都不能合意的就执行、不合意的就不执行，更不准口是心非、阳奉阴违，坚决同一切违背、歪曲、否定党的政治路线的言行作斗争。

三、坚持民主与集中、自由与纪律辩证统一，是加强纪律建设的重要条件

加强党的纪律建设，严明党的各项纪律，必须以马克思辩证唯物主义为指导，正确认识和处理民主与集中、自由与纪律的辩证统一关系。在党的历史上，曾经出现陈独秀的家长制、一言堂和以王明为代表的宗派主义、惩办主义，造成党内关系高度紧张状态，窒息了党内民主空气，妨碍了全党积极性、主动性、创造性的充分发挥。1937年5月，毛泽东在党的全国代表会议上，深刻论述了"党内民主问题"，明确提出"依靠实行党的民主集中制去发动全党的积极性"的方针。他指出：要建设一个指导伟大革命的伟大的党，"党内民主是必要的。要党有力量，依靠实行党的民主集中制去发动全党的积极性。……用发挥全党的积极性，锻炼出大批的干部，肃清宗派观念的残余，团结全党像钢铁一样。"①这一方针的提出和正确实行，为党在抗日战争全面爆发后的大发展创造了有利条件。

党的建设实践充分证明，依靠民主集中制发动全党积极性的方针，是正确贯彻民主集中制的一项重要方针。它是民主与集中、自由与纪律的辩证

---

① 《毛泽东选集》第一卷，人民出版社1991年版，第278页。

统一，有了明确的方向和落脚点。民主与集中、自由与纪律是否正确结合在一起，一个重要的衡量标准，就是看是否在党中央的集中统一领导下充分调动全党的积极性、主动性、创造性。离开了调动全党积极性、主动性、创造性的目标，民主集中制就必然会出现偏向，党的纪律也无法正确实行。1956年4月，毛泽东在谈到党的八大对党章的修改时说："我认为，党章确实应当充分体现纪律性和创造性，体现群众路线。没有纪律是不行的。但是纪律太死了也不行，妨碍创造性的发挥，这样的纪律是不好的，应当不要。"①党的十九大报告在阐述新时代党的建设总要求时也强调，要"以调动全党积极性、主动性、创造性为着力点"。②

党内民主和铁的纪律是党的战斗力的重要保证，是党内政治生活积极健康的重要基础。必须尊重党员主体地位、保障党员民主权利，落实党员知情权、参与权、选举权、监督权，保障全体党员平等享有党章规定的党员权利、履行党章规定的党员义务，坚持党内民主平等的同志关系，任何党组织和党员不得侵害党员民主权利。畅通党员参与讨论党内事务的途径，拓宽党员表达意见渠道，营造党内民主讨论的政治氛围。毛泽东指出："民主是对集中而言，自由是对纪律而言。这些都是一个统一体的两个矛盾着的侧面，它们是矛盾的，又是统一的，我们不应当片面地强调某一个侧面而否定另一个侧面。在人民内部，不可以没有自由，也不可以没有纪律；不可以没有民主，也不可以没有集中。这种民主和集中的统一，自由和纪律的统一，就是我们的民主集中制。"③

正确贯彻民主集中制，坚决维护党的纪律，必须防止和反对两种错误倾向。党的十一届三中全会前夕，针对过去一个时期"离开民主讲集中，民主太少"，提出了"解放思想、实事求是"的方针，强调："民主是解放思想的重要条件""解放思想，开动脑筋，一个十分重要的条件就是要真正实行无产阶级的民主集中制。我们需要集中统一的领导，但是必须有充分的民主，才能做到正确的集中。当前这个时期，特别需要强调民主。"④党的十八大以

---

① 《毛泽东文集》第七卷，人民出版社1999年版，第54页。
② 《中国共产党第十九次全国代表大会文件汇编》，人民出版社2017年版，第50页。
③ 《毛泽东文集》第七卷，人民出版社1999年版，第209页。
④ 《邓小平文选》第二卷，人民出版社1994年版，第144页。

来查处的许多案例表明，党的集中统一领导弱化、组织涣散、纪律松弛已经成为党的一大忧患。不改变这种状况，就会动摇党的执政基础、削弱党的执政能力、破坏党的团结统一，甚至断送党和人民的伟大事业。要解决当前这些突出问题，就必须要加强党的纪律建设。"党面临的形势越复杂、肩负的任务越艰巨，就越要保持党的团结统一。党的团结统一靠什么来保证？要靠共同的理想信念，靠严密的组织体系，靠全党同志的高度自觉，还要靠严明的纪律和规矩。"①

四、领导干部严于律己、率先垂范，是加强纪律建设的重要关键

党的十八大以来，习近平多次引用《论语·颜渊篇》中的名言："政者，正也。子帅以正，孰敢不正。""其身正，不令而行。其身不正，有令不从。"落实全面从严治党，加强党的纪律建设，必须从领导干部做起、从领导干部抓起、从领导干部严起。这是由党员领导干部特别是高级干部执掌重要权力的特殊地位所决定的，也是由领导干部特别是高级干部发挥示范作用的特殊职责所要求的。1938年，毛泽东在党的六届六中全会上指出："必须对党员进行有关党的纪律的教育，既使一般党员能遵守纪律，又使一般党员能监督党的领袖人物也一起遵守纪律"。②习近平在第十八届中央纪委三次全会上强调："党要管党、从严治党怎么抓？就从中央政治局抓起，正所谓'子帅以正，孰敢不正？'上面没有做到，要求下面就没有说服力和号召力。"③中共中央政治局从制定和落实关于改进工作作风、密切联系群众的八项规定做起，为全党树立了表率。

加强党的纪律建设，首先在于领导干部严格自律。领导干部特别是高级干部要清醒认识自己岗位的特殊重要性，增强自律意识、标杆意识、表率意识，模范遵守党章，经常对照党章检查自己的言行，加强党性修养，陶冶

---

① 《习近平关于严明党的纪律和规矩论述摘编》，中央文献出版社、中国方正出版社2016年版，第6页。
② 《毛泽东选集》第二卷，人民出版社1991年版，第528页。
③ 《习近平关于严明党的纪律和规矩论述摘编》，中央文献出版社、中国方正出版社2016年版，第98页。

道德情操，永葆共产党人政治本色。凡是要求党员、干部做到的自己首先做到，凡是要求党员、干部不做的自己首先不做。领导干部加强自律，关键是在私底下、无人时、细微处能否做到慎独慎微，始终心存敬畏、手握戒尺，增强政治定力、纪律定力、道德定力、抵腐定力，始终不放纵、不越轨、不逾矩。党的十八大以来制定的各项准则、条例、规定都突出了领导干部这个重点，对领导干部严格自律提出了更高的标准、更严的要求。同时，领导干部要认真履行管党治党责任，对各种违反纪律的现象，做到职责范围内的问题能及时发现，发现的问题能及时有效解决。

领导干部严格自律，必须反对和克服特权思想、特权现象。《中国共产党章程》规定："中国共产党党员永远是劳动人民的普通一员。除了法律和政策规定范围内的个人利益和工作职权以外，所有共产党员都不得谋求任何私利和特权。"[①]改革开放之初，党的十一届五中全会制定的《关于党内政治生活的若干准则》即指出："那种认为自己的权力可以不受任何限制的思想，就是腐朽的封建特权思想，这种思想必须受到批判和纠正。共产党员和干部应该把谋求特权和私利看成是极大的耻辱。"[②]党的十八大以来，中央多次指出和批评一些干部中的特权思想、特权现象，如违规占有多套住房的，违规占用公家车辆的，以各种形式侵占公共利益的，违规侵害群众利益的，明里暗里为亲属升官发财奔走的，等等。这些特权现象严重损害了社会公平正义，引起了群众极大不满。领导干部严格自律，要自觉从自己做起，从身边人管起，构筑起预防和抵制特权的防护网。

领导干部严格自律，同时要加强对领导干部的监督。领导干部手中的权力都是党和人民赋予的，领导干部使用权力，使用得对不对，使用得好不好，必须自觉接受党和人民监督。不想接受监督，不能自觉接受监督，觉得接受党和人民监督很不舒服的人，就不具备当领导干部的起码素质。各级领导干部都要牢记，任何人都没有法律之外的绝对权力，任何人行使权力都必须为人民服务、对人民负责并自觉接受人民监督。领导干部必须在纪律的约束和监督下，坚持公正用权、谨慎用权、依法用权，坚持交往有原则、有界

---

① 《中国共产党第十九次全国代表大会文件汇编》，人民出版社2017年版，第79页。
② 《三中全会以来重要文献选编》上，人民出版社1982年版，第431页。

限、有规矩。领导干部要自觉主动接受监督，对党和人民忠诚老实，决不能以任何借口拒绝监督，党组织也决不能以任何理由而放松监督。在对领导干部的监督中，特别要加强对一把手的监督，健全施政行为公开制度，保证领导干部做到位高不擅权、权重不谋私。

五、同一切违反纪律的现象和行为作斗争，是加强纪律建设的重要保证

加强党的纪律建设，必须从细微处抓严、抓实，同一切违反纪律的现象和行为作斗争，让一切违反纪律的现象和行为受到应有的惩处，才能维护纪律的严肃性，使党的纪律成为不可触碰的红线。如果违反纪律、钻纪律空子的行为受不到惩处，反而得到某种利益，就会使违反纪律的现象蔓延滋长，成为大家见怪不怪的不良风气，就会造成法不责众、积重难返。因此，必须加强对执行纪律的监督检查，对违反纪律的现象和行为必须严肃批评、认真处理，切实做到纪律面前人人平等、遵守纪律没有特权、执行纪律没有例外，形成全党上下共同维护党的纪律的强大力量。习近平指出："必须严明党的纪律，党的各项纪律都要严。遵守党的纪律是无条件的，要说到做到，有纪必执，有违必查，而不能合意的就执行，不合意的就不执行，不能把纪律作为一个软约束或是束之高阁的一纸空文。"[1]

加强党的纪律建设，必须开展积极健康的批评和自我批评。"正确的而不是歪曲的、认真的而不是敷衍的批评和自我批评"是中国共产党的优良作风，是我们党强身治病、保持肌体健康的锐利武器，也是加强和维护党的纪律的重要手段。对于违反纪律的现象和行为，要用好批评和自我批评这个武器，讲党性不讲私情、讲真理不讲面子，坚持"团结——批评——团结"，按照"照镜子、正衣冠、洗洗澡、治治病"的要求，严肃认真提出意见，满腔热情帮助同志。不少领导干部担心批评得罪人、丢选票，普遍存在不敢批评、不愿批评的现象。平常小问题不及时批评，就可能导致发生大问题、犯了大错误受到组织严肃处理。党员干部必须认真听取各种批评意见，严于自

---

[1]《十八大以来重要文献选编》（上），中央文献出版社2014年版，第764页。

我解剖，对存在的问题要深入剖析原因，认真加以整改，以抓早抓小、防微杜渐的精神，把违反纪律的现象消灭在萌芽之中。

加强党的纪律建设，必须强化对执行纪律的监督。严明党的纪律，用铁的纪律从严治党，就要对党的各级组织和全体党员执行纪律的情况实施严密有效的监督。党的各级组织和全体党员必须对党忠诚老实、光明磊落，说老实话、办老实事、做老实人，如实向党反映和报告情况，决不允许弄虚作假、隐瞒实情、报喜不报忧。党的各级组织必须担负起维护党的纪律的监督责任，防止和纠正执行纪律宽松软的问题。《中国共产党党内监督条例》规定："党内监督的任务是确保党章党规党纪在全党有效执行，维护党的团结统一，重点解决党的领导弱化、党的建设缺失、全面从严治党不力，党的观念淡漠、组织涣散、纪律松弛，管党治党宽松软问题，保证党的组织充分履行职能、发挥核心作用，保证全体党员发挥先锋模范作用，保证党的领导干部忠诚干净担当。"①要以维护党章党规党纪为重点，强化自上而下的组织监督，改进自下而上的民主监督，发挥同级相互监督作用。

加强党的纪律建设，必须对违纪问题突出的党组织和党的领导干部启动问责机制。要严格执行党的纪律和其他党内法规，就要对违反纪律的行为予以严肃处理，坚决改变一些地方执行纪律失之于宽、失之于松、失之于软的状况。党中央反复强调，有权必有责、有责要担当、失责必追究，紧紧抓住落实主体责任，把实施问责作为全面从严治党的利器，使强化问责成为维护党规党纪的有效举措。《中国共产党问责条例》规定，对"维护党的政治纪律、组织纪律、廉洁纪律、群众纪律、工作纪律、生活纪律不力，导致违规违纪行为多发，特别是维护政治纪律和政治规矩失职，管辖范围内有令不行、有禁不止，团团伙伙、拉帮结派问题严重，造成恶劣影响的，党组织和党的领导干部，应当予以问责。"②要认真落实问责条例，抓住典型问题，勇于铁面问责，让失责必问、问责必严成为常态，发挥问责的震慑警示效应，唤醒责任意识，激发担当精神。

---

① 《十八大以来重要文献选编》（下），中央文献出版社2018年版，第441页。
② 《十八大以来重要文献选编》（下），中央文献出版社2018年版，第363页。

六、严格党内政治生活和党员教育管理，是加强纪律建设的有效途径

加强党的纪律建设，基础在于党的基层组织加强对党员的日常教育管理，让全体党员在严格的党内政治生活中，增强党的纪律观念，强化党的纪律意识，培育遵规守纪的健康政治生态，养成遵规守纪的良好行为规范。在遵规守纪问题上，大问题要抓，小问题也要抓。小洞不补、大洞吃苦。只有基层党组织坚强有力，党员发挥应有作用，党的根基才能牢固，党才能有战斗力。要把全面从严治党落实到每个支部、每名党员，把合格党员的标尺立起来，把遵规守纪的底线划出来，把党员的先锋形象树起来，用严格的教育塑造信仰信念的力量，用严格的管理养成遵规守纪的自觉。要整顿不合格基层党组织，坚持和落实行之有效的制度，以改革创新精神补齐制度短板，针对新情况新问题严肃党内政治生活和组织纪律，真正使党内生活、党员教育管理严起来、实起来。

严肃的党内政治生活，是解决党的自身问题的重要途径。要着力增强党内政治生活的政治性、时代性、原则性、战斗性。增强党内政治生活的政治性，就是要把握坚定正确的政治方向，引导党员自觉维护习近平在党中央和全党的核心地位、自觉维护党中央权威和集中统一领导。增强党内政治生活的时代性，就是要紧跟时代步伐、聆听时代声音、回答时代课题，及时发现和解决党内出现的新问题，使党内政治生活始终充满活力。增强党内政治生活的原则性，就是要坚持党的政治原则、思想原则、组织原则、工作原则，按原则处理党内各种关系，按原则解决党内矛盾和问题。增强党内政治生活的战斗性，就是要旗帜鲜明坚持真理、修正错误，勇于开展批评和自我批评，使每个党组织都成为激浊扬清的战斗堡垒，使每个党员都成为扶正祛邪的先锋模范。严肃党内政治生活，必须认真实行民主集中制，着力解决发扬民主不够、正确集中不够、开展批评不够、严肃纪律不够等问题，努力营造民主讨论的良好氛围，同时积极维护正确的集中统一。

要把从严抓好党员的教育管理，作为加强纪律建设的重要基础。党的十八大以来，以习近平同志为核心的党中央坚持思想建党和制度治党紧密结

合、同向发力，形成和确立了习近平新时代中国特色社会主义思想，制定和颁布了《关于新形势下党内政治生活的若干准则》《中国共产党廉洁自律准则》《中国共产党党内监督条例》《中国共产党问责条例》《中国共产党纪律处分条例》等党内法规，先后开展了党的群众路线教育实践活动、"三严三实"专题教育、"两学一做"学习教育和"不忘初心、牢记使命"主题教育，对加强党员教育管理、解决好突出问题、推进全面从严治党起到了重要作用。严明党的纪律，从严教育是基础，从严管理是关键。党的基层组织对党员的教育管理，必须以政治建设为统领，以习近平新时代中国特色社会主义思想为指导，全面贯彻党的十八大以来制定的一系列党内法规纪律，扎实推进"两学一做"学习教育经常化制度化，积极开展"不忘初心、牢记使命"主题教育，不断为党的各项建设注入蓬勃的生机活力。

在国内国际形势复杂多变的情况下，党的纪律建设面临着许多新问题新挑战。习近平指出："计划经济时期，社会资源配置靠各级组织完成，组织的作用在各个层次各个领域都十分明显，个人对组织的依靠感和归属感很强。改革开放和发展社会主义市场经济，改变了原有的资源配置方式和组织管理模式，越来越多的单位人变成社会人，各种复杂的人际关系和利益关系对待党内生活带来不可低估的影响，引发了种种问题，组织观念薄弱、组织涣散就是其中一个需要严肃对待的问题。……如何在新形势下加强党的组织纪律性，是需要我们认真思考和回答的重大课题。"[1]中国特色社会主义进入新时代，我们党一定要有新气象新作为，要把新时代坚持和发展中国特色社会主义这场伟大社会革命进行好，必须以勇于自我革命的精神，破解新问题，应对新挑战，把党建设得更加坚强有力。

---

[1]《十八大以来重要文献选编》（上），中央文献出版社2014年版，第765~766页。

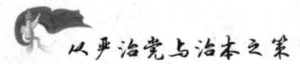

从严治党与治本之策

中国共产党人的初心使命

崔耀中

北京市委宣传部原副部长、巡视员、中国行为法学会廉政研究委员会副会长

习近平指出,党的初心和使命是党的性质宗旨、理想信念、奋斗目标的集中体现。中国共产党为什么把为中华民族谋复兴,为中国人民谋幸福,为世界人民谋大同作为自己的初心和使命?

(一)党的初心使命是中国近代历史发展的必然选择

首先我们看一看,中华民族是如何走进20世纪的。

1900年8月15日的早晨。慈禧太后带着光绪皇帝、隆裕皇后等化装成逃难的老百姓从故宫的神武门仓皇离宫,北出德胜门,一路经昌平出居庸关转入山西境内后,最终逃亡至西安落脚。

慈禧太后这个清朝的最高统治者逃跑了。而清朝首都北京便落入凶恶的八国联军之手,巨大的灾难降临到千年古都和中国人民的头上。北京的陷落使中国人民完全脱离了政府管辖,被推到了残暴的外国侵略者面前,任人宰割,一场亘古罕见的屠杀、掠夺随即开始了,这是人类文明史上的一场巨大悲剧。

1900年8月,以英、美、德、俄、日、意、法、奥等国组成的八国联军为镇压中国的义和团反帝运动,对中国发动了野蛮的侵略,战火从天津蔓延到北京,进而弥漫到河北、山西、山东及东北诸省,八国联军所到之处无恶不作,大肆烧杀。近两个月时间,据不完全统计,京津两地及沿途被杀的中国同胞就有二百万人之多,其中老人、儿童有四十多万,妇女有三十多万,被杀害的妇女有二十多万人是被强奸后杀死的。八国联军还大肆进行疯狂掠夺,据记载,八国联军总共抢劫黄金五点三五吨、白银三点六亿两、文物及艺术珍宝九千多件,这是继1860年10月18日英法联军火烧圆明园之后,1900年8月15日这一天,外国列强联军再次攻入北京内城,成为又一个国耻日。八国联军侵华战争以清政府签订丧权辱国的《辛丑条约》而结束,该条约的赔款数额比较特别,列强要求清政府赔款4亿5千万两白银,当时中国人口是4亿5千万,其用意就是要每个中国人都要向他们交纳1两白银的"罚金"。巨额战争赔款使中国社会经济更加凋敝,人民生活更加贫困,中国因此彻底沦入半殖民地半封建社会的深渊。

众所周知,中华民族历史上曾创造了灿烂辉煌的古代文明。习近平总书记曾引用唐朝诗人岑参的诗句:"长安城中百万家"。在盛唐期间,长安城是全世界最大的国际化大都市,是人类历史上第一个人口过百万的城市。北宋时期,中国的经济总量占全球三分之一以上,这个指标,至今哪个国家也无法超越。英国著名科技史学家李约瑟曾指出,在现代科学技术登场的前十多个世纪,中国在科技和知识方面的积累远胜于西方,他说,如果那时就有诺贝尔奖,无疑全部收入中国人的囊中。

但是到了近代以后,特别是鸦片战争以后,中国陷入了内忧外患的悲惨境地。1840年鸦片战争爆发,外国列强开始侵略中国,中国逐步沦为半殖民地半封建社会。据不完全统计,从1842年中英签订《中英南京条约》开始,到1905年中德签订《胶高撤兵善后条款》,仅60多年时间里,中国累计签订不平等条约、协议等达到1000多个,向外国列强赔款约为13.2亿两白银和2140万银元,列强先后侵占我国180多万平方公里土地。从1842年至1901年,中国对外8次主要赔款,相当于清政府1901年收入总额的16倍。

新中国成立前夕,中国人均CDP仅为27美元,比当时的印度人均GDP还低30美元。近代以来,中国人民如何才能重见天日、中华民族怎样才能实现伟大复兴是历史提出的重大命题。对于一个曾经创造辉煌并站在世界巅峰的伟大民族,实现伟大复兴的愿望就更为迫切。所以为中华民族谋复兴,为中国人民谋幸福是历史提出的客观诉求,是历史发展的必然选择。

习近平总书记指出,为了民族复兴,无数仁人志士不屈不挠前仆后继,进行了可歌可泣的斗争,进行了各式各样的尝试。

在镇压太平天国运动中,封建统治者、地主阶级同样也进行了一系列探索，以曾国藩、李鸿章、左宗棠、张之洞等人为代表发起了"中学为体，西学为用"的洋务运动，希望通过器物文明的引进改变中国落后生产力。但是随着甲午战争的失败，《马关条约》的签订，宣告了洋务运动破产。

洋务运动失败后，中国的仁人志士对国家出路的探索并没有停止。以康有为、梁启超为代表的中国先进分子开始探索制度文明层面的改良，并发动了戊戌变法，最后遭到慈禧太后的残酷镇压。

在近代中国历史上，孙中山第一个提出"振兴中华"的口号。在孙中山的领导和推动下，资产阶级革命风起云涌。1911年10月10日，武昌起义爆发，清政府土崩瓦解。1912年1月1日，中华民国临时政府成立。但最终被袁世凯篡夺了辛亥革命的胜利果实。在这期间，中国出现了200多个党派，提出了若干个主义，当时的中国成为世界政治文明的实验场，但是无一奏效，"长夜难明赤县天"。

通过简要回顾中国近代历史可以看到，无论是农民阶级、地主阶级还是民族资产阶级都试图完成但都没能完成历史所提出的"为人民谋幸福、为民族谋复兴"的历史使命。

十月革命一声炮响，给中国送来了俄国布尔什维克实践马克思主义理论、工农大众当家作主的新型国家的"样板间"。中国的先进分子迅速接受了早在1907年已进入中国的马克思主义，在"南陈北李"的推动下中国共产党应运而生。虽然当时只有13名代表，53名党员，成立之初报纸上连一条消息都没有，但是从此，中国人民谋求民族独立、人民解放和国家富强、人民幸福的斗争就有了主心骨，有了由无产阶级先进分子组成的政党，中国人民从此在精神上由被动转为主动。这就意味着中国共产党从诞生之日起就担负起为民族谋复兴、为人民谋幸福的历史使命。

（二）党的初心使命是无产阶级政党性质和根本宗旨使然

马克思主义理论本质上是人民大众的理论，是工人阶级的"圣经"。是反对剥削压迫，主张人人平等的科学理论，是主张"太平世界环球同此凉热""自由人联合体"的共产主义理论。《共产党宣言》中明确指出，无产阶级的运动是绝大多数人的、为绝大多数人谋利益的独立的运动。这意味着中国共产党作为马克思主义理论武装起来的无产阶级政党，在领导革命运动中的一个根本原则就是要为绝大多数人谋利益。在中国社会，绝大多数人就是中国人民。从这一角度看,马克思在《共产党宣言》中明确了共产党作为无产阶级政党要为绝大多数人谋利益。那么,中国共产党就要为中国人民、为中华民族谋利益,这就是民族复兴。中国共产党也要为中国人民谋幸福,要为中国人民过上幸福的生活而奋斗,这就是实现人民的愿望。

1945年6月11日,党的七大闭幕,6月14日,党中央主办的《解放日报》发表了一篇题为《团结的大会胜利的大会》的社论,社论中有这样一段话:"中国共产党是什么?是中国人民为了自己的解放进行政治斗争的工具。做一个共产党员,对于人民,只有特殊的义务,没有特殊的权利。共产党员,首先是人民的勤务员,然后才是人民的领导者,首先是人民的学生,然后才是人民的先生。人民是自己解放自己,共产党员如果依照教条或狭隘经验,站在人民头上,强迫人民依照自己的主观愿望去进行解放斗争,哪怕这种主观愿望、这种动机是为人民的,结果是办不通的,人民是不要这种自称为共产党员的人的。但是,如果共产党员做人民的学生与勤务员,虚心向人民学习,以马克思主义的立场、观点和方法,把人民的意见集中起来,然后站在之中,做人民的模范,与人民一起坚持下去,相信人民自己解放自己,那么,人民就非要这种真正的共产党员不可,因为如果没有具有高度政治觉悟的共产党作为领导者,人民的解放是完全不可能的。"

共产党领导的本质是人民当家作主。正是为了实现初心使命,在28年的革命岁月里,正像毛泽东同志所说:"我们党尝尽了艰难困苦,轰轰烈烈,英勇奋斗。从古以来,中国没有一个集团,像共产党一样,不惜牺牲一切,牺牲多少人,干这样的大事。"共产党全心全意为人民服务,不谋取任何私利,一心为救国救民于水火。据国家部门统计,从1921年7月成立中国共产党,到1949年10月1日建立中华人民共和国,可以查到姓名牺牲的革命者有380多万人,这就是说,在这1万多个日子里,平均每天有370名共产党员牺牲。这充分体现了我们党践行自己的初心使命。

(三)党的初心使命是我们党永葆青春活力的强大动力

中国共产党从"开天辟地"到"翻天覆地"再到"改天换地",成立98年来解决了中华民族和中国人民被动挨打、贫困挨饿、失语挨骂这三大问题,建设了独立自主繁荣富强的新中国,在新时代的征程上"直挂云帆济沧海",向社会主义现代化强国迈进。我们党虽然遇到许多艰难险阻、重大挫

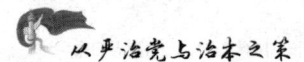

折、严峻挑战乃至九死一生,中国共产党为什么能够不断战胜困难,不断前进,星火燎原?这强大动力就是我们党的初心和使命,这是一直激励中国共产党人"踏平坎坷成大道""万水千山只等闲"的强大动力源。

埃德加·斯诺在《西行漫记》中写道,红军真诚迫切的目标始终是要震撼并唤起亿万人民,召唤起他们为"人民当家作主"而斗争,为正义、平等、自由、有尊严的生活而斗争。这种理想,这种信仰,不仅伴随红军走过万水千山,而且也如星火燎原,锻造了一个青春作伴的人民共和国。

习近平在浙江工作期间,把"红船精神"概括为开天辟地、敢为人先的首创精神,坚定理想、百折不挠的奋斗精神,立党为公、忠诚为民的奉献精神。崇高信仰铸就高度自信,高度自信形成巨大力量。一是首创精神体现在坚持实事求是,不断推进马克思主义中国化,用中国化的马克思主义推动中国革命的实践,不断取得新的胜利。不唯书不唯上只唯实。从农村包围城市,武装夺取政权到到独立自主自力更生,再到实行改革开放,提出社会主义市场经济的概念,再到对马克思主义政党建设理论的发展和创新。二是奋斗精神体现在百折不挠、愈挫愈奋。"四一二"反革命政变使共产党人从6万多人减少到1万多人。30万中央红军长征,历经两年时间,到达陕北仅有17000多人,损失达到90%以上。但是这都没压垮我们的党。让我们看一看中国近代史上军事力量对比:第一次鸦片战争:英军11700人对清军220000人;第二次鸦片战争:英法联军18000人对清军200000人;八国联军侵华战争:17000人对义和团300000人;甲午战争:当时中国海军位居世界第9位,日本仅位居第11位。敌我力量如此悬殊,但是均以我方战败、割地赔款而告终。同样是中国军队,在中国共产党的领导下,任何人间奇迹都可以创造出来,在美国西点军校有一个上甘岭的沙盘模型。美国教官说,这是美国军队百思不得其解的战争典型案例,为什么用现代化装备武装到牙齿的美国军队,在强大的空中支援下,为什么两个营兵力的轮番进攻竟然打不过中国军队一个连的建制。这就是强大的精神力量。三是奉献精神体现在不谋私利,无私奉献。老一辈无产阶级革命家大多数出身于中等收入以上家庭,不少是"海归",他们大多都经历了九死一生的考验,夺取政权后他们没有置什么个人家业,更没有给后人留下什么遗产。

（四）党的初心使命是我们党应对各种风险挑战的强大定力

我们党在历史上有几次大的历史转折，包括"四一二"反革命事变、西安事变、皖南事变、抗美援朝、苏联撤走专家、实行改革开放等。在近代以来的内忧外患中，中国共产党应时而生。纵观一部中国共产党的百年历史，就是不断战胜困难、不断创造辉煌的历史。习近平总书记这样说："经历了5000多年的艰难困苦，中国依旧在这儿！面向未来，中国将永远在这儿！"定力是习近平总书记讲话中的一个高频词，始终保持强大定力是以习近平同志为核心的党中央治国理政的一个鲜明特点。党的十八大以来，以习近平同志为核心的党中央迅速立新规、开新局、谱新篇，治国理政旗帜鲜明，沉着稳健，尤其是坚定不移、锲而不舍全面从严治党，言出纪随、说到做到，展现出强大的自信和坚如磐石的定力。历史和现实反复证明，对于各级党员干部来说，定力绝不是与生俱来、决不会凭空而来，也决不会随着党龄的增长和职务的提升而自然提高，而是需要终身努力。

治国必先治党，治党必先治吏，治吏必先治心。党员干部一定要有自己的"定海神针"和"压舱石"，不断增强定力，不被乱花迷眼、不被浮云遮眼，才能行稳致远。

定力从信念中来，是对初心的牢记，是对使命的铭刻。定力从自信中来，"自信人生二百年，会当水击三千里"。定力从担当中来，为了崇高的追求才能百折不挠不信神、不怕鬼。70年前，新中国刚刚成立，百废待兴，我们决不希望朝鲜半岛发生战事。但美国已经把战争强加到了中国人民的头上，这是新中国第一次与以美国为首的多国联军作战。志愿军渡过鸭绿江的第8天即1950年10月27日，毛泽东在中南海与民主党派人士周世钊谈到朝鲜战争时说："现在美帝的侵略矛头直指我国的东北，假若它真的把朝鲜搞垮了，纵不过鸭绿江，我们的东北也时常在它的威胁中过日子，要进行和平建设也有困难。所以，我们对朝鲜问题，如果置之不理，美帝必然得寸进尺，走日本侵略中国的老路，甚至比日本搞得更凶。它要把三把尖刀插在我们的身上，以朝鲜一把刀插在我国的头上，以台湾一把刀插在我国的腰上，以越南一把刀插在我们的脚上。天下有变，它就从三个方面向我们进攻，那时我们就被动了。我们抗美援朝就是不许它的如意算盘得逞。"毛泽东说："打得一拳开，免得百拳来。"正因当年打得"抗美援朝"这一拳开，才避免了冲着新中国

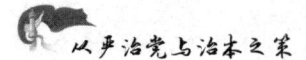

70年来和平建设与和平生活这百拳来。毛泽东不仅考虑着中华民族当时的处境,同时谋划着中华民族的长远未来。毛泽东这一无比深邃的战略眼光和英勇无畏、一往无前的超人胆略提出关于这"三把刀"威胁的论述,至今仍有着强烈的针对性和重大的现实意义。1950年这一年,美国的国民生产总值是2848亿美元,钢产量是8772万吨,而中国的钢产量仅有60万吨,做钉子尚且不够。况且,我们面对的不仅仅是美国,而是由16国组成的所谓联合国军。在朝鲜战场上,美国动用了美国陆军的1/3、空军的1/5和海军的近半数作为侵略战争的主力,并把美国国民经济转入战时体制,以大量的军事装备和物资投入战争。而军事装备完全处于劣势的中国人民志愿军却仍然能够大量歼灭敌人有生力量,消耗敌人的军事装备和物资,不断取得胜利,其根本原因是毛泽东分析归纳的美国在军事上的"一长三短":一长,就是钢多;而三个弱点则是战线太长、运输路线太远和战斗力太弱。毛泽东强调,中国军队是经受了20多年革命战争锻炼的军队,战斗力极强。最重要的是,我们进行的是正义之战。美军的"一长三短"和我军的"一强一正义",这是唯物辩证法在抗美援朝战争中的具体运用。历史已经证明,毛泽东对抗美援朝战争的分析与把握,如同对抗日战争的分析与把握一样,是十分精辟和完全正确的。抗美援朝战争的伟大胜利,树立了新中国的形象,进而为我国此后70年经济建设赢得一个和平良好的周边环境和国际环境奠定了坚实的基础。从一定意义上讲,这至今都对保障我国的经济建设和改革开放的顺利进行有着十分重大的意义。抗美援朝战争使西方各国受到极大震慑,并开始重新审视新中国。从1953年板门店停战协定签字开始,到20世纪60年代,有30多个国家与中国建交,新中国真正迈开了登上国际舞台的脚步。

(五)党的初心使命是我们党永不褪色变质的根本保证

习近平强调"四个不容易"告诫全党牢记:功成名就时做到居安思危、保持创业初期那种励精图治的精神状态不容易,执掌政权后做到节俭内敛、敬终如始不容易,承平时期严以治吏、防腐戒奢不容易,重大变革关头顺乎潮流、顺应民心不容易。

忘记初心和使命,党就会改变性质、改变颜色,就会失去人民、失去未来。我们千万不能在一片喝彩声、赞扬声中丧失革命精神和斗志,逐渐陷入安于现状、不思进取、贪图享乐的状态,我们党作为世界第一大党,没有什么外力能够打倒我们，能够打倒我们的只有我们自己。古人说："惟以改过为能，不以无过为贵"。应该看到，在长期执政条件下，各种弱化党的先进性、损害党的纯洁性的因素无时不有，各种违背初心和使命、动摇党的根基的危险无处不在，如果不严加防范、及时整治，久而久之，必将积重难返，小问题就会变成大问题、小管涌就会沦为大塌方，甚至可能酿成全局性、颠覆性的灾难。做到不忘初心、牢记使命，并不是一件容易的事情，必须有强烈的自我革命精神。只要我们党牢牢坚持立党为公、执政为民，牢牢坚持为中国人民谋幸福、为中华民族谋复兴，不断检视自己，不掩饰缺点，不文过饰非，坚决同一切弱化党的先进性和纯洁性、危害党的肌体健康的现象作斗争，就一定能够始终立于不败之地。

忘记了初心就意味着背叛。中国共产党当初为什么要革命？我们的初心是什么？是为了像历史上的农民起义那样，打倒旧王朝，自己当皇帝、做官发财吗？李自成、洪秀全把得民心作为手段，而不是把解放人民、造福人民作为目的。当他们夺取政权之后，就一脚把人民踢开了。李自成建立的"大顺"政权比腐朽的明王朝有过之而无不及。因此，毛泽东同志经常提醒我们，必须吸取李自成的教训，不能忘了人民。老百姓民谣中所说的"想闯王、盼闯王，闯王来了不纳粮"的闯王李自成进京后，军纪废弛，大批屠杀前朝官员，掠银7000多万两铸锭。洪秀全在南京定都后全然忘记了自己对均老百姓富、等贵贱的承诺，给自己娶了88个老婆，儿子才9岁就娶了4个嫔妃，极尽奢华糜烂，连李鸿章都惊叹太平天国建造的皇宫"真乃神仙窟"。

习近平指出，做到不忘初心、牢记使命，并不是一件容易的事情，必须有强烈的自我革命精神。在新的征程上，我们要把党建设成为始终走在时代前列、人民衷心拥护、勇于自我革命、经得起各种风浪考验、朝气蓬勃的马克思主义执政党，就必须牢记初心和使命，在新时代把党的自我革命推向深入。不忘初心、牢记使命，说到底是要解决党内存在的违背初心和使命的各种问题，关键是要有正视问题的自觉和刀刃向内的勇气。无论什么时候，问题总是客观存在的，我们要以"君子检身，常若有过"的态度来检视发现自身不足，做到知耻而后勇。

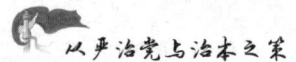

关于新时代检察机关开展职务犯罪监督若干问题的思考

王伦轩

最高人民检察院原一级高级检察官、中国行为法学会廉政行为研究会副会长

党中央根据党的十九大关于深化依法治国实践，深化机构和行政体制改革，推进国家治理体系和治理能力现代化的要求，在国家和地方成立国家监察委员会，与同级纪委两块牌子、一套人马合署办公后，将各级政府原有的行政监察部门工作职能和检察机关反贪反渎及职务犯罪预防部门工作职能均划转至同级监察委员会，对党内政府和司法机关内部各相关查办党内违纪、政府查处行政违法和司法机关查办职务犯罪相关职能进行有效整合，从体制和工作机制上对我国反腐败进行新的布局和改革。为加强对所有行使公权力的公职人员的监督，实现国家监察全面覆盖，构建集中统一、权威高效的中国特色国家监察体制奠定法律基础，第十三届全国人民代表大会第一次会议于2018年3月20日专门通过《中华人民共和国监察法》。此后，全国各级检察机关反贪反渎和职务犯罪预防部门陆续进行了整体转隶的改革，即将各级人民检察院的反贪污贿赂部门、反渎职侵权部门、职务犯罪预防部门从编制到人员整体转隶至同级监察委员会。

2018年10月26日，第十三届全国人大常委会第六次会议审议通过了《关于修改〈中华人民共和国刑事诉讼法〉的决定》。这次刑事诉讼法修改，充分体现了习近平新时代中国特色社会主义思想和党的十九大精神，及时总结巩固深化国家监察体制改革、反腐败追赃追逃、深化司法体制改革等重大改革成果，回应司法实践中迫切需要解决的问题，是对中国特色刑事诉讼制度的一次重大完善。这次刑事诉讼法修改主要涉及三个方面的内容：一是完善与监察法的衔接机制，调整人民检察院侦查职权；二是建立刑事缺席审判制度；三是完善刑事案件认罪认罚从宽制度和增加速裁程序。无论哪方面内容，均与检察机关职务犯罪监督工作息息相关，给检察机关职务犯罪监督工作带来新的发展机遇。在新形势下，落实好修改后刑事诉讼法的新规定、新制度，站在新时代的历史方位，建立和不断完善检察机关开展职务犯罪监督的体制、制度及各项规范化建设，推动和配合好党和国家反腐败斗争工作大局，是检察机关当前和今后一个历史时期面临的重大课题。

一、从讲政治的高度深刻认识新时代检察机关开展职务犯罪监督工作

我国的社会主义检察制度孕育于革命根据地时期的苏维埃政权，新中国成立后，它经历了一个成长、曲折、成熟的艰难过程。特别是在我国实行改革开放四十年来，我国政治、经济和社会各方面均发生了巨大变化，检察机关也是如此，不仅在各项工作中取得很大成就，其体制和制度也日臻成熟和完善，在新中国各项建设事业中发挥了越来越重要的作用，尤其在我们党和国家开展反腐败斗争工作中，做出了重要贡献，也积累了许多成功经验。如明确检察机关在不同时期和不同历史阶段开展反腐败工作的思路；采取有力措施，加大办案力度；狠抓队伍建设，提高整体素质；加强反腐败斗争理论研究等等。总结其成功经验有千条万条，其中最重要的一条就是始终把讲政治放在首位，政治建设始终是检察工作的统帅和灵魂，坚持中国共产党领导是检察事业发展的根本保证。最高人民检察院历届党组和历任检察长都明确要求各级检察机关和广大检察人员要做政治上的明白人，不做政治上的糊涂人。各级检察长首先要成为"政治家"。在处理政治和业务上的关系方面，明确强调检察机关是业务性很强的政治机关，同时又是政治性很强的业务机关，不能脱离政治讲业务，也不能不抓业务空谈政治，二者紧密结合为一体，其中政治是开展业务工作的灵魂。

为什么高检院历届党组和历任检察长一以贯之地强调检察机关必须把讲

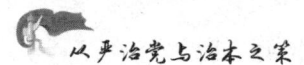

政治作为首要任务，坚持中国共产党领导是检察事业发展的根本保证呢？我个人的体会主要体现在以下几个方面：

第一，我国的检察制度有其独特的宪法地位。

新中国成立以来特别是实行改革开放以来，我们党和国家经过长期探索，在汲取我国历史上政治法律制度的精华，借鉴人类司法文明有益成果的基础上，创造出一套具有鲜明中国特色的检察制度。中国特色检察制度与中国社会主义的基本国情相适应，根植于中国的政治制度、经济制度和法律文化，是一种历史的必然选择。

宪法是一个国家的根本大法和总章程，国家体制的架构和国家机关的职能属性都能够从宪法中找到依据。对国家机关基本职能加以定位是宪法所具有的基本功能之一。在任何一个法治国家，宪法规范作为社会的基本共识和最高价值体系，为各种制度合理性的评价提供了统一的尺度和标准。根据我国宪法的规定，人民代表大会制度是我国的基本政治制度，全国人民代表大会是国家的最高权力机关。在其之下，设立了国家行政机关、监察机关、审判机关、检察机关，分别行使国家的行政权、监察权、审判权和检察权，四个机关都对人民代表大会负责，受它监督。在这种宪法结构中，我国检察机关作为国家的法律监督机关，与国家行政机关、监察机关、审判机关相并列，专司法律监督的职能。这一职能是从人民代表大会监督职能中分离出来的，是人民代表大会监督权力的派生和具体化。我国检察机关独特的宪法地位主要体现在两个方面：一是我国检察机关作为国家组织机构中一个系列，设立了统一的机构并且具有完整的组织体系。我国宪法第135条规定："中华人民共和国设立最高人民检察院，地方各级人民检察院和军事检察院……人民检察院的组织由法律规定"。二是各级人民检察院的检察长由各级人民代表大会选举产生，检察官由各级人大常委会任命。按照我国宪法的规定，全国人民代表大会选举最高人民检察院检察长，其常务委员会根据最高人民检察院检察长的提请，任免最高人民检察院副检察长、检察员、检察委员会委员和军事检察院检察长，并且批准省级人民检察院检察长的任免。县级以上地方各级人民代表大会选举并且有权罢免本级人民检察院检察长，但是选举或罢免的人民检察院检察长必须报上级人民检察院检察长提请同级人民代表大会常务委员会批准。宪法对检察机关组织机构的刚性规定，对于保障检察机关依法行使行职权，维护法律的统一正确实施起了决定性的作用。检察机关在履行法律监督职能的过程中，与审判机关和监察机关，相关国家行政机关互相配合，互相制约，共同完成维护党的执政地位、维护国家安全、维护人民权益、确保社会大局稳定的任务，既是政治上的要求，更是宪法赋予的根本任务。

第二，从法律赋予检察机关具体工作职责上讲，检察机关在追诉犯罪的过程中必须做到"五维护两保障"工作，这同样是中国检察机关开展业务工作的政治特色。

新修订的《中华人民共和国人民检察院组织法》第2条规定："人民检察院是国家的法律监督机关。人民检察院通过行使检察权，追诉犯罪，维护国家安全和社会秩序，维护个人和组织的合法权益，维护国家利益和社会公共利益，保障法律正确实施，维护社会公平正义，维护国家法制统一、尊严和权威，保障中国特色社会主义建设的顺利进行。"（简称"一追诉五维护两保障"）我国法律对检察机关职责的明确规定，是建立在我国建立和完善中国特色社会主义事业，实现中华民族伟大复兴道路上检察机关应该发挥怎样的作用，在国家政治生活、经济生活、社会生活、文化生活中应当扮演怎样的角色来考虑和进行制度设计和制度安排的，能否通过追诉犯罪达到或完成法律赋予的"五维护两保障"的任务，是中国特色检察制度区别于西方国家检察机关成为单纯追诉犯罪机关的显著标志。基于此，检察机关在开展法律监督和其他检察工作中，必须牢牢把握检察工作的政治方向和指导思想，做中国特色社会主义事业的坚定建设者和捍卫者，努力在执法思想、执法实践、执法作风等方面真正体现中国特色社会主义的正确方向。在新的历史时期，检察机关必须坚持以习近平新时代中国特色社会主义思想为指导，真正把这一思想贯彻落实到检察工作的各个方面，努力创造符合党和人民要求，符合经济社会发展需要，符合检察工作发展规律的业绩。

第三，我国检察机关依照宪法的规定，依法独立行使检察权，不受行政机关、社会团体和个人的干涉，决不意味着在行使检察权时脱离或不要党的领导。

在依法行使检察权的过程中，必须自觉服从中国共产党的领导，接受人大的监督。因此，我国检察机关必须坚持党的领导、人大监督与依法独立检

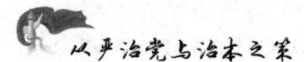

察权的有机统一,这是我国坚持党的领导、人民当家作主与依法治国有机统一这一社会主义政治发展道路在检察工作中的具体体现,是我国检察制度政治性的集中体现,是我国检察制度的一个重要特色。

坚持中国共产党的领导是我国的一项基本原则,一切国家权力包括检察权的行使必须在党的领导下进行,这既是中国政治制度和司法制度的特色,也是依法独立行使检察权的基本前提和根本保证。中国共产党作为执政党,不仅在国家政治生活中起着领导核心的作用,而且在国家法治建设中也肩负着领导责任。党领导人民制定宪法和法律,还领导人民自觉遵守法律,保障法律实施。因此,检察机关必须自觉服从党的绝对领导,党的领导是检察制度健康发展的根本政治保证。党对检察机关的领导主要体现在三个方面:一是政治领导。检察机关要自觉贯彻党的路线、方针、政策,围绕国家的中心工作,服从于服务于国家政治和经济、社会建设的大局。二是思想领导。必须用我们党的理论和思想加强对检察人员政治和思想教育,使检察人员始终坚持党的事业至上、人民利益至上、宪法法律至上,始终保持高度的政治意识、大局意识、责任意识、法律意识、廉洁意识,始终信守法律,遵守职业道德,秉公执法。三是组织领导。加强检察机关党的组织建设和领导班子建设,坚持党管干部的原则,做好检察干部的培养、晋升、考核和奖惩工作,充分发挥检察机关党组织的战斗堡垒作用和党员的先锋模范作用。

自觉接受人大监督,是人民主权原则的必然要求。检察权来源于人民,又服务于人民,广泛的人民性是人民检察院最根本的属性。因此,我国宪法在规定检察机关依法独立行使检察权的同时,明确规定,最高人民检察院和地方各级人民检察院对产生它的本级人民代表大会及其常委会负责并报告工作。由此可见,人民代表大会及其常委会对检察机关的工作具有监督权。这种监督,主要体现在审议检察机关的工作报告、专项工作报告、任免检察机关的组成人员,对最高人民检察院所作的司法解释进行审查,对检察机关的执法活动依法进行检查,对检察机关所办的案件提出询问和质询等,监督检察机关正确履行职责。维护人民权益,是党的根本宗旨的要求,专门工作和群众路线相结合,是检察机关基本的工作方法,人民民主是检察工作的生命。检察机关必须并牢记努力实践"立检为公,执法为民"的检察工作宗旨,把维护好人民权益作为检察工作的根本出发点和落脚点,通过强化法律监督，加强对诉讼活动和刑罚执行活动的监督，维护司法公正，着力解决人民最关心、最直接、最现实的利益问题，为人民安居乐业提供更加有效的法治保障。这也是我国检察制度的鲜明特色。

综上，那种认为党不能干预司法、干预法律监督工作，司法、法律监督工作不受人大监督，不仅在理论上、思想上和实践上都是极其有害的，也是对宪法第131条的错误理解。反腐败斗争是一场输不起的斗争，检察机关在职务犯罪监督工作中承担着繁重的任务，必须深刻认识其加强自身政治建设的重要性和必要性，做到对党绝对忠诚，对人民绝对忠诚，对国家绝对忠诚，对法律绝对忠诚，其中对党的绝对忠诚是首要的政治原则和政治品质。

二、检察机关依法开展职务犯罪监督是推进党和国家腐败治理体系，提高腐败治理能力现代化的有机组成部分

在以习近平总书记为核心的党中央的坚强领导下，党的十八届三中全会就全面深化改革规划出蓝图，首次提出"推进国家治理体系和治理能力现代化"这个重大命题，并把"完善和发展中国特色社会主义制度，推进国家治理体系和治理能力现代化"确定为全面深化改革的总目标。党的十九届四中全会审议通过了《中共中央关于坚持和完善中国特色社会主义制度，推进国家治理体系和治理能力现代化若干重大问题的决定》（以下简称《决定》）。全会明确指出："我们党要更好领导人民进行伟大斗争、建设伟大工程、推进伟大事业、实现伟大梦想，必须加快推进国家治理体系和治理能力现代化，努力形成更加成熟、更加定型的中国特色社会主义制度。这是摆在我们党面前的一项重大任务"。

从深化开展反腐败斗争方面思考，在新的时代如何进一步全面深入开展反腐败斗争，也必须全面落实好十九届四中全会精神和《决定》要求。坚持和完善中国特色社会主义反腐败制度，完善腐败治理体系，提高腐败治理能力就应当贯彻落实好《决定》中有关坚持和完善中国特色社会主义法治体系，提高党依法治国、依法执政能力，坚定不移走中国特色社会主义法治道路，全面推进依法治国，坚持依法治国、依法执政、依法行政共同推进，坚持法治国家、法治政府、法治社会一体建设；就应当贯彻落实好《决定》中

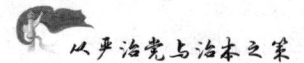

有关坚持和完善党和国家监督体系,强化对权力运行的制约和监督,必须健全党统一领导、全面覆盖、权威高效的监督体系,增强监督严肃性、协同性、有效性,形成决策科学、执行坚定、监督有力的权力运行机制,构建一体推进不敢腐、不能腐、不想腐体制机制,确保党和人民赋予的权力始终用来为人民谋幸福。

检察机关作为国家实行依法治国和国家监督体系的重要组织部门,作为国家的上层建筑和国家执法司法机关,在坚持和完善中国特色社会主义制度、推进国家治理体系和治理能力现代化方面,应当发挥其应有的作用。特别是在贯彻落实坚持和完善中国特色社会主义法治体系,坚持和完善国家法律监督体系,健全社会公平正义法治保障制度,加强对法律实施监督方面更好地发挥作用。加强对职务犯罪的监督,担当起法律赋予的职责与使命是检察机关参与党和国家进行反腐败斗争、推进党和国家治理腐败体系,提高腐败治理能力的重要职责。

党的十八以来,我们党和国家非常重视同职务犯罪作斗争,不断地通过立法形式强化职务犯罪监督体制机制,强化职督的各项建设,特别是通过一系列的司法改革发展到政治体制改革,通过颁布实施《中华人民共和国监察法》,将调查职务犯罪职权赋予新设立的国家监察委员会,从政治制度方面完善和发展了新时代同职务违纪违法犯罪作斗争的体制机制,一个崭新的具有中国特色的职务违纪违法犯罪监督制度日趋成熟。各级检察机关和广大检察人员站在讲政治的高度,坚决维护党中央决定,把"转隶"变成"转机",从新的角度认识检察机关在反腐败斗争中的地位。但也有的同志认为调查权从法律上划归各级监察委员会,虽然实现了法纪衔接,提升了党和国家反腐败的能力和效能,从客观上却削弱了检察机关职务犯罪监督职能,影响检察机关的地位和作用发挥。在这里笔者首先声明一点,这种认识是对我们党和国家在新时代开展反腐败斗争战略布局的一种片面认识,也是对检察机关在开展反腐败斗争中的地位和作用的一种曲解。

新中国成立后,虽然设立了检察机关,但是由于我国历史上长期的封建统治,缺少民主与法治的传统,许多人认为检察工作"可有可无",或者把检察机关看作是安排老一辈革命者的"荣誉机构"。在20世纪50年代,党中央提出"公、检、法"在办理刑事案件中实行分工负责,互相配合、互相制约的制度，但有些人仍然认为检察机关的审查批捕和审查起诉是一道多余的"工序"，甚至认为它束缚了对敌斗争，以致检察制度的建设长期处于摇摆不定的状态。直至1979年制定《中华人民共和国刑事诉讼法》时，总结了我国司法制度建设和检察工作的实践经验，把属于职务犯罪范围的贪污案、渎职案和侵犯公民民主权力案件划归检察机关管辖，检察机关成为担负同职务犯罪作斗争的主力军，检察机关的个性特点才更加明显和突出。随着职务犯罪监督工作的开展，特别是办理了大量的贪污、贿赂渎职"侵权"案件，人民检察机关在反腐败斗争中发挥了重要作用，其职务犯罪监督的地位也日益受到党和国家的重视，也受到了广大人民群众的支持，职务犯罪监督也就作为检察机关立论建制的主要根据。进入新时代，党中央决定成立国家和地方各级监察委员会，将各级人民政府中的行政监察任务和各级检察机关反贪污、贿赂和渎职"侵权"案件的侦查工作转为各级监察委员会的调查处置权，只是将检察机关职务犯罪监督职能的部分调整，即对检察机关职务犯罪侦查职能的调查整，并没有将检察机关开展职务犯罪监督的全部职能进行全面调整，检察机关对职务犯罪的追诉权全部保留。如：监察机关根据监督、调查结果，对涉嫌职务犯罪的，监察机关经调查认为犯罪事实清楚，证据确实充分的，制作起诉意见书，连同案卷材料、证据一并移交人民检察院依法审查、提起公诉；经审查，认为犯罪事实已经查清，证据确实、充分，依法应当追究刑事责任的，检察机关应当作出起诉决定；经审查，认为需要补充核实的，应当退回监察机关补充调查，必要时可以自行补充侦查；对于有《中华人民共和国刑事诉讼法》规定的不起诉的情形的，经上一级人民检察院批准，有权依法作出不起诉的决定。再如：《监察法》还规定，对监察机关移送的案件，人民检察院依照刑事诉讼法有权对被调查人采取强制措施等等。再譬如，修改后的《刑事诉讼法》第19条第二款规定："人民检察院在对诉讼活动实行法律监督中发现的司法工作人员利用职权实施的非法拘禁、刑讯逼供、非法搜查等侵犯公民权利，损害司法公正的犯罪，可以由人民检察院立案侦查。（注：这里所指的司法工作人员利用职权实施的犯罪，涉及14个罪名，即：非法拘禁罪、非法搜查罪、刑讯逼供罪、暴力取证罪、虐待被监管人罪、滥用职权罪、玩忽职守罪、徇私枉法罪、民事行政枉法裁判罪、执行判决裁定失职罪、执行判决裁

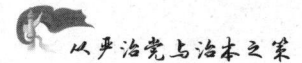

定滥用职权罪、私放在押人员罪、失职致使在押人员脱逃罪、徇私舞弊减刑假释暂予监外执行罪。）对于公安机关管辖的国家机关工作人员利用职权实施的重大犯罪案件，需要由人民检察院直接受理的时候，经省级以上人民检察院决定，可以由人民检察院立案侦查。"这为检察机关部分罪名自行侦查权和机动侦查权的行使提供了法律依据。就其检察机关的职务犯罪监督而言，虽然职务犯罪侦查职能总体上划转给监察机关，但检察机关作为国家的法律监督机关，这一宪法定位并未改变；职务犯罪监督作为检察机关立论建制的根据也没有根本变化。值得说明的是，从刑事诉讼法的条文表述看，检察机关自行侦查的范围应当是"在对诉讼活动实行法律监督中"发现的侵犯公民权利、损害司法公正的犯罪，这包含两层意思：一方面表明赋予检察机关部分职务犯罪侦查权是为了更好地行使法律监督、诉讼监督权，另一方面也表明这部分侦查权力具有诉讼监督的性质。修改后刑事诉讼法赋予检察机关对部分职务犯罪的侦查权，是对检察机关法律监督这一宪法定位强化，也适应了实践需要，其意义在于：一是强化了检察机关法律监督特别是诉讼监督职能。检察机关的诸多监督手段或多或少存在刚性不足的问题，有了职务犯罪侦查权作为后盾，诉讼监督的效果也就有了更为有力的保障。二是从修改后刑事诉讼法规定检察机关对司法工作人员利用职权实施的非法拘禁、刑讯逼供、非法侦查等侵犯公民权利，损害司法公正的犯罪实施侦查的罪名特点看，检察机关在发现此类职务犯罪的线索方面具有天然的优势，特别是对监管场所等特殊场合发生的监管人员侵犯公民权利、损害司法公正的犯罪线索，检察机关具有明显的职能便利。由检察机关在发现此类犯罪线索后，实施侦查，有利于提高此类案件查处的效率，是对监察机关职务犯罪全覆盖的很好的配合和补充，有利于提升反腐败的整体效能。

三、检察机关开展职务犯罪监督应当高度重视侦查权的有效运用

党的十九大报告明确提出："中国特色社会主义进入了新时代。"这是一个关于全局和未来的重大战略判断。顺应新时代、适应新时代，是我们思考和谋划一切检察工作的逻辑起点。新时代，意味着职务犯罪监督进入新的历史发展时期；新时代，意味着职务犯罪监督面临新的阶段性特征；新时代，

意味着职务犯罪监督肩负着新的历史使命。随着国家检察体制改革、司法体制改革、内设机构改革深入推进，检察机关面临职务犯罪监督再定位、职能再调整、管理再重构等重大命题。置身于大变局之中，我们必须准确作出判断，精准识别，科学应变，主动求变，根据新时期、新特征、新使命，贯彻落实好"讲政治、顾大局、谋发展、重自强"的总体要求和"稳进、落实、提升"的检察工作主题，在新时代取得职务犯罪监督新成效。

1. 认清法律赋予检察机关职务犯罪侦查权与检察机关宪法定位的关系。

尽管职务犯罪侦查权曾经是检察机关法律监督的重要组成部分，而且也是履行法律监督职能的重要保障，但职务犯罪侦查权与法律监督职能的关系毕竟只是"目"与"本"的关系，法律监督是本，职务犯罪侦查职能是"目"，是派生的，派生职能的调整是不足以撼动法律监督这个根本的。法律监督的根本任务是"守护法律"，通过监督法律实施，维护国家法制的统一、尊严和权威。这个职能定位，不会因职务犯罪侦查权的划转而丧失和改变。况且，根据修改后的刑事诉讼法，仍然赋予检察机关部分侦查权，就是对履行诉讼监督职能过程中发现的司法工作人员侵犯公民权利、损害司法公正的犯罪，仍可以由检察机关侦查，这是检察机关对诉讼活动、司法活动履行监督职能的必然延伸，也是实现检察机关法律监督权威性、有效性的重要保证。可以说，检察机关的法律监督定位，不仅没有变，而且法律还为检察机关充分履行好法律监督职能提供了强有力的制度支撑。所以，检察机关在刑事诉讼中，要坚定法律监督职能定位，切实肩负起法律守护人的职责使命，通过追诉犯罪，保障人权，保证刑事诉讼法律的顺利实施。

同样，无论从理论上还是在工作实践中，还要进一步认清法律赋予部分侦查权与法律赋予检察机关开展职务犯罪监督权之间的关系。职能犯罪监督是包括除法律赋予检察机关对职务犯罪案件行使部分侦查权外，检察机关还肩负对侦查机关侦查的职务犯罪案件和监察委员会调查的职务违法、职务犯罪案件后移送检察机关进行审查起诉、起诉的职责，对监察委员会调查后移送检察机关审查起诉的职务犯罪案件依法采取拘留、逮捕或取保候审、监视居住等强制措施；对监察委员会移送检察机关审查起诉的职务犯罪案件事实不清、证据不足的有权退回监察委员会进行补充调查，必要时也可以补充侦查；法律赋予的检察机关对于其他侦查机关管辖范围内的犯罪案件，在一

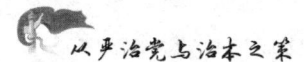

定条件下有权介入并进行侦查；对职务犯罪刑事执行活动进行监督等。其中，检察机关自行侦查的职务犯罪案件只是整个职务犯罪监督的一部分，二者是包含与被包含的关系。检察机关行使部分侦查权包含在职务犯罪监督整体之中，而不能用部分职务犯罪侦查权代替整体上的职务犯罪监督职权，在开展职务犯罪监督工作中也不能丢掉自行侦查权。无论理论上还是在实践中都必须处理好二者之间整体、全局与部分、局部包含与被包含的关系。

2. 切实运用好法律赋予检察机关的侦查权，确保司法领域的反腐败斗争取得实效。

由于司法工作人员犯罪的专业性、隐蔽性、特殊性，长期以来都是难啃的"硬骨头"，导致查处数量不变、规模不大、程度不深。根据最高检统计数据，全国检察机关年均查收涉及前述14个罪名的案件仅1000人左右，而随着形势的发展变化，现阶段查处司法工作人员犯罪将面临更多障碍：一是查处司法工作人员犯罪存在干扰多、阻力大、取证难的普遍问题。由于司法工作人员大多熟悉甚至精通法律，作案前往往深思熟虑、防范侦查；作案后又能及时毁灭证据、制造假象，利用法律的不足或漏洞为其进行开脱；案发后还能利用身处政法战线的天然优势，通过多种渠道知悉调查或侦查秘密、预判侦查方向后，订立攻守同盟，对抗讯问工作，甚至利用"关系网""保护伞"对抗侦查，给检察机关侦查工作带来极大的困难；二是国家监察体制改革后检察机关侦查力量受到削弱。随着人员转隶，检察机关开展侦查工作的三股力量（反贪、反渎、刑事执行检察），仅剩下刑事执行检察部门。但是刑事执行检察部门历来侦查力量薄弱、装备落后、手段单一，许多侦查手段仍然依赖"一张嘴、一支笔"，给侦查工作带来许多困难；三是证据质量、人权保障、规范执法要求将面临更多严格的审查，一旦发生程序不当，证据出现瑕疵，可能导致无法定罪量刑而引发错案。基于上述三个方面，检察机关要深刻认识到新时代的自侦工作，从侦查理论、侦查模式、侦查机制到侦查能力，都将面临更高要求和全面考验。与此同时，还必须对党中央坚决惩治腐败、有腐必惩、有贪必肃的坚定决心要有足够的自信，没有坚定的法治信仰和忠诚可靠是干不好的。检察机关要敢于独当一面、敢于放开手脚、敢于承担责任，切实转变侦查观念、讲究侦查策略、掌握侦查规律，以超常的决定、超常的力度、超常的举措，在全国深入推进反腐败斗争的"大气候"下，着力保持惩治司法领域犯罪的高压态势。

作者认为，当前和今后一个时期，检察机关在运用好法律赋予的侦查权，在司法领域反腐败斗争中取得实效方面应当做好以下几项工作：

第一，要坚持创新侦查工作机制，着力提升开放、透明条件下侦查办案的能力水平。以审判为中心的诉讼制度改革，对侦查工作提出更高要求，这也倒逼办案人员转变观念、转变模式、转型发展，通过进一步完善侦查办案机制，促使办案人员能够运用法治思维、主动适应外部环境，不断提高侦查办案和取证水平，以免出现因取证不扎实、程序不规范而出现"处理难"的情况。在进一步创新工作机制方面，一是要完善线索收集和管理机制。充分发挥信息情报在线索收集和管理方面的作用，坚持专门机关与群众路线相结合、公开受理与秘密收集相结合、被动接受与主动发现相结合、全面收集与重点挖掘相结合的方式，健全线索收集和管理机制，不断分析研判案件线索的能力，集中精力经营和突破优质线索，切实提高案件线索的利用率。二是坚持侦查一体化机制。根据最高检要求实行由市级以上检察院立案的工作机制，建立上下一体、指挥有力、协调高效的指导体系，着力增强跨地区、重大疑难复杂案件的协作配合，切实优化办案资源、破除办案阻力，提高办案效能。三是强化初步审查和外围侦查机制。将办案工作重心前移，在立案前广泛收集涉案信息、提前固定相关证据，从而牢牢把握办案的主动权。对于符合立案条件的，依法使用侦查手段和措施，探索实行讯问专业化分工，提高"镜头下"依法审讯的能力水平，注重加强讯问工作与外围侦查取证的配合互动，对犯罪嫌疑人供述的犯罪事实，要迅速查证、固证，防止翻供、串供。

第二，要突出工作重点，着力实现政治效果、法律效果、社会效果有机统一。要聚集那些问题集中、人民群众反映强烈、造成损失后果严重的司法工作人员渎职犯罪，从而将有限的法律监督资源放到刀刃上，通过优化监督实现强化监化，努力做到办理案件虽不是很多、办理效果却十分地好，人民群众更加满意，形成良性循环。一是重点查处刑事诉讼活动中司法工作人员利用职权实施的犯罪。对于司法工作人员徇私枉法、徇情枉法的行为，在审判活动中故意违背事实和法律做枉法的行为，在审判活动中故意违背事实和法律作枉法裁判行为进行严肃查处，特别是针对冤错案件背后的徇私枉法、滥用职权、刑讯逼供等犯罪要敢于亮剑，及时查处，确保人民群众在每个案件中感受到公平正义。二是重点查处民事审判和行政诉讼活动中司法工作人员利用职权实施的犯罪。加强对民事行政诉讼领域虚假诉讼、违法调解、违法执行、裁判不公正的监督，依法查处背后的犯罪行为，特别是司法工作人员恶意串通当事人，通过伪造案件证件、虚假法律关系、冒充当事人提起诉讼等，意图在诉讼活动中谋取非法利益，导致国家社会公共利益或者第三人合法权益受到损害的虚假诉讼、恶意诉讼行为，严重损害司法权威和司法公信力，应当进行严肃查处，并对虚假诉讼形成的生效裁判、调解书进行监督纠正。对于执行人员在民事执行中滥用职权、玩忽职守的犯罪行为，也要依法立案侦查，防止司法成为谋取个人利益的工具。三是重点查处司法工作人员在刑事判决、裁定执行和监管活动中的犯罪。积极响应人民群众的期待，持续监督违法减刑、假释、暂予监外执行、判处实刑罪犯未执行刑罚、社区服刑人员托管、漏管等问题，加强对刑讯逼供、非法取证的监督纠正和源头预防，强化被监管人非正常死亡等监管事故检察，依法严惩"牢头狱霸"和体罚虐待被监管人犯罪，更加注重人权司法保障。对于其中发现的司法工作人员犯罪线索，要依法进行查处，切实维护司法机关"最后一公里"的公平正义。四是重点查处扫黑除恶背后的司法"保护伞"。不少黑恶势力长期盘踞一方，为实施垄断经营，实现经济利益最大化，通过千方百计勾结权力、利益交换，形成以商养黑、以商养官、以官护黑的复杂局面，甚至有的司法工作人员为黑社会组织通风报信，出谋划策，帮助犯罪团伙成员多次逃避打击处罚，导致黑恶势力没有釜底抽薪、除恶务尽，因此要充分发挥侦查职能深挖和严惩黑势力在司法队伍中的"保护伞"。五是重点查处新闻媒体曝光的恶性案件。要注意从新闻媒体、网络微博的报道中挖掘案件线索，从问题背后寻找突破口，通过对媒体曝光的司法工作人员犯罪线索进行查处并公示，迅速有效回应社会关注、民主关切，有效提升司法公信力和法治权威。六是要通过办理个案深挖窝案。不就案办案，要有深挖意识、扩线意识，通过办一案掌握一批线索，为充分延伸监督职能、参与社会管理探路涉水。

四、搞好检察机关职务犯罪监督与监察委员会职务违法犯罪调查工作的有效衔接，形成反腐败斗争更大格局

在建立和完善中国特色社会主义法治体系，提高法治治理能力现代化

与建立和完善国家监督治理体系，提高监督能力现代化，以及在建立和完善腐败治理体系，提高腐败治理能力现代化的过程中，毫无疑问，检察机关发挥着不可替代的作用。具体到职务犯罪监督方面，除行使法律赋予的部分侦查权外，检察机关开展职务犯罪监督，主要是负责对犯罪嫌疑人采取强制措施、审查起诉、提起公诉和出庭支持公诉等工作。在新时代反腐败大的格局中，监察机关除与审判机关做好相关衔接外（这方面相关程序法和实体法均有明确、可操作性的规定，不再赘述。），其中大多是与监察委员会调查公职人员职务犯罪案件如何衔接，形成反腐败斗争一体化大格局的问题。2018年4月，国家监察委员会和高检院联合制定下发了《国家监察委员会与最高人民检察院办理职务犯罪案件工作衔接办法》《关于修改〈中华人民共和国刑事诉讼法〉的决定》对人民检察院的侦查职权作出相应的调整，完善了监察与刑事诉讼的衔接机制。主要涉及以下几个方面。

一是检察机关提前介入调查工作问题

实践中，监察委员会办理的重大、疑难、复杂案件在进入审理阶段后，可以书面商请检察机关派员介入，主要任务是对证据收集、事实认定、法律适用、案件管辖等提出意见和建议，对是否需要采取强制措施进行审查，配合、规范、制约调查取证工作，完善案件证据体系，确保准确适用法律，提高职务犯罪案件办理质量和效率。实践中关于各级检察机关提前介入监察委员会调查案件应当注意介入前提、介入时间和加入范围。介入一般需要监察委员会"书面商请"为前提；介入时间一般是案件进入审理阶段后再介入，但不排除个别案件可以在调查阶段介入；介入范围，主要是指对于监察委员会办理的在本地有重大影响的案件，或者在事实认定、证据采信以及法律适用等方面存在重大分歧的疑难、复杂案件等情况可以提前介入。提前介入的方式方法，可以是听取监察委员会关于案件事实和证据的情况介绍；也可以是查阅案件法律文书和证据材料；或者是审查讯问被调查人、讯问证人同步录音录像，以及其他必要的工作方式。

需要指出的是，提前介入工作一方面是做好审查起诉工作，确保案件高质量高效率的基础，另一方面也是和审查起诉工作不应互相替代的两个不同阶段，必须防止以提前介入意见代替审查起诉意见的情况出现。

二是关于检察机关受理和指定管辖问题

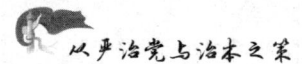

对于监察委员会调查终结后接送起诉的案件，检察机关要做好依法受理案件工作。监察委员会向检察机关移送案件要将《移送起诉意见书》、被调查人、全部案卷材料、涉案款物等，一并移送检察机关。案件移送前，应当按程序报批后作出党纪处分、政务处分决定，需要终止人大代表资格的，应当提请有关机关终止人大代表资格。需要指出的是，对于监察委员会移送的案件检察机关并不需要另行立案，以受理移送审查起诉作为案件进入刑事诉讼的起点。

实践中，对于监察委员会调查和移送的职务犯罪案件，制定异地起诉、审判的情况较多。监察委员会调查的职务犯罪案件需要在异地起诉、审判的，一般应当在移送起诉20日前，协商同级人民检察院商请同级人民法院指定管辖事宜，并由该检察院向监察委员会通报。对于一人犯数罪、共同犯罪、多个犯罪嫌疑人实施的犯罪相互关联，并案处理有利于查明案件事实和诉讼进行的，可以并案指定由同一人民检察院审查起诉。上级人民检察院收到监察委员会移交的案卷材料后，一般应当在拘留期限内（最长14天内）将案卷材料交由指定的检察机关办理，并及时办理换押手续、移交涉案赃款赃物等。

三是关于留置和刑事强制措施的衔接

修改后刑诉法第170条第二款规定："对于监察机关移送起诉的已采取留置措施的案件，人民检察院应当对犯罪嫌疑人先行拘留，留置措施自动解除。人民检察院应当在拘留后的十日内做出是否逮捕、取保候审或者监视居住的决定。特殊情况下，决定时间可延长一至四日。人民检察院决定采取强制措施的期限不计入审查起诉期限。"有两个方面的事项：（1）关于检察机关决定和采取强制措施的时间问题。对于监察委移交的案件，原刑诉法没有关于检察机关决定采取强制措施的时间决定。对被调查人采取留置措施的监察委员会应当在正式移送起诉10日前书面通知检察机关移送事宜。也就是借用调查期限给检察机关预留采取强制措施的时间。修改后刑诉法生效后，这一问题得到解决，检察机关在受理监察委移交的案件后，可以利用最长14天的拘留期限，决定采取何种强制措施。（2）关于采取强制措施的种类问题。对于监察委移交的案件，检察机关刑事检察部门经审查认为有犯罪事实需要追究刑事责任的，应当立即决定采取逮捕或者取保候审、监视居住强制措施,并与监察委员会调查部门办理交接手续。被指定的检察机关受理案件后,应当重新作出强制措施决定。修改后刑诉法的规定,较好地解决了留置措施和刑事诉讼强制措施的衔接问题,即对于监察委员会移送起诉的已采取留置措施的案件,检察机关应该对犯罪嫌疑人先行拘留,拘留后,留置措施自动解除。检察机关拘留后再根据案件具体情况,决定采取强制措施的种类,即采取逮捕、取保候审还是监视居住。被指定的检察机关可以沿用上级检察机关采取的强制措施,变更换押等手续即可,无须重复采取强制措施。

(3)关于指定管辖下的强制措施。对于指定管辖下级检察机关管辖的案件,上级检察机关采取强制措施后,下级院无须再采取强制措施,沿用上级院做出的强制措施即可。对于采取逮捕措施的情况,要完善换押手续。

四是关于审查起诉的主要职责

审查起诉的主要职责有四个方面,譬如:告知犯罪嫌疑人的诉讼权利,办案的检察机关应当自收到案卷材料之日3日内,告知犯罪嫌疑人有权委托辩护人,并告知其如果因经济困难或者其它原因没有聘请辩护人的,可以依法申请法律援助。又如:依法讯问和听取意见。检察机关审查职务犯罪案件,应当讯问犯罪嫌疑人,听取辩护人或者值班律师、被害人及其诉讼代理人的意见,并记录在案。辩护律师或者值班律师、被害人及其诉讼代理人提出书面意见的应当附卷。犯罪嫌疑人认罪认罚的进行伤情、病情检察或者鉴定。

需要指出的是,审查起诉过程中,被指定的检察机关认为可疑存在非法取证行为,需要调查核实的,应当报指定其办案的上级人民检察院批准。上级人民检察院对于调取讯问录音、录像、体检记录等材料的申请,经审查认为申请调取的材料与证明证据收集的合法性有联系的,应当与监察委员会沟通协商;认为与证明证据收集的合法性没有联系的,应当决定不予调取。被指定的检察机关认为需要监察委员会对证据收集的合法性作出书面说明或者提供相关证明材料的,应当报指定其办案的上级人民检察院,由上级人民检察院与监察委员会沟通协商。被指定的检察机关调查完毕后,应当提出排除或者不排除非法证据的处理意见,报指定其办案的上级人民检察院批准决定,由该院与监察委员会沟通协商后作出决定,被排除的非法证据应当随案接送,并写明为依法排除的非法证据。

五是关于和退回补充调查或自行补充侦查问题

1. 退回补充调查

对于监察委员会移送审查起诉的案件，检察机关审查后认为犯罪事实不清，证据不足的，应当退回监察委员会补充调查。被指定的检察机关经审查，拟退回补充调查的，应当报指定其办案的上级人民检察院批准。上级人民检察院在作出决定前，应当与监察委员会沟通协商。需要退回补充调查的案件，应当以上级人民检察院的名义出具退回补充调查决定书，补充调查提纲，连同案卷材料由上级人民检察院一并移送监察委员会。

检察机关决定退回补充调查的案件，补充调查期间，犯罪嫌疑人沿用人民检察院作出决定的强制措施，检察机关应当将退回补充调查情况书面通知看守所。监察委员会需要讯问被调查人的，人民检察院应当予以配合。对于退回监察委员会补充调查的案件，调查部门应当在一个月内补充调查完毕并形成补充调查报告。补充调查以2次为限，补充调查结束后需要提起公诉的，应当由监察委员会重新移送人民检察院。审查起诉期限重新计算。

2. 自行补充侦查

检察机关经审查，认为案件定罪量刑的基本犯罪事实已经查清，但具有下列情形之一的，可以自行补充侦查：（1）证人证言、犯罪嫌疑人供述和辩解、被害人陈述的内容中主要情节一致，个别情节不一致且不影响定罪量刑的；（2）书证、物证等证据材料需要补充鉴定的；（3）其他有办案的检察机关查证更为便利，更有效率，更有利于查清案件事实的情形。自行补充侦查的时间，应当在审查起诉期间补充侦查完毕。自行补充侦查完毕后，应当制作补充侦查终结报告并附相关证据材料入卷，同时抄送监察委员会。检察机关自行补充侦查的，可以商请监察委员会提供协助。被指定的检察机关，拟自行补充侦查的，应报指定其办案的上级人民检察院批准，由上级人民检察院通报监察委员会后开展。自行补充侦查完毕后，被指定的检察机关应当制作补充侦查终结报告，并附相关证据材料，报指定办案的上级人民检察院批准后入卷，同时抄送监察委员会。

六是关于提起公诉和不起诉问题

对于监察委员会移送起诉的职务犯罪事件，办案的检察机关经审查起诉，应当作出提起公诉或不起诉的决定。

1. 提起公诉

检察机关对案件进行审查后，认为犯罪嫌疑人的犯罪事实已经查清，证据确实、充分，依法应当追究刑事责任的，应作出起诉决定，并向有管辖权的人民法院提起公诉，同时将起诉情况及时通报监察委员会。被指定的检察机关提起公诉前，应当报指定其办案的上级人民检察院批准，上级人民检察院应及时向监察委员会通报起诉情况。

犯罪嫌疑人认罪认罚的，人民检察院应当就主刑、附加刑，是否适用缓刑提出量刑建议，并随案移送认罪认罚具结书等材料。

2. 决定不起诉

对于监察委员会移送起诉的职务犯罪案件，检察机关在审查起诉后，视不同情形可依法作三种不起诉处理（1）法定不起诉。犯罪嫌疑人没有犯罪事实，或者有刑诉法第16条规定的情形之一的，可以将案件退回监察委员会处理，亦可以做出不起诉决定。（2）存疑不起诉。经两次退回补充调查仍然认为证据不足，不符合起诉条件的，应当作出不起诉决定。（3）酌定不起诉。犯罪情节轻微，依照刑法规定不需要判处刑罚或者免除刑罚的，可以作出不起诉决定。办案的检察机关对于监察委员会移送起诉的职务犯罪案件，拟作不起诉决定的，应当与监察委员会沟通协商，并报上级人民检察院批准后作出，不起诉决定书应及时送达监察委员会。被指定的检察机关拟作不起诉决定，或者改变犯罪性质、罪名的，应当报指定其办案的上级人民检察院批准，由上级人民检察院与监察委员会沟通协商后作出处理。不起诉决定书应当由被指定的检察机关作出，通过上级人民检察院送达监察委员会。监察委员会认为不起诉决定确有错误的，应当在收到不起诉决定后30日内向上级人民检察院申请复议。对于监察委员会对不起诉决定申请复议的案件，上级人民检察院应当另行指定检察官审查提出意见，并自收到复议申请后30日内，经检察长或者检察委员会决定后，以上级人民检察院的名义答复监察委员会。上级人民检察院的复议决定可以撤销或者变更原有不起诉决定，交由被指定的检察机关执行。根据刑诉法规定，人民检察院决定不起诉的案件，应当同时对侦查中查封、扣押、冻结的财物解除查封、扣押、冻结，对被不起诉人需要给予行政处罚、处分或者需要没收其违法所得的，人民检察院应当提出检察意见，移送有关主管机关处理，有关主管机关应当将处理结果及时通知人民检察院。人民检察院决定不起诉的公职人员职务犯罪案件，对监察委员会随案件移送的涉案财产，应商监察委员会后，区别不同情形作出相应处理：（1）同犯罪嫌疑人死亡而决定不起诉，符合刑诉法第298条规定的违法所得没收程序条件的，按照相关规定处理；（2）因其他原因决定不起诉，对于查封、扣押、冻结的犯罪嫌疑人违法得及其他涉案财产需要没收的，应当提出检察意见，退回监察委员会处理；（3）对于冻结的犯罪嫌疑人存款、记款、债务、股票、基金份额公共财产，能够查明需要返还被害人的，可以通知金融机构返还被害人；对于查封、扣押的犯罪嫌疑人的违法所得及其他涉案财产能够查明需要返还被害人的，直接决定返还被害人。

国家监察学原理及其学科体系

李晓明

苏州大学国家监察研究院院长、王建法学院教授、法学博士、博士生导师

2018年第十三届全国人大一次会议表决通过了《中华人民共和国宪法修正案》，正式确立了"国家监察机关"的合法地位，重新划分了国家的权能与职能。同时，通过了《中华人民共和国监察法》（以下简称《国家监察法》）的专项立法，标志着具有中国特色的"国家监察"制度与体制正在迈入法治化建设的新阶段，也昭示着2016年以来"国家监察"体制改革作为推进国家治理体系和治理能力现代化的重大决策由局部试点向全国推开。相应的，我国的监察体制从原来的"行政监察"步入"国家监察"阶段。

"国家监察"体制改革事关国家的全局和政治体制，必须要坚持立法体系建设的法治原则导向。而且，它是一项系统性、复杂性工程，需要从源头上厘清基本法律概念关系到改革的顶层设计，进而成为影响改革成功的关键因素，因此也必须形成缜密、完备的立法体系。国家监察立法体系涉及不同的法律关系，从一定意义上讲它是组织法、程序法、实体法、甚至党纪国法的综合体。因此，我们必须从宪政宏观视角，深入分析其在"应然"状态下监察权在政体中的法律地位与职能作用，并通过认真分析和研判与国家监察相关的系列基本概念，如监督权、纪检权、行政权、检察权、审判权等之间的联系与区别，进一步将监察权定位为国家集中设置的反腐败权力和对各种公权力的监督，并提出国家监察学原理及其学科体系。

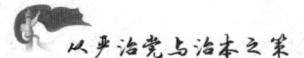

一、国家监察基本范畴：国家监察及其机关的性质

（一）监察与国家监察的层级区分：行政监督与国家监督的不同定位与整肃

"监察"一词最早见于《汉书·陈忠传》，在古代监察含义指的是如何查明和判断众官吏的是是非非。"监察"在《辞源》中的解释如下："犹监督。"我国"监察"一词源于古代官职名称"监察御史"，可用作两种情形：一种是指察视、督促这个动作；另一种指古代代表皇帝监督百官群吏的一个官职名称。近代意义上的监察（supervision）的英语单词为一个合成词，super的意思是"在上""上面"，vision的意思为"查看"，合意为自上往下看，也引申为上级对下级的一种监管和控制，既包含管理之意，也包含监督之意。

"监察"与"监督"这两个概念范畴很容易混淆，从宪法的角度，在宪法立法中监督的使用率比监察更多，这说明"监察"一词的使用范围更为狭窄，其更具专门性和特定性，通常加以权力、行政、机构、机关等词，以"监察权""行政监察""监察机构""监察机关"等结合词的形式使用。

我国传统意义上的"监察"仅指"行政监察"。相对而言，"监督"更具"随意性"，更侧重监督权的存在本身对监察对象的制约，而非侧重于实施具有法律后果和强制力的手段。公民的监督权利属于宪法性权利，在各国的宪法中都有相应保障条款。如法国1789年《人权宣言》第16条就确立了权利保障原则。我国《宪法》第41条就确认公民享有批评权、建议权、申诉权、控告权、检举权等政治性监督权利。

常言道，绝对的权力导致绝对的腐败，或者称"权力绝对，腐败绝对"。正因为这一自古不变的真理，所有拥有权力的人，都倾向于滥用权力，而且不用到极限誓不罢休。①因此，监察与监督缺一不可。二者的联系主要表现在：一方面，其都是基于对公权力的"不信任"而设立的，都以保证国家权力的运行不偏离既定的轨道与保障公民基本权利不受侵犯，尤其是不受公权力侵犯为目的的；另一方面，"权利是权力的具体实现手段。在国家生

---

① ［法］孟德斯鸠著：《论法的精神》（上册），许明龙译，商务印书馆2009年版，第166页。

活和社会活动中，如果没有一套丰富的权利制度，即使是统治集团，也很难进行自身的组织并在现实生活中发挥统治和管理的功能。"①包括新成立的国家监委会，其行使的国家监察权也必须接受监督和制约，否则也容易产生新的腐败，这应当说是人类社会自身的一种不可克服的规律。

首先，从"权力监督权力"的角度出发，监察委员会要接受人大监督。国家监察委员会由人民代表大会产生，对人民代表大会负责。具体而言，国家监察委员会成员由人民代表大会选举或者任命，人民代表大会可以质询、罢免、监督监察委员会成员。监察委员会由人大产生，对人大负责，接受人大监督，这是把党的监督和人民的监督有机结合在一起的重要方式。

其次，监察委员会也要接受司法监督。检察院作为宪法规定的法律监督机关，对监察委员会做出的决定或者采取的措施也应当有制约权，甚至对其工作包括执法和司法活动（办案就是一种司法职能或活动）实施有效的法律监督，这也是司法监督的一种形式或方式。

再次，国家监察委员会更要实施自我监督。包括"一套人马两块牌子"的所谓"党政合一体制"，以及该体制下的党的"内部监督"，以及上级国家监察机关对下级国家监察机关的监督，以及国家监察机关内部分设的各个部门之间的相互监督，以及领导同志与其下属相互之间的工作监督等。

最后，常被称之为"防腐剂"的社会监督。社会监督主要包括公民个人监督和社会媒体监督，公民个人依据《宪法》第41条规定，可以对监察委员会及其工作人员提出批评建议、提出申诉、控告或者检举等。社会媒体则可以通过调查和报道形成全方位的舆论监督，媒体监督被西方称之为"第四大司法机关"。

当然，要真正弄清楚"国家监察"，就必须系统厘清其与行政监察的区别。

何为行政监察？张正钊、韩大元教授认为行政监察应该有两种理解：广义的行政监察和狭义的行政监察。广义的行政监察和狭义的行政监察主要的区别在于实施行政监察的主体。广义的行政监察的实施主体：立法机关和行政机关内设立专门的监察机关。狭义的行政监察的实施主体是国家行政机关

---

① 戴维新、戴芳：《公共权力制约与监督机制研究》，宁夏人民出版社2007年版，第120页。

内设立的专门监察部门。①我国《行政监察法》第2条规定:"监察机关是人民政府行使监察职能的机关,依照本法对国家行政机关、国家公务员和国家行政机关任命的其他人员实施监察。"可见,我国《行政监察法》对行政监察的解释采用的是狭义理解。从概念上看,国家监察与行政监察主要在主体和对象上存在区别:

1. 主体性质上国家监察与行政监察具有本质的区别。根据《行政监察法》第2条:"监察机关是人民政府行使监察职能的机关,依照本法对国家行政机关及其公务员和国家行政机关任命的其他人员实施监察。"可见,行政监察的性质是政府内部监督部门,受同级政府领导,对同级政府负责。而"国家监察"体制改革首先就是自立门户,相应的监察主体在性质上不再隶属于人民政府,而是与人民政府同属于一个级别的国家机关,甚至被称之为"政治机关"。由此可见,"国家监督"完全不同于"行政监督"。

2. 监督对象上国家监察与行政监察具有更大区别。根据原来我国的《行政监察法》,行政监察的对象为四类,分别是:(1)国家行政机关及其公务员。(2)国家行政机关任命的其他人员。(3)法律、法规授权的具有公共事务管理职能的组织及其从事公务的人员。(4)国家行政机关依法委托从事公共事务管理活动的组织及其从事公务的人员。监察对象主要局限于行政领域,立法机关、司法机关等领域行使公权力的公职人员就没有被纳入监察范围,必然存在监督空白和盲区。相比之下,通过的《国家监察法》中规定的监察对象比行政监察更全面更立体化,甚至称之为对公职人员的"全覆盖"。根据《国家监察法》第1条及第15条关于监察目的、监察范围的规定,国家监察实现对所有行使公权力的公职人员监察全覆盖,监察对象不再局限于行政领域,而是全覆盖式的立体化监察,不放过一切行使公权力的角落和人员。因此,从国家监察与行政监察的区别可以看出国家监察的职责、职能、对象等完全不同于原来的行政监察。

综上可见,国家监察由中华人民共和国监察委员会作为监察机关,中华人民共和国监察委员会由全国人民代表大会产生,负责全国监察工作,接受本级人民代表大会及其常务委员会的监督。监察机关按照管理权限对本区域

---

① 张正钊、韩大元:《比较行政法》,北京:中国人民大学出版社1998年版,第52页。

内所有公职人员进行监察，行使监察权，是国家反腐败工作机构。

《国家监察法》的通过解决了"国家监察"的性质与基本定位，在原有的行政监察体制下，由于监察不独立、分散等原因导致行政监察难以发挥应有的作用。从监察性质角度看，行政监察"同体监督"的性质决定着行政监察既不是行政权也不是司法权，更不是独立意义上的监察权，而属于部门职能，可见监察定位不高。国家监察体制改革促成了监察性质由"同体监督"向"异体监督"的转变，相应的监察定位也发生了翻天覆地的变化，定位更高，权限更大。国家监察摆脱了政府的束缚不再是属于政府的部门职能，而是立足于国家监督公权力层面，将监察职能上升到国家权能的高度。之所以说提升到国家权能高度，是因为国家监察体制改革是事关全局的重大政治体制改革，原先宪法确立的人民代表大会制度下的"一府两院"政权组织架构被重塑为"一府一委两院"的新格局，因此与新中国成立以来任何一次国务院内部的机构改革都不同，此次改革不仅是一场政治意义上的改革，更是一场宪制意义上的改革，国家监察体制改革的宪政高度决定着国家监察的国家高度。国家监察上升到国家高度的同时监察权也相应的被独立了出来，由原来隶属于政府的监察职能转变为独立的监察职能，在地位上监察职能与立法职能，行政职能，司法职能处于并列位置，这是由监察委员会与行政机关，司法机关，权力机关相并列的地位所决定的。①

监察定位的提升是我国反腐廉政建设的必然要求，如上所述，绝对的权力导致绝对的腐败，权力一旦不受监督，就会不断膨胀，最终变成一个可怕的，张牙舞爪的猛兽，因此权力必须被关进制度的牢笼，国家监察就是这个牢笼的有机组成，更是必不可少的一个部分。作为可预见的未来我国监察体制的"顶梁柱"，初步提出的国家监察还处于政治实践阶段。"凡属于重大改革都要于法有据。在整个改革过程中，都要高度重视运用法治思维和法治方式，发挥法治的引领和推动作用，加强对相关立法工作的协调，确保在法治

---

① 党的十八大六中全会强调，各级党委应当支持和保证同级人大、政府、监察机关、司法机关等对国家机关及公职人员依法进行监督，人民政协依章程进行民主监督，审计机关依法进行审计监督。从该表述可看出监察机关在设计之初就被全会置于与其他国家机关的并列的位置。

轨道上推进改革"。①目前，我国的相关立法工作正在有条不紊地进行，2017年《全国人民代表大会常务委员会的工作报告》中作出了"贯彻落实党中央关于深化国家监察体制改革的决策部署，将《行政监察法》修改为《国家监察法》，为构建集中统一、权威高效的国家监察体系提供法治保障"的战略部署，2018年第十三届全国人大一次会议通过了《宪法修正案》和《国家监察法》，后续的配套立法工作以及相应的国家机构改革正在陆续进行中。我国的监察体制还处于不断探索的阶段，尽快推进配套监察立法工作，推动新时代改革发展进程，以立法引领和推动各领域改革。②将国家监察由党中央的政治实践上升到国家立法层面，既是我国国家监察体制建设的必由之路，也是我国社会主义法治国家建设的根本要求。

（二）国家监察机关的性质描述：执法机关、政治机关抑或执纪与司法的综合体

如上所述，"国家监察机关"对全体公职人员行使监察权，也即上面所描述的对公职人员"全覆盖"，应当说这是我国监督体系的有机组成部分，即通过预防和惩治腐败来对公职人员实施的专门性监督。在国家宪法层面上，各级监察委员会属于对公职人员行使监督、调查和处置职能的国家监察机关。监察机关不仅要对职务犯罪案件进行调查，而且其调查所取得的证据材料还可以直接在刑事诉讼中被作为证据使用，监察机关的调查权具有侦查权的性质和效果。监察机关的留置措施在取代"双规"方面取得了一些法治进步，但仍然属于在正式的刑事强制措施体系之外，兼具刑事强制措施和隔离审查措施的特殊调查手段，甚至不受国家刑事诉讼法的调控。《国家监察法》在加强被调查人的权利保障方面取得了一些进步，但仍然有更长的路要去走，在许多制度弥补与完备上存在诸多缺憾。包括对"国家监察机关"性质的描述，是执法机关抑或司法机关等，并不十分明确。有人直接表述为"政治机关"，那么政治机关又作何种描述与解释等，均在学术界包括实际部门引起更多的困惑，尤其是它与执法及司法机关的区别，如上所述，我们更喜欢称之为一个"综合体"或称"综合机关"。

---

① 参见《习近平主持召开中央全面深化改革领导小组第二次会议，强调把抓落实作为推进改革工作的重点，真抓实干踢疾步稳务求实效》，载《人民日报》，2014-03-01（01）。
② 《治理之道：国家监察立法充分体现法治原则》，载《人民日报》2018年第7期。

根据《国家监察法》的规定，各级监察委机关的监察职能同时包括了党纪监察、政务监察和刑事监察这三个方面，而刑事监察主要体现在办理职务犯罪案件上。尽管此次《宪法》的修改和《国家监察法》的制定都没有明确将"党纪监察"纳入国家监察体系之中，但作为与纪委合署办公的国家机关，在工作范围上既涵盖了对党员的公职人员的党纪监察，也包括了对所有公职人员的政务监察，还有对那些涉嫌构成职务犯罪的公职人员的刑事监察，尤其是对犯罪案件的调查实质是一种"司法行为"。

有的官员一直强调国家监察机关是"政治机关"，而不是司法机关，也不是行政机关。所谓监察机关当然主要是说其具有"政治属性"，尤其强调这一机关的组织性、谈话的政治性方式，以及在接受党的领导方面的政治属性。但从国家层面讲上，国家监察机关的"政治机关"属性却是无法成立或并不明显的。我国宪法所确立的国家机关除了有权力机关（立法机关）、行政机关、监察机关、司法机关之外，并不包括所谓的"政治机关"。可以说，将监察机关定性为所谓的"政治机关"，并不具有任何宪法上的根据。[①]

根据我国《宪法》的规定，目前同时确立了三种监督机关：一是作为"国家权力机关"的人民代表大会，二是作为"国家法律监督机关"的检察机关，三是作为国家监察机关的"监察委员会"。[②]从《国家监察法》规定的"国家监察机关"行使的是政务监察权和刑事监察权。所谓"政务监察权"，与原来的"行政监察权"具有本质的区别，是指对所有行使公权力的公职人员所行使的监督、调查和处置等方面的职权。所谓"刑事监察权"，则是指监察机关对于那些因实施贪污贿赂、玩忽职守、滥用职权、徇私舞弊等职务违法行为已经涉嫌犯罪的公职人员，通过调查取证，将其移送检察机关审查起诉的权力。[③]由此可见，既行使政务监督职能又行使案件调查职能，甚至未来《政务处分法》出台后还行使直接的行政或违法的处置职能，因此拥有了党纪政纪执法、行政执法和刑事司法的三大职能，所以它应当是一个综合监督机关。

[①] 陈瑞华：《论国家监察权的性质》，载《比较法研究》2019年第1期。
[②] 秦前红：《困境、改革与出路：从"三驾马车"到国家监察——我国监察体系的宪制思考》，载《中国法律评论》2017年第1期。
[③] 陈瑞华：《论国家监察权的性质》，载《比较法研究》2019年第1期。

有学者认为，监察机关对全体公职人员行使的监督权，是国家监督体系的有机组成部分，是通过预防和惩治腐败来对公职人员实施的专门性监督，这种监督与检察机关的法律监督一起，属于在人民代表大会监督指导下的监督体系的有机组成部分。在国家宪法层面上，监察机关尽管与中共纪律检查委员会合署办公，却并不能被混为一谈。各级监察委员会并不是什么"政治机关"，而是对公职人员行使监督、调查和处置职能的国家监察机关。[1]这些争论似乎是在国家监察体制改革及其试点过程中提出和形成的，而随着《国家监察法》的通过，在国家监察体制改革基本完成之后，这些争议的问题并没有因国家监察法的颁布与实施而"烟消云散"，反而在极大程度上制约着国家监察法的有效实施，包括国家监察工作的研究、推进和发展，甚至影响着国家监察制度的进一步完善。对于这些问题的分析、研究和回答，应当说是法学界责无旁贷的学术使命。包括在未来的监察业务推进中，或在一定时间内对"国家监察机关"的性质解读仍然是一个永恒的话题。

二、国家监察学基本原理：监督原理、调查原理及处置原理

（一）国家监察学基本原理描述：功能与规律的构造决定原理的阐述

显然，国家监察作为国家监察体制改革的产物，其功能与作用主要表现在三个方面：

一是构建全公职人员全覆盖的集中统一、权威高效的国家监察体系。如上所述，国家监察体制改革前监察对象主要是行政机关及公务员和行政机关任命的其他人员，而监察部门受制于作为监察对象的行政机关，对权力的监督不可避免的存在盲区。国家监察体制改革后，尤其是《国家监察法》的通过，大大增强了国家监察的权威性与高效性，加快了构建集中统一、权威高效、对公权力全覆盖的具有中国特色的立体性反腐败的集党务、政务与执法、司法于一身综合体系，大大推进了我国反腐廉政制度建设及执行力度。

二是构建立体式、全方位行使监察职权、维护党令、政令和法令畅通的国家监察体系。"党令"是指党的政治生活与组织生活的行动指令的统称。

---

[1] 陈瑞华：《论国家监察权的性质》，载《比较法研究》2019年第1期。

"政令"是指一个国家制定和发布的法律、法规、规章、政策、决定等规范性文件的统称。①"法令"是指一个国家颁布和执行法律的总体命令的统称。所谓"三令通畅"是指在我国现存的体制下,国家制定和发布的各项命令能够得到自上而下的贯彻和落实,党令、政令、法令越通畅国家各项战略措施就越能快速地得到执行和贯彻。因此,国家监察工作中应当坚守"履行监察职责,维护政令畅通"的重要原则,做到有责必究,及时对相关违反党纪、政纪、法令的公职人员展开调查,并根据调查结果和相关法律规定作出政务处分、提出监察意见或者移交相关部门处理,确保党令、政令和法令不折不扣地统一贯彻实施、保持国家和社会管理的通畅、有效和平稳。

三是构建科学配置权力、形成权力结构的科学化和体系化。根据《宪法》规定,国家的一切权力属于人民。但是人民作为国家权力的所有者不可能亲自实施所有的权力,只能将权力的行使权授予给不同的国家机关,由各个国家机关实现权力的行使,因此国家权力的所有者与使用者出现了分离状态,②这种分离状态随着社会事务日趋复杂化而逐渐加剧,权力的行使越来越不受所有者的控制变得膨胀、恣意,为了防止权力发生异化,就必须将授予行使者的权力进行科学的分化,使分别被授予这些权力的不同机关之间形成制衡,③这种制衡的关键就在于权力的监督。习近平总书记在十八届中央政治局第二十四次集体学习讲话中深刻的指出:"许多腐败问题都与权力配置不科学、使用不规范、监督不到位有关",绝对的权力导致绝对的腐败,推进反腐倡廉制度建设的关键环节在于构建科学的权力监督体系,实现权力的科学配置。

当然,上述三个方面是国家监察机关的基本功能或结构性原理,根据《宪法》和《国家监察法》赋予国家监察机关的具体职能和工作来看,还具有监督、调查和处置三项功能,也就是说通过这三项功能的落实与实施,也才能够顺利完成上述基本功能,进而发挥好国家监察机关最基本的监察监督职能作用。

然而,人为地制造、打造或设计一个机构或国家机关是一回事,而在

---

① 杜兴洋主编:《行政监察学》,武汉大学出版社2008版,第15页。
② 汪庆红:《监察与制衡》,中国政法大学博士论文,2006。
③ 童之伟:《法权与宪政》,山东人民出版社2001版,第310页。

这制造、打造和设计过程中,尊重客观事实、符合客观实际、顺应客观规律则又是另外一回事儿。应当说,不符合客观规律或客观实际的东西迟早会被规律压得粉碎,甚至被历史所淘汰。在社会管理中,尊重客观规律或按客观规律办事就是打造符合客观规律的社会管理机制,包括法律机制。比如针对国家监察工作中的反腐败问题,我们喊了几十年"建立一支廉洁的干部队伍",但由于在一定程度上忽视客观规律,缺乏打造和建立符合客观规律的社会管理机制和法律机制,导致我们"大轰大嗡"反腐败的不可有效性。像有学者指出的那样,通过修改宪法和选举法,进行直接、差额选举,变对上负责为对下负责,切实形成对绝对权力的制约。[①]如此建立系列符合社会管理客观规律的社会与法律机制,就一定能够实现国家监察方面的制度思路和基本原理。

(二)国家监察监督原理:权利与腐败的关系及其制约和监督

国家监察权作为"治官之权""治权之权",其在国家权力体系中发挥着重要作用。它以近代"权力制衡思想"为核心基础,充分体现了对国家权力的监督和制约。我国的监察权是作为一项重要的政治制度而存在的。构建科学合理的监察制度能够合理引导理性人廉洁行为,进而预防现代社会腐败的发生。

权力制衡是民主政治中最核心的要素之一,是民主的制度性保障,只有将权力置于一个有效制约的机制下,民主制度才能正常合理地运作,才不至于使掌握并行使权力的人滥用权力而导致民主制度徒有其形。分权相对于集权的不同点在于,将权力分散之后形成的监督链将更有效的制约权力腐败的发生。此次成立的监察委是将原本属于检察院的职务犯罪侦查权同属于纪律检查委员会的党内监督权结合起来,看似"集权"却是"分权"。将职务犯罪侦查权从检察机关剥离使得检察机关不再是"侦查""公诉"为一体,同样的也加强了职务犯罪起诉的客观性。孟德斯鸠认为,自由只存在于权力不被滥用的国家,但是拥有权力的人都容易滥用权力是一条亘古不变的经验。"有权力的人们使用权力,一直到遇到有界限的地方才会休止""没有制约的权力必然走向腐败;绝对的权力导致绝对的腐败"。那怎样来制约权力

---

① 李晓明著:《控制腐败法律机制研究》,法律出版社2017年版,第13页。

呢？孟德斯鸠认为，"从事物的性质来说，要想防止滥用权力，就必须做到以权力来约束权力"①。

在较大程度上说，监察委员会的权力是不同于其他国家权力机关的，但在实际操作中是一种分离和融合的关系。故我们认为，权力制衡必须通过法治来保障和实现，新修订的《中华人民共和国宪法》和《中华人民共和国监察法》是将国家监察权的合法地位确立了下来，通过设立国家监察委员会将国家工作人员纳入其监督的范围，从而将反腐败正式提到宪法这一国家根本大法的层面上来。权力制衡理论和法治原则相辅相成、互为必然。我国作为一个现代的民主国家，将权力、民主、法治三者都纳入反腐的制度设计中，协调处理三者的关系，形成了最终的《中华人民共和国监察法》，建立了长效、稳定的反腐机制。

习近平总书记指出，"我们要按照宪法确立的民主集中制原则、国家政权体制和活动准则，实行人民代表大会统一行使国家权力，实行决策权、执行权、监督权既合理分工又相互协调，保证国家机关依照法定权限和程序行使职权、履行职责，保证国家机关统一有效组织各项事业。"马克思主义监督学说认为，监督不仅是国家和政党的一项基本职能，也是维护社会经济、政治秩序的重要手段。"随着政治的发展，监察在政治功能上和政治机构中早已成为必不可少的治道和治具"②。从监察权的政治功能定位来看，监察权首先是作为平衡国家权力之间的工具、巩固政权的重要政治制度而存在的。王连昌先生认为"在社会主义国家里，监察权则是巩固和加强无产阶级专政事业不可缺少的武器"③，时任政务院第一届人民监察委员会第一副主任刘景范也认为"监察工作是政权的组成部分""监察制度在国家机器的组织运转、协调过程中处于调节矛盾和制约权力的重要地位"④，对"维护良好的统治秩序起到不可替代的作用"⑤。

---

① 吕冰：《论孟德斯鸠的分权制衡思想及其当代价值》，载《理论观察》2016年第3期。
② 陶百川：《比较监察制度》，台北：三民书局1978年印行，第1页。
③ 王连昌：《建议重建国家监察机关》，载《现代法学》1981年第3期。
④ 姚文胜：《论〈行政监察法〉的立法缺陷与完善》，载《深圳大学学报（人文社科版）》2000年第16期。
⑤ 焕力主编：《中国历史廉政监察研究》，武汉：武汉大学出版社2015年版，第17页。

腐败是权力异化、私有化的表现，预防腐败必须要实现对权力的有效监督与制约。从广义上讲，监察权以一种国家性的权力存在，属于"以权制权"的范畴，在结构意义上是组成政体的有机部分。另一方面，作为专司国家监察职能的权力，更是具有政治工具性价值，是平衡国家权力关系的"调节器"，其"以权制权"的方式具有特殊性，并非一项简单的职能或通过结构上与其他权力的分立形成的相互牵制力、制衡力作为其职能发挥的主渠道，而是其在国家权力结构体系中独立存在并具有巩固政体的政治功能。监察权的权力作用的对象并非具体的某一社会领域的管理事务或普通的公民，而是社会方方面面的具有公共性、公益性的国家公权力及公职人员，其职能发挥的效果不仅限于直接规范约束公权力行使这一层面，更是在于通过对各层面的各行各业、各公共领域的公权力的有效治理，达到维护和巩固统治秩序和政权的终极目标，具有间接治国理政的重要政治功能。[①]

因此，监察权作为一种"治官之权""治权之权"，其在国家权力体系中居于非常重要的地位，发挥着不可替代的独特作用，监察权是国家权力结构体系中的一项重要国家权力。这不仅是监察权与其它公权力的本质区别，也彰显了政治属性是国家监察权的根本属性。从制度设计上来看，当前我国成立专门的监察机构——监察委员会，由监察委员会行使监察权，打破了党、政、军、民、学的各类监察系统各自为政的局面，形成了统一的人民监督系统，对所有的公职人员进行监督，同时它是由人民代表大会产生，对人民代表大会和人民代表大会常务委员会负责，并接受监督。这正体现了我国人民民主专政的国家性质。

（三）国家监察调查原理：物质和信息的不灭定律及其搜集和提取

"物质不灭定律"也称"质量和能量守恒定律"，是自然世界的一种基本定律之一，18世纪时法国化学家拉瓦锡从实验上推翻了燃素说之后，这一定律开始得到公认。也就是说，在任何与周围隔绝的物质系统（孤立系统）中，不论发生何种变化或过程，其总质量保持不变。这当然是针对自然世界而言，质量和能量都是可以互为转换和守恒的，那么对于人类社会是不是同

---

① 参见刘景范在1950年4月13日政务院监察委员会召开第一次全国监察工作会议上作的《关于监察工作中几个问题的报告》。

样有效或有用呢？回答是肯定的。应当说，这一定律或原理为犯罪现场的固定或留痕提供了科学依据和物质基础，如果物质或信息不是按照这样的规律与原理固定，那么我们就无法完成犯罪现场勘察，从而就无法获得现场和犯罪痕迹。

当然，与此相互印证或客观反映与应用的还有另外一套反映侦查或调查基本原理的专业理论的相互配合，这就是"物质交换原理"，又称为"洛卡德物质交换原理"。该理论最早在20世纪初由法国著名侦查学家艾德蒙·洛卡德在其编著的《犯罪侦查学教程》提出。该理论认为，犯罪的过程实际上是一个物质交换的过程，作案人作为一个物质实体在实施犯罪的过程中总是跟各种各样的物质实体发生接触和互换关系；因此，犯罪案件中物质交换是广泛存在的，是犯罪行为的共生体，这是不以人的意志为转移的规律。当然，当年的"物质不灭定律"和"物质交换原理"中的"物质"，在如今的信息社会也非常适合于"信息"物了，也正因为这样的发展与扩大，才使得刑事侦查原理和监察调查有了如今的充实扩大与发展。

在国家监察案件的调查过程中，也逃不过关于"物质不灭定律"和"物质交换原理"的，尽管腐败案件或职务犯罪案件（所谓"白领犯罪"）不同于"蓝领犯罪"，但就案件侦查或调查言均是一种"物质不灭"或"物质交换"的展现与再现。比如职务犯罪虽然不像治安犯罪有"血淋淋"的现场，但时间、地点、人物、语言、过程等物质和信息是实际存在的，甚至是永恒不变的，故能得到一定程度的回忆、记录或还原。总之，"物质不灭定律"和"物质交换原理"同样适合于职务犯罪侦查与调查。

（四）国家监察处置原理：报应与预防的博弈及其规则与规制

面对腐败的威胁，习近平总书记强调，"从源头上遏制腐败，要加强对权力运行的制约与监督，把权力关进制度的笼子里，形成不敢腐的惩戒机制、不能腐放入防范机制、不想腐的保障机制。"尤其是"不敢腐"及其社会机制的打造与设计具有本质上的刑法意义上的"报应"与"预防"机制。

"不敢腐"机制关键在于法律的威慑作用，通过严密的反腐败法网使腐败分子望而生畏。这种法律的威慑作用来源于两方面：第一，只要实施腐败行为，一定会受到法律、纪律追究，"天网恢恢，疏而不失"，即使短期内未受到追究，但最终也会被制裁。第二，增加腐败行为的犯罪成本，使得每个进行腐败犯罪，或是预备进行腐败犯罪行为的个人都意识到，实施这一行为将付出沉重的代价，犯罪处罚的严厉型一定程度可以遏制腐败行为的发生，形成"反腐败威慑力"。

"不敢腐"是指对党内、体制内的腐败行为实现"零容忍"，坚持有腐必惩、有贪必肃，对一切腐败个人和单位起到震慑作用。"不敢腐"的前提与核心内容是对腐败犯罪惩治的及时性与严厉性，严守党风党纪，严格执法司法。所谓加大腐败犯罪的惩罚力度也并非盲目严厉惩罚，主要体现在两方面：一是处罚腐败案件的坚决性。要打破腐败分子的投机思想，让腐败分子感受到只要实行腐败行为必将受到惩罚，让一部分尚有良知的犯罪分子自动有效地中止贪腐思想。二是增强案件处罚的及时性，不断提高案件的查处效率，充分发挥严惩腐败犯罪的震慑作用。坚决树立"有贪必处"的理念，持续保持反腐的高压态势，加大惩治力度，提高违法成本，令腐败分子得不偿失。

"不敢腐"侧重于威慑力与严厉性，通过法律与相关机制的建立震慑腐败分子一贪再贪的腐败之风，提高腐败行为的犯罪成本，使得有腐败意图或进行腐败行为的犯罪分子望而却步。法律乃治国之重器，良法乃善治之前提，良好健全的制度是反腐败的重要环节。而制度反腐、法律反腐的基础则是有良法可依，有健全的制度可行，不可流于形式，若有似无。因此建立以《反腐败法》为核心的专项法律制度至关重要。

上述三项仅为"不敢腐"法律机制过程中《反腐败法》应该着力建设的专门法律机制，但并不止于此三项。将国外反腐败的先进经验与我国实际相结合，深刻考虑我国文化传统与社会、法治发展水平，不断完善反腐败相关法律机制的研究，构建"不敢腐"的法律机制，让意欲腐败者在带电的高压线面前不敢越雷池半步。

三、国家监察学学科体系：理论学科、法律学科及技术学科

目前而言，国家监察理论及其学科是一个崭新的研究领域。它完全不同于传统的行政监察理论及其学科，这是因为此次国家监察事务立法及其机构的设立是我国国家权能的再划分或再分配。显然，由原来的"一府两院"改

制成为"一府一委两院",这完全不同于以往的国家权能划分与机构设置,尤其此次将国家监察机构定性为"政治机关",更是我国国家机构设置中从未有过的事情。因此,我们不仅要深入研究国家监察理论,而且还要加强国家监察理论的学科建设,故本文要讨论国家监察理论及其学科的基本范畴。

(一)国家监察学的研究对象、学科性质及理论体系

任何一门学科都有自己特定的研究对象,这是建立该学科及其理论的基础,也是区别于其他学科的根本和依据。正如毛泽东同志在《矛盾论》一文中指出的那样:"科学研究的区分,就是根据科学对象所具有的特殊矛盾性。因此,对于某一现象和领域所特有的某一种矛盾的研究,就构成某一门科学的对象。"[①]国家监察学同其他学科一样,也当然具有自身研究特殊矛盾及其规律,故也就应该有着自己特定的研究对象及其基本理论范畴。当然,国家监察学在明确了研究对象之后,可具体分为理论学科、法律学科和技术学科。

关于国家监察学的研究对象目前尚未看到专门的学术论述,然而我国行政监察学的研究对象,早已有学者作过多种表述。如有学者认为,行政监察学的研究对象应该包括两个主要方面:一是行政监察制度的构成分析;二是行政监察实施过程中的客观规律。[②]也有学者认为,行政监察包含的内容就是行政监察学的研究对象,具体有:研究行政监察组织(包括组织性质、结构)、行政监察体制、行政监察的过程和环节(监察对象、监察职权、监察程序);研究行政监察实务(廉政监察、效能监察及预防监察);研究如何运用人类所创造的各种科学知识及方法来解决行政权力的监督问题,以促进政府管理水平的提高。[③]由此可见。行政监察所研究的工作内容及其学科的研究对象只限于行政管理的基本范畴,与国家监察理论及其学科研究的对象相差甚大。我们认为,国家监察学的研究对象起码应当包括:(1)国家监察组织及其体制。(2)国家监察机关及其人员。(3)国家监察对象及其范围。(4)国家监察程序及其监督。(5)国家监察效能及其规律。

对于一个学科性质的确定,显然对于建构其理论体系非常重要。有人认

[①]《毛泽东选集》(合订本),人民出版社1991年版,第284页。
[②]张镇平主编:《行政监察学》,天津人民出版社1991年版,第5页。
[③]杜兴洋主编:《行政监察学》,武汉大学出版社2008年版,第18页。

为，国家监察学属于侦查学科；也有人认为，国家监察学属于政治学科。我们认为，国家监察学既是一门腐败违法犯罪的调查学科，也是一门具有中国特色的治理腐败的学科。关于国家监察学的学科性质，学术界历来争论较大，可以说是各抒己见，直至今日也没有定论。我们认为，国家监察学学科性质的确定大致有这样四层关系需要澄清。

一是国家监察学属于哪个大的科学门类。即国家监察学是属于自然科学门类，还是社会科学门类？当然属于人文社会科学或法学的门类，这是毫无疑问的。尽管在国家监察学研究中，使用了不少自然科学技术，如侦查学、调查学、管理学、决策学、心理科学实验和生理科学实验，以及统计学、数学、会计学、审计学、预测学、系统工程理论等。但最终的目的仍是研究腐败违法犯罪这一特殊的社会现象，即是说他们是为研究人文社会科学及其反映的社会特殊现象来服务的，揭示的是人文社会科学腐败现象之规律。因此，国家监察学属人文社会科学这一大的门类是毫无疑问的。

二是国家监察学是否是一个独立学科。这一问题在学术界也有争论。有学者认为，国家监察学不能自行确定自己的研究对象，必须借助于刑法学、侦查学和政治学等的评价和认识标准，因此国家监察学不是一门独立的学科，必须依附于其他学科而存在，所以国家监察学是上述相关学科的"辅助学科"。也有学者认为，在国家监察学是政治学或侦查学的二级学科，或者是二者的交叉学科。还有学者认为，国家监察学的研究对象不是形式上的、法律上的腐败违法犯罪，而是实质性的腐败违法犯罪，即超越了刑法学的性质与范围，从这一点上讲，国家监察学应当是一门独立的学科。这些观点在国家监察理论界具有一定的代表性，这也是由其工作或机关性质决定的。我们认为，第一种观点很显然将国家监察学和刑法学、侦查学和政治学的腐败违法犯罪的概念绝对等同化了，甚至其研究视角也被完全忽略，而最终结论必然将国家监察学推向"辅助学科"的地位。第二种观点明确地将国家监察学视为政治学和侦查学的附属学科，如此，他们倒成为国家监察学的上位学科了。实际上，国家监察学与这些学科各自研究腐败违法犯罪的侧重点是完全不同的。从研究范围上讲，国家监察学研究的腐败违法犯罪的概念要远远比这些学科宽泛的多。当然，更不可能是一个重合性的研究视角或立足点。因此，我们同意第三种观点，即国家监察学是一门独立的学科，当然也可以是侦查学和政治学的交叉学科。

三是从形式上看国家监察学是属于法学还是政治学或其他。关于这个问题或许有三种可能：一种可能是国家监察学属于法学，如国家监察已有专门立法，甚至把国家监察学直接视为反腐败法学的核心；另一种可能是国家监察学不是法学，而是政治学；第三种可能是国家监察学既不单纯属于法学，也不单纯属于政治学，是政治学和法学（包括侦查学）的边缘学科或交叉学科，即政治法学或腐败调查法学。我们认为，从形式上看国家监察学首先不应当完全属于法学，这是因为国家监察学不仅仅为法学服务，也不仅仅为国家制定刑事政策和刑事立法提供依据；此外，还在为政治学尤其是为执政党服务，并为国家政治秩序和社会发展提供数据和根据。另外，也不应当完全属于政治学，因为国家监察学具有自己独特的研究对象，它只不过是研究社会上腐败违法犯罪这一特殊现象，如果都归属政治学或社会学其也完全不能容纳，更不应当属于其他，而是一个具有特殊地位的独立学科，只是这一学科的重要性目前尚未得到学界的广泛认可和国家的应有重视。

四是国家监察学是一门综合学科还是边缘学科或是交叉学科。尽管国家监察学经常被许多学科，尤其是政治学、侦查学和法学所指认，但由于其具有独立明确的自身研究对象、体系和方法，因此其学科的独立地位应当得到学术界的广泛承认。然而，国家监察学究竟是一门综合学科还是边缘学科，或许学术界争论甚大。我们认为，国家监察学主要是以政治学、侦查学和法学为基础，并运用多种学科的理论与研究方法，调查和揭露腐败违法犯罪的一门交叉科学。

另外，在国家监察学的学科性质上，还有两点应引起研究者的注意：（1）国家监察学是调查和揭示腐败违反犯罪这一特殊社会现象的学科，就这一点其似乎也更加靠近政治学或社会学；（2）国家监察学是把腐败违法犯罪作为事实和调查对象加以综合研究的学科，正因为此才使得它更加靠近政治学、侦查学和法学，故许多国家包括我们国家一直以来，非常习惯于把监察学放在法学中进行研究，其实是不全面的。

关于国家监察学的学科理论体系，主要是指作为一个学科建构或学科分类等应具有哪些方面的理论来建构。就我国而言，国家监察学理论体系的内容主要包括：（1）国家监察学的一般理论或称基本原理。（2）国家监察制度的渊源与发展。（3）国家监察机关及其工作人员。（4）国家监察职责及监察权限。（5）国家监察程序及其对监察权的监督。（6）监察业务中反腐败的国际合作。①

（二）理论学科、法律学科与技术学科的初步划分

正像有学者针对"刑事学科一体化"提出的"刑事法律与科学研究"一体化的新表述一样，在进行国家监察学科的思考与分析中，也要考虑"法律"与"科学"的不同属性问题。因此，这里我们想把国家监察学进一步划分为理论学科、法律学科和技术学科三大类。

一是理论学科。如上所述，主要包括国家监察学基本范畴、基本原理及其学科体系的研究。基本概念和范畴主要包括监察、监督、调查、处置、国家监察、行政监察等基本概念。基本原理主要包括监察原理和权力制衡、调查原理和"物质不灭"和"物质交换"、处置原理和报应、预防等，当然也包括腐败形成的机理及其预防等。理论体系也即作为国家监察学原理学科的主要研究内容，如上所述，就不一一赘述。

二是法律学科。首先，是"法律"与"科学"的关系处理问题。像有学者指出的，考虑到"法律"与"科学"的本质不同及各自的独立性，应当使用"刑事法律与科学研究"一体化的表述。②当然，这里所讲的"刑事法律与科学研究"一体化，不仅包括刑事法学，也包括刑事科学，甚至包括刑事技术。也就是说，刑事学科被划分为了事实学科、法律学科和技术学科。以此为模板或效仿，国家监察学也可以划分为理论学科、法律学科和技术学科，当然这样的划分是建立在"法学是一个群体意志的体现，并不一定是科学"的基本认知基础之上的。基于这样的认识，本文把国家监察立法体系划分为：（1）基础立法，如国家反腐败法、国家监察法、国家公务员法等。（2）专项立法，如国家审计法、公务员财产申报法、网络反腐败法等。（3）相关立法，如公民个人信息保护法、刑法反腐败的相关条款、反洗钱法等。此外还有党规党法，如党内预防职务犯罪的条例，党纪政纪处分条例，以及反腐败专项立法和相关配套法律的体系化建设，尤其是党规党法与国家

---

① 李晓明、芮国强主编：《国家监察学原理》，法律出版社2019年版，第35-36页。
② 李晓明：《"刑事法律与科学研究"一体化的提出及其原理》，载《刑法与刑事司法》2012年第1期。

立法的衔接、相互之间的协作与配合、配套措施。我们预测，经过几十年的努力，最终形成全方位的国家监察立法体系。

三是技术学科。众所周知，在"互联网+"的年代，任何行业或领域都自觉不自觉地攀爬上互联网，而在这一过程中，不可避免地就要牵涉到互联网及其相关技术。国家监察学科也是一样，具体包括办公自动化技术、网络证据提取技术、对外联络与管理技术等。

四、余论：国家监察学科群的构造及其未来发展

由以上分析可知，国家监察学应当组建一个学科群，并通过自己的不断创新和改造，最终实现国家监察学的自身"一体化"。在上述三种学科分类的基础上，可以适当将基础理论和法律学科统称为"理论学科"，并在此基础上我们预想推出"国家监察理论研究系列丛书"，而把与网络有关或其他调查技术统称为"技术学科"，并在此基础上我们预想提出"国家监察技术应用系列丛书"，最终完成国家监察学科的总体设计。

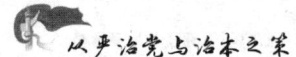

论主题教育、信访工作、反腐倡廉的相互关系

朱崇坤

中国行为法学会基础理论研究分会秘书长

党的十九届四中全会以"坚持和完善中国特色社会主义制度,推进国家治理体系和治理能力现代化"为主题,突出强调了这一主题的重大意义和总体要求。会议指出,要构建系统完备、科学规范、运行有效的制度体系,把我国的制度优势更好转化为国家治理效能,为实现"两个一百年"奋斗目标、实现中华民族伟大复兴的中国梦提供有力保证。

《人民日报》对四中全会《决定》中涉及到的具体制度进行了统计,今后党和国家将在十三个领域新建或完善100项具体制度。主题教育、信访制度、反腐倡廉都包括在这100制度中。在"坚持和完善党的领导制度体系,提高科学执政、民主执政、依法执政水平"方面,提出要建立"不忘初心、牢记使命"的制度;在"坚持和完善共建共治共享的社会治理制度,保持社会稳定、维护国家安全"方面,提出要完善信访制度;在"坚持和完善党和国家监督体系,强化对权力运行的制约和监督"方面,强调要一体推进不敢腐、不能腐、不想腐体制机制。

主题教育制度、信访制度、反腐倡廉制度作为事关党的事业推进、事关人民切身利益、事关党的执政权威的三项具体制度,要真正发挥效能,相互间的衔接、互补、协调是前提。将三项制度放在一起进行理论研究,过去从未做过这方面的工作。因此,对三项制度进行综合比较,不仅是落实习近平总书记关于提升治理体系系统性科学性实效性、提升人民群众改革获得感的必选动作，也是一项研究创新。

主题教育、信访工作、反腐倡廉的由来及内涵

"不忘初心、牢记使命"主题教育发源于党的十八大以来，习近平总书记关于初心和使命的一系列重要讲话。2012年11月15日，在十八届中央政治局常委见面会上，习近平总书记就表示，新一届中央政治局常委会定当不负重托，不辱使命，肩负起对民族的责任、对人民的责任、对党的责任。2016年7月1日，在庆祝中国共产党成立95周年大会上，习近平总书记以"不忘初心，继续前进"点题，动员全党全国各族人民朝着全面建成小康社会奋斗目标、实现中华民族伟大复兴的中国梦胜利前进。2017年10月18日，习近平总书记将"不忘初心，牢记使命"作为党的十九大报告的开篇语，并且开宗明义，指出中国共产党人的初心和使命，就是为中国人民谋幸福，为中华民族谋复兴。报告同时指出，要以县处级以上领导干部为重点，在全党开展"不忘初心、牢记使命"主题教育，用党的创新理论武装头脑，推动全党更加自觉地为实现新时代党的历史使命不懈奋斗。此时，"不忘初心，牢记使命"的内涵正式明确，"不忘初心，牢记使命"主题教育正式部署。2019年5月31日，习近平总书记又主持召开"不忘初心，牢记使命"主题教育工作会议，阐明开展主题教育的重大意义，释明开展主题教育的总体要求、目标任务、重点措施。2019年10月31日，在党的十九届四中全会公报中，"不忘初心，牢记使命"作为加强党的建设的永恒课题和全体党员、干部的终身课题被确立为一项长效机制。至此，"不忘初心，牢记使命"的起源、发展、内涵、地位、作用得到进一步充实而成为一项独立完整的制度。

"信访工作"一词，是新中国成立后在处理人民来信来访工作的长期实践中逐步形成的。1963年12月，国务院秘书厅发布《信访档案分类办法》，在中央国家机关内部文件较早使用"信访"一词。1971年，《红旗》杂志刊登《必须重视人民来信来访》一文，把人民来信来访称为"信访"、处理人民来信来访工作称为"信访工作"。1986年，《汉语大词典》把"信访"一词列入，解释为"群众来信来访的简称，指人民群众致函或走访有关部

门,反映情况,并要求解决某些问题"。这样,"信访"一词逐渐成为一个有确定含义的专业名词。国务院于1995年制定、2005年修订的《信访条例》以行政法规形式对"信访"作了定义,《信访条例》所称的信访,"是指公民、法人或者其他组织采用书信、电子邮件、传真、电话、走访等形式,向各级人民政府、县级以上人民政府工作部门反映情况,提出建议、意见或者投诉请求,依法由有关行政机关处理的活动"。在国家信访局于2019年3月编写出版的《中国信访制度研究》一书中,信访工作是指公权力部门和组织对信访活动做出回应、对信访事项进行处理的行为。信访工作的主要内容是处理信访事项,但其外延也在不断扩展,呈现出"瞻前顾后"的特点,将信访事项发生之前的主动预防纠纷和信访事项办理之后,对反映的问题继续综合分析研判以便调整和完善相关政策等行为也纳入进来。信访工作的性质主要体现在信访工作是一项所有公权力部门和组织为群众维护权益的工作。

"反腐倡廉"是一项从我们党从建立之初就当做"生命线"来抓的工作。井冈山时期、抗日战争时期、解放战争时期及新中国成立初期,我们党一方面通过制度建设预防腐败,如延安时期颁布的著名的"三大纪律八项注意",另一方面通过严厉惩治腐败官员防止腐败发生,如1932年枪毙第一个腐败官员谢步升,1952年枪毙贪污犯刘青山、张子善。但这个时期的反腐倡廉制度化水平不高。改革开放后,伴随着法治理念的提升、监督机制的完善以及治理经验的累积,反腐倡廉制度建设取得了长足的进步。党的十八大以来,以习近平同志为核心的党中央高度重视反腐倡廉建设,压实管党治党政治责任,大胆探索监督执纪"四种形态",充分发挥巡视利剑作用,形成强大震慑,推进纪检监察体制改革,完善反腐败制度安排,可以说,不敢腐的目标初步实现,不能腐的笼子越扎越牢,不想腐的堤坝正在构筑。在此基础上,党的十九届四中全会从坚持和完善党和国家监督体系,强化对权力运行进行制约和监督的高度,对完善党内监督体系建设,落实各级党组织监督责任,保障党员监督权利,以及纪检监察体制改革作出了新的部署,继续一体推进不敢腐、不能腐、不想腐体制机制建设。由此反腐倡廉的内涵极大拓展,地位显著提升,方向更加明确。

主题教育是反腐倡廉的基础，反腐倡廉是主题教育的先手棋

我们首先来讨论主题教育和反腐倡廉的关系。笔者认为，主题教育是反腐倡廉的基础，反腐倡廉是主题教育的先手棋。

为什么说主题教育是反腐倡廉的基础？主要理由有三点：一是通过主题教育可以预防腐败。腐败问题之所以产生，从根上讲是因为理想信念动摇，迷失初心，忘却使命，进而无利不为、有利抢为。主题教育带动全体党员干部回望入党来路，思考"当初入党为什么？如今在党干什么？将来为党留什么？"，可以从思想上拧紧拒腐防变的阀门。二是通过主题教育可以发现腐败。主题教育要求通过多种形式征求意见，为发现问题提供了契机。领导班子通过召开民主生活会、党员干部通过开展专题调研、人民群众通过来信来访，为集中发现进而治理腐败问题提供了线索。三是通过主题教育可以遏制腐败。主题教育帮助干部发现了思想行为方面的短板和问题，通过咬耳扯袖、红脸出汗排除了思想毒素，有助于防止腐败思想演变成腐败行为。同时，主题教育要求剖析反面典型，深入开展以案明法明纪，通过查早查小，防止小腐败演变成大腐败。

为什么说反腐倡廉是主题教育的先手棋？主要论据有两点：一是反腐倡廉可以端正学风。主题教育要取得实实在在的成效，必须杜绝形式主义、官僚主义。习近平总书记在"不忘初心、牢记使命"主题教育工作会议上一针见血地指出，"四风"问题树倒根存，形式主义、官僚主义问题依然突出。党的十九届四中全会决定将"不忘初心，牢记使命"作为一项长期制度坚持下来，通过持续开展反腐倡廉建设，可以有效杜绝"为作秀而学习，为形式而开会，为留痕而调研，为报告而整改"等形式主义。二是反腐倡廉可以提供学习素材。主题教育要让广大党员干部真正做到身到心到，必须坚持问题导向。在主题教育中率先开展反腐倡廉，可以起到揭开盖子、当头棒喝的警醒作用，促使对开展主题教育的必要性认识入脑入心。通过开展反腐倡廉建立问题清单，让大家明白问题和症结在哪里，进而以案促学、以案促改，真正使主题教育收到实效。

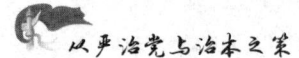

反腐倡廉是推进信访工作的关键，信访工作是反腐倡廉的主战场

我们其次来讨论反腐倡廉和信访工作的关系。笔者认为反腐倡廉是推进信访工作的关键，信访工作是反腐倡廉的主战场。

为什么说反腐倡廉是推进信访工作的关键？根据有三：一是反腐倡廉以强力矫正公权力行使者的不当行为，推动信访人的合法权利得到维护。人民群众来信来访的内容一般包括提出建议、申诉求决、检举控告三类。而在三类信访问题中，因公权力机关不作为乱作为导致自身权益受损，是绝大多数信访人来信来访的直接原因。反腐倡廉既反积极腐败又反消极腐败，通过专门的个案监督推动依法作为积极作为，有助于维护信访人的合法权利。二是反腐倡廉有助于推动信访工作体系民主化科学化法治化，防止信访工作异化。信访工作的运行和发展必须按照法制轨道行进，始终坚持以人民为中心的工作理念，严格按照"三处理一到位"原则实质化解纠纷。实践中，有些地方和部门不是下大力气解决信访问题，而是把信访人本身当成问题来解决，造成了对信访人的二次侵害，因此必须加强对信访工作体系本身的监督。三是反腐倡廉有助于督促所有公权力机关依法履职，从根本上遏制信访问题产生。信访问题的彻底解决关键在于健全权力监督体系，防止权力"脱轨"运行，消除不受监督的权力。通过反腐倡廉，依法、及时、就地解决不当行权，从而真正将纠纷纳入法治轨道，摆脱对信访和行政干预的迷信。

为什么说信访工作是反腐倡廉的主战场？理由有二：一是群众来信来访是反腐线索的主渠道。《中国共产党纪律检查机关监督执纪规则》第四章"线索处置"明确了问题线索的四个主要来源：信访举报、纪检机关监督执纪过程中发现的问题线索、巡视组移交的问题线索、行政及司法机关等移交的问题线索。根据中纪委信访室负责人的通报，在四类问题线索占比中，信访举报独占四成，是腐败线索的第一大来源。二是信访领域本身腐败问题易发多发。信访渠道作为一项维护人民利益的制度安排，除反映下情上达的垂直通道作用外，还是地方治理绩效的"晴雨表"，信访部门本身也成了那些决策失误、非依法行政及社会治理不佳的地方政府公关"主战场"。比如，国家信访局原副局长许杰通过修改信访数据、处理信访事项受贿550余万，来访接待司二处原处长孙盈科收受百余名地方信访干部520多万元。

主题教育是改进信访工作的契机，信访工作是主题教育的打分器

我们最后来讨论主题教育和信访工作的关系。笔者认为，主题教育是改进信访工作的契机，信访工作是主题教育成效的打分器。

为什么说主题教育是改进信访工作的契机？论据有三：一是主题教育拉近了干群距离。信访案件中群众难以与主要领导沟通，是导致上访的重要原因。主题教育是在党的十九大报告中提出的，由习近平总书记亲自部署，并且在十九届四中全会上被确定为一项需要长期坚持的制度。各级党组织主要领导同志担负第一责任，以守初心为第一要求，必然会带动一大批主要领导干部深入群众。二是主题教育有助于化解信访难案积案。信访积案的产生原因是多方面的，既包括案件本身问题，也有"新官不理旧账"等主观原因。主题教育中许多部门坚持领导带头接访下访，包案化解信访积案，部分地区还建立了主要领导与群众见面的长效机制，有助于拓宽信访问题化解渠道，推动信访难点问题综合化解。三是主题教育有助于推动信访体制改革。主题教育的落脚点在于发现问题解决问题推动发展。减少信访案件的产生，实现信访案件依法、及时、就地解决信访案件，从根本上还要靠制度改进，主题教育提供了一次汇聚民智、攻坚克难的改革契机。

为什么说信访工作是主题教育的打分器？主题教育的总要求是"守初心、担使命、找差距、抓落实"，而信访工作可以直观的反映党员干部贯彻总要求的成效。一是信访工作是送上门的群众工作，有助于检验初心。习近平总书记强调，守初心，就是要牢记全心全意为人民服务的根本宗旨，永远不能脱离群众、轻视群众、漠视群众疾苦。人民群众通过信访渠道反映所忧所愁所怨所烦，最能检验党员干部是否能与人民同心同向。二信访工作是送上门的工作难点，有助于判断是否担当。习近平总书记指出，担使命，就是要勇于担当负责，积极主动作为，知重负重、攻坚克难。信访问题牵扯人员多，涉及利益广，背后常常伴随着失职渎职甚至腐败问题，最需要发扬担当精神。三是信访工作是送上门的差距标尺，有助于发现工作短板。习近平总书记强调，找差距，就是要对照人民新期待，找一找在思想觉悟、能力素质、道德修养、作风形象方面有哪些差距。信访问题本质上是人民群众给党员干部开列的"问题清单"。四是信访工作是送上门的落实指向，有助于评

价改进效果。习近平总书记指出，抓落实，就是要力戒形式主义、官僚主义，推动党的路线方针政策落地生根，推动解决人民群众反映强烈的突出问题。主题教育抓落实的成效投射到信访工作领域，必然带来信访数量的增减。抓落实是真抓实干还是形式主义，信访数量最能说明问题。

在实现"两个一百年"奋斗目标征程上，制度新建及制度改革必将发挥更加重要的作用。治理体系能否实现整体现代化，进而形成优势治理效能，需要对更多的微观制度进行研究完善，最终实现"1+1＞2"的集聚效能。

论我国民营企业刑事法律风险的防控

武汝廷

新疆生产建设兵团人民检察院第八师分院副检察长

本文从学习贯彻习近平总书记2018年11月1日在民营企业座谈会上的讲话为主线,结合检察机关对民营企业开展司法保护的办案实践,谈谈民营企业如何进行刑事法律风险防控,以及检察机关如何依法保护好民营企业的合法权益,为民营企业健康发展提供有力法治保障和优质法律服务。

一、改革开放以来我国民营企业的重要地位和作用

我国的民营企业是改革开放以来在党的路线方针政策指引下发展起来的。改革开放四十多年来,非公有制经济在党的路线方针政策指引下茁壮成长、不断壮大,今天,已经成为我国社会主义基本经济制度的重要组成部分。我国的基本经济制度是公有制为主体、多种所有制经济共同发展。党的十一届三中全会后,我们党破除所有制问题上的传统观念束缚,为非公有制经济发展打开了大门,一大批民营企业蓬勃兴起。

我国民营企业的发展经历了一个从小到大、从弱到强的历史过程。1980年,温州的章华妹领到了第一张个体工商户营业执照。仅仅七年时间,到1987年,全国城镇个体工商等各行各业从业人员达到569万人。1992年邓小平南方谈话发表后,兴起了新一轮创业兴业、发展民营经济的热潮,很多知名大型民营企业都是这个时期发展起来的。

党的路线方针政策是民营企业发展的指路明灯。党的十五大把"公有制

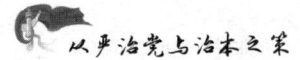

为主体、多种所有制经济共同发展"确立为我国的基本经济制度，明确提出"非公有制经济是我国社会主义市场经济的重要组成部分"。党的十六大提出"毫不动摇地巩固和发展公有制经济""毫不动摇地鼓励、支持和引导非公有制经济发展"。党的十八大进一步提出"毫不动摇鼓励、支持、引导非公有制经济发展，保证各种所有制经济依法平等使用生产要素（如依法纠正北京物美集团张文中错案）、公平参与市场竞争、同等受到法律保护"。党的十八届三中全会提出，公有制经济和非公有制经济都是社会主义市场经济的重要组成部分，都是我国经济社会发展的重要基础；公有制经济财产权不可侵犯，非公有制经济财产权同样不可侵犯；国家保护各种所有制经济产权和合法利益，坚持权利平等、机会平等、规则平等，废除对非公有制经济各种形式的不合理规定，消除各种隐性壁垒，激发非公有制经济活力和创造力。党的十八届四中全会提出要"健全以公平为核心原则的产权保护制度，加强对各种所有制经济组织和自然人财产权的保护，清理有违公平的法律法规条款"。党的十八届五中全会强调要"鼓励民营企业依法进入更多领域，引入非国有资本参与国有企业改革，更好激发非公有制经济活力和创造力"。党的十九大把"两个毫不动摇"写入新时代坚持和发展中国特色社会主义的基本方略，作为党和国家一项大政方针进一步确定下来。为此，习近平总书记强调，支持民营企业发展，是党中央的一贯方针，这一点丝毫不会动摇。

党中央为什么要制定这样的方针政策？原因很简单：有为就有位。改革开放四十多年来，民营企业蓬勃发展，民营经济从小到大、由弱变强，在稳定增长、促进创新、增加就业、改善民生等方面发挥了重要作用，成为推动经济社会发展的重要力量。截至2017年底，我国民营企业数量超过2700万家，个体工商户超过6500万户，注册资本超过165万亿元。概括起来说，民营经济具有"五六七八九"的特征，即贡献了50%以上的税收，60%以上的国内生产总值，70%以上的技术创新成果，80%以上的城镇劳动就业，90%以上的企业数量。在世界500强企业中，我国民营企业由2010年的1家增加到2018年的28家。我国民营经济已经成为推动我国发展不可或缺的力量，成为创业就业的主要领域、技术创新的重要主体、国家税收的重要来源，为我国社会主义市场经济发展、政府职能转变、农村富余劳动力转移、国际市场开拓等发挥了重要作用。所以，习近平总书记讲，我国经济发展能够创造中国奇迹，民营经济功不可没！

二、新时代民营企业健康发展的主要途径和方式

中国特色社会主义经济发展已经进入新时代。民营企业如何在我国社会主义市场经济发展过程中健康发展、不断壮大，笔者认为，要坚持问题导向，不断适应中国特色社会主义市场经济的发展环境，不断克服前进道路上遇到的各种困难和挑战，不断创新新时代民营企业健康发展的路径和方式。

当前，民营企业在经营发展中遇到了哪些困难和问题呢？有的民营企业家将其形容为遇到了"三座大山"，即：市场的冰山、融资的高山、转型的火山。这些困难和问题，成因是多方面的，比如国家经济环境变化的影响、我国经济由高速增长阶段向高质量发展阶段的转型、一些地方支持民营企业发展的政策落实不到位等等。司法办案实践中遇到不少这样的案例：有些银行循环贷款还贷过程中的断贷（俗称"卡脖子"）行为，如一些地方发生的房地产行业塌方式倒闭，这些是外因。当然也有民营企业自身的原因，即内因，比如在经济高速增长时期，一部分民营企业经营比较粗放，热衷于铺摊子（如有的房地产企业经济实力不行还在全世界到处圈地）、上规模，负债过高，在环保、社保、质量、安全、信用等方面存在不规范、不稳健甚至不合规、不合法的问题。在改革开放初期，法律法规制度不健全，一些企业投机钻营、一夜暴富、钻改革的空子，非法致富的情况大行其道，而如今，社会主义市场经济制度日益健全完善，法律法规逐步规范，在加强监管执法的大背景下，必然会面临很大压力。民营企业面临的发展中的困难、前进中的问题、成长中的烦恼，怎么解决？这就要求我们研究怎么办的问题。笔者认为，这些问题一定要在发展中破解、在前进中解决。

习近平总书记讲，"要保持定力，增强信心，集中精力办好自己的事情"。这是我们应对各种困难、风险和挑战的关键。办法总比困难多。民营企业要健康成长，和一个人的成长一样，首先要确保自身的"安全"。这里讲的"安全"，主要是指对刑事法律风险的防控。一个企业在社会主义市场经济环境中健康发展，犹如一艘航船在汪洋大海中破浪前行，不进则退，遇

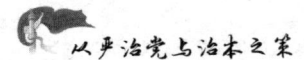

到大风大浪就有翻船的风险。我们在办案中遇到最多的经济犯罪案件，就是民事（经济）纠纷转化为刑事犯罪案件，也就是大家常说的"民转刑"案件或称"民刑交叉案件"。现实生活中，如何区分民事纠纷与刑事犯罪的界限，原则上讲起来好说，都有法律明文规定，而生活是丰富多彩的，具体案件是千差万别的，具体到一个案件来说，认定和区分开来又很难。这是因为每一个案件的事实和证据情况大不相同。刑事案件以办案机关调查的证据认定，而民事案件则不同，证据上要求"谁主张谁举证"，举证不能就要败诉，就要承担相应的法律后果。因此，民营企业要健康成长、安全运行、顺利发展，就像一个人健康成长一样，要守住"四道防线"，即：上不突破天线（政治）、下不越过地线（法律）、左不触碰黄线（道德）、右不触碰红线（纪律）。上述四道防线是民营企业健康成长、安全运营、顺利发展的最低要求。仅仅做到这些还是不够的，笔者认为，还要做到以下几点，才会确保自身健康发展、不断壮大。这里仅就法律底线的坚守作一简要论述。一要学法。学习法律，是现代人必修的基本功。法律是生活的法律，其重要作用在于服务和保障人们的合法权益。民营企业在生产生活中离不开法律。因此，我们要学习法律，尊重法律，崇尚法律，信仰法律，对法律心生敬畏。很多人不学习法律，犯罪了还不知道。法律不会因为你不认识它，它就不认识你。无论你是否理睬它，只要你触犯了法律，它就会理睬你、惩罚你。习近平总书记要求我们要自我学习、自我教育、自我提升。所以，民营企业一定要重视法律知识的学习，牢固树立法律就是保护神的理念，把法律作为我们的护身符。二要守法。就是民营企业要守法经营，依法办事。民营企业家要自觉遵守法律，自觉守法经营，严格依法办事，不做违法犯罪的事情。三要用法。就是善于运用法治思维和法治方式解决生产生活中遇到的问题，依法维权。遇到经济纠纷，要自觉拿起法律武器，善于运用法律依法维护自身的合法权益，决不能因为自己的合法权益受到了非法侵害，自己也采用非法的手段维护自身的合法权益，这是不可取的，实践中的教训十分深刻。

三、检察机关依法保护民营企业合法权益的政策和措施

新时代，检察机关要站在坚持基本经济制度、促进高质量发展、实现

"两个一百年"奋斗目标和中华民族伟大复兴的中国梦的高度,依法平等保护民营企业的合法权益,依法保障和服务民营企业健康发展。要认真贯彻落实习近平总书记在民营企业座谈会上的重要讲话精神,根据《中央政法委关于依法保障和服务民营企业健康发展的指导意见》等规定,结合最高人民检察院发布的《充分发挥检察职能 为民营企业发展提供司法保障——检察机关办理涉民营企业案件有关法律政策问题解答》,牢牢把握"三个没有变"的要求,依法、审慎、稳妥办理涉民营企业案件,为民营经济提供有力法治保障和优质法律服务,依法保护好民营企业及经营者的合法权益。具体要把握好以下几个方面的问题:第一,要加强服务和保障民营企业健康发展的法律制度建设。建议最高人民检察院尽快出台相关司法解释和规范性文件,紧紧围绕民营企业在市场准入、产权保护、投融资、公平竞争等方面遇到的困难和问题,确立民营企业"法无禁止即可准入"原则,严格落实罪刑法定、疑罪从无原则。要进一步落实民营企业投资主体地位,全面保护民营企业物权、债权、股权、知识产权等各种类型的财产权,充分保障民营企业平等获取政府投资资金的机会,促进民营企业与其他市场主体公平竞争。要按照各类市场主体诉讼地位平等、法律适用平等、法律责任平等的要求,集中清理现有司法解释、规范性文件中有悖于平等保护原则的相关内容,及时予以废止或者调整完善,依靠平等的制度保障平等的权益。第二,要依法正确办理涉及民营企业的民事和行政监督案件。依法受理、审查涉及民营企业的债务纠纷、股权分配、知识产权、劳动争议等民事诉讼监督和行政诉讼监督案件。经审查认为需要提出检察建议或者抗诉的,可以开展调查核实,但不得对民营企业及经营者采取限制人身自由和查封、扣押、冻结财产等强制性措施。发现已经发生法律效力的民事判决、裁定确有错误的,应当依法向人民法院提出再审检察建议或者抗诉。依法开展对人民法院涉及民营企业案件的民事判决、裁定等生效法律文书执行活动的法律监督,保障民营企业胜诉权益及时有效实现。开展好民事非诉执行监督,重点监督涉及民营企业仲裁裁决以及公证债权文书等法律文书违法问题。第三,要依法正确办理涉及民营企业的刑事犯罪案件。一是严格把握涉及民营企业案件的法律政策界限。准确理解最高检发布的《充分发挥检察职能为民营企业发展提供司法保障——检察机关办理涉民营企业案件有关法律政策问题解答》,对民营企业经营者

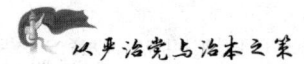

在正当生产、经营、融资活动中发生的失误,不违反刑事法律及司法解释规定的,不得以犯罪论处。准确区分民营企业经营者自然人犯罪与单位犯罪、合法财产与违法所得、民营企业正当融资与非法集资等界限,防止因适用法律不当影响民营企业创新创业积极性。要注意分析案件具体情况,看情节、看本质,根据修改后刑事诉讼法的相关规定,落实好认罪认罚从宽的有关要求。二是审慎适用强制性措施。严格把握批准逮捕条件,对涉嫌犯罪的民营企业经营者,认罪认罚且采取取保候审不致发生社会危险性的,应当作出不批准逮捕的决定。对确有羁押必要的,要考虑维持企业生产经营需要,在对外联系生产经营决策等方面提供必要的便利和支持。对涉嫌犯罪但仍在正常生产经营的民营企业,生产经营活动不会造成犯罪危害结果扩大的,原则上不查封、不扣押、不冻结,最大限度减少对企业正常生产经营活动的影响。对民营企业经营者个人涉嫌犯罪,需要查封、扣押、冻结涉案财物的,应当及时甄别个人财产与单位财产,个人财产与家庭成员财产,不得超权限、超范围、超数额、超时限查封、扣押、冻结涉案财产。三是强化对涉及民营企业案件的法律监督。加大涉及民营企业犯罪案件侦查活动的监督,对侦查机关应立案而不立案的,及时监督立案;严格掌握入刑标准,防止和纠正对民营企业违法立案、越权办案,坚决防止刑事执法介入经济纠纷,坚决防止把经济纠纷作为犯罪处理。依法监督纠正对涉案民营企业违法查封、冻结、扣押、保全等行为。加强对涉及民营企业债务纠纷、股权分配、劳动争议、工伤赔偿等案件审判和执行活动的监督,对涉及民营企业的刑事、民事、行政判决或裁定确有错误的,应当依法及时纠正,切实维护司法公正。第四,要依法打击侵犯民营企业及其经营者合法权益的犯罪。结合开展扫黑除恶专项斗争,依法严惩黑社会性质犯罪组织和恶势力犯罪团伙以暴力、胁迫等方式欺行霸市、强买强卖,向民营企业收取"保护费"的犯罪。依法打击侵犯民营企业知识产权、损害商业信誉和商品声誉、合同诈骗等破坏市场经济秩序的犯罪;依法打击毁坏民营企业财物、破坏生产经营、敲诈勒索、抢劫、盗窃等侵犯财产犯罪;依法打击故意伤害、绑架、非法拘禁、侮辱、诽谤等侵犯民营企业经营者人身权利的犯罪,切实保障民营企业及经营者合法权益。依法从严办理民营企业从业人员利用职务便利挪用资金、职务侵占、收受贿赂等犯罪案件,切实维护民营企业财产权和正常生产经营活动。第五,要依法纠正涉及民营企业及其经营者的冤错案件。正确对待民营企业经营不规范的历史问题，严格遵循罪刑法定、从旧兼从轻等原则，对已过追诉时效的，不再追究；对定罪证据不足的，坚持疑罪从无。对检察机关错捕、错诉的，及时启动纠错程序；对法院判决错误或明显不当案件，依法提出抗诉或检察建议，依法维护民营企业合法权益。

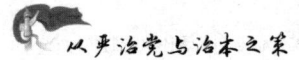
从严治党与治本之策

河清方能海晏
——关于大学生廉政教育的几点思考

韩 宁

中国廉政研究委员会专家委员会委员、集宁师范学院教师

20世纪90年代末,我国高等教育开始大幅度扩大招生规模,但是高等教育的"大众化",致使大学生思想良莠不齐,各种不良现象增加。随着社会的快速发展,行贿受贿、权钱交易、贪污腐化等现象显现其中,不仅在社会上造成严重恶果,也对青年大学生的思想道德产生了恶劣影响。据统计,受到司法机关惩处的国家公职人员中有83%的人员是大学毕业生。随着国家对公务员、事业单位工作人员学历要求的不断提高,这一比例将在不久的将来成为100%。究其原因,这与他们在大学期间立足社会、廉洁奉公的思想基础没有打牢是分不开的。针对这一客观现实,如何搞好"当代大学生廉政教育研究"和做好当代大学生廉政教育就成为新形势下新的需求。

把大学生作为廉政教育研究对象,既开拓了廉政研究的新视角又拓宽了廉政研究的新领域。对大学生进行廉政教育,正确引导他们关注廉政建设,不但可以为廉政文化建设提供活力和动力,而且可以为廉政建设提供新的动力源泉,还可以为廉政建设创造新的主体。高校只有把廉政教育作为大学生思想道德教育的重要内容,培养大学生正确的价值观念和高尚的道德情操,才能真正实现大学生的全面发展和健康成长,为国家培养具有廉洁素质的接班人。更重要的是,大学生是党政干部队伍的重要来源之一,其思想政治素质、廉政意识与廉政观念,直接关系到党和国家的前途命运,关系到我们党执政地位的巩固。

关于当前大学生不廉问题的几点看法

目前，很多专家、学者认为，加强大学生反腐倡廉教育，不仅是高校大学生思想政治教育的重要内容，也是培养合格人才和后备干部的迫切需要。开展大学生廉政教育是搞好党风廉政建设和反腐败斗争的基础性工作，但是要走出"教育无用"和"教育万能"这两个误区。高校廉政教育应围绕道德主体的道德自由来开展，这样才能搞好高校党风廉政建设。但是，目前国内的研究还不够深入，主要表现在：大学生廉政教育没有成为独立的教育体系，没有得到足够的重视，地位不突出；大学生廉政教育在高校党风廉政建设和高校校园文化建设中的地位不够突出。

究其原因，还是不重视。首先体现在地位上的不重视。"大学生廉政教育"这一话题经常会被"民不谈廉""小孩子懂什么""廉政是说给党员干部听的"等谬论、话语压倒。压倒的原因就是：很大一部分人认为这些谬论是真理。今时不同往日，现在大学生心理成熟年龄普遍较晚（主要体现在政治心理）。从心理学的角度来说，成长过程既是好奇过程。大学生来到大学，接触到社会，呼吸到了非应试的知识空气，思想自然会成熟、活跃起来。此时的廉政教育可以说是"恰逢其时"。大学前，学生们相对较少地接触社会的灰暗面，即使接触，也不会有大范围情况。然而，"大学就是一个小社会"是每名大学生共同信奉的理念。他们带着这样的理念，主动接触着大学中的一切事物。在利益观还相对不成熟的情况下，很容易让他们感受到因"腐败"而成功的"成就感"，这样的"成就感"势必导致"不择手段"的歪曲行为。如此下去，一波波这样的学生进入社会，后果不堪设想。在社会中再怎么强有力地反腐，也只是本末倒置。目前为止，部分高校仅仅是以相关部门开展的阶段性教育活动为主，并没有将廉政教育当做一项长期性、系统性的教育工作来对待，相对专业课来说，在廉政教育工作方面有严重的缺失。廉政教育已是高校立德树人的重要内容，但高校对廉政教育的重视程度远远不够。

其次体现在表现上的不重视。"都是一些孩子，最终能坏到哪儿？"这

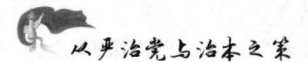

是我近些年在研究过程中听到的最多的话。这句话有两个关键词:"孩子"和"坏"。教育的主体难道不应该是孩子吗?孩子有着更强的接受能力和更可塑的内在,对于他们的教育和警示,难道效果不是最好的吗?孩子是祖国的明天,为了党、国家和人民的未来,不应该重点教育他们吗?既然未来是他们的,从他们开始教育难道不是效率最高的吗?更何况,他们已不再是小孩子。再来说"坏",这是个相对的问题。为官不正、为官不清、"当官不为民做主",这就是为官之坏。当然,这只是一部分表现。为什么不清不正?以权谋私罢了。现在的大学生中果真有这样的现象吗?存在"小坏"罢了。还不是松口气的时候,因为他们还没有接触到权力。"勿以善小而不为,勿以恶小而为之","小坏"变成"坏",时机成熟,条件具备,量变而引起的质变罢了。从当前来看,有一些大学生坚持自我为中心,把物质利益作为工作重心,过度追求物质享受,把金钱作为衡量自己价值观的重要标准,出现了一些"学生腐败"问题。大学校园里利益至上之风盛行,大学生为入党送礼、为竞选干部送礼、为请假送礼、考试作弊等不廉现象比比皆是。大学生学生干部、学生党员获得的锻炼机会比普通学生多,社会和用人单位对其的评价也较高,而高校党员名额、学生干部名额有限,部分大学生会通过请客送礼、拉关系等方式达到自己的目的。部分高校一方面出于对学生的尊严,认为一般的违规不必深究,另一方面出于对眼前利益的考虑,对一些学生的惩罚措施相对较轻,仅仅是采取了简单的说教,而没有进行必要的惩罚。这些所谓的维护学生的尊严和利益,实则是对学生的放纵,诸如此类的教育使大部分的同学不能信服,不廉现象便恶性循环。官僚主义在高校学生中是确实存在的。中间夹杂着形形色色的宗派性质和错落有致的山头文化。所谓的学生干部"上级"训斥"下级",犹如电视剧中曾经的国民政府中的"训话"情景再现;以家乡、利益等结成的团体相互斗争、相互扯皮,真凸显了"小社会"的特点;学生干部口口声声争夺"权力",然而最让人无法参透的是:哪里来的权力。这样的青年学生还有健康孩子样吗?难道不该教育吗?等等现象必有出处。当他们踏入大学时,可以以上届的师兄、师姐们为参照,或者按他们的叫法——"站队",他们的师兄、师姐们再向上届的学习,"兄兄姐姐无穷匮也"。到底根源在哪里?领导、老师。高校的部分领导存在严重的官僚主义、宗派主义、形式主义等现象。自古"学而优则仕",

到了高校中却存在着"仕而不优则学",当不好领导就进入高校当领导,担心不好评职称就先当领导(当了领导自然好评),高校领导真不好当。

再次体现在方式上的不重视。一年几场讲座、放置几块展板、走廊改名"廉政廊"等,无非这些廉政教育的方式而已。所谓的"廉洁文化月""廉洁文化走进班级"主题班会更是有应付差事的嫌疑。大学生排斥廉政教育的一个主要原因是教育内容的"形式性""滞后性",高校廉政教育的内容较陈旧、理论内容与实践活动相脱离等因素,使大学生消极对待廉政教育。部分高校的廉政教育的内容局限于国家廉政建设等宏观方面的内容,导致一些高校学生对于学校开展的说教式教育失去兴趣,学习的积极性不高。学校应从廉政教育的地位和现存现象方面加以重视,将"廉"的意识切实深入到学生思想中。将廉政教育具体融入"两课"当中,以学分的方式将其固定下来。当然,首先需要培养一批专门讲授该课程的教师。在我看来,让领导讲授这些课程是最合适不过的,双向教育,双向监督。对于学生干部,对"廉"的考察必须置于综合考察之中。这就需要分管学生的领导、老师在选拔学生干部时,多走访、多谈话,而不是放任"选举"。更重要的是,让学生自己学会廉洁自律。2018年,针对全国接连发生的多起学生组织功利化、庸俗化问题,北大清华等数十所高校学生会、研究生会联合发起"学生干部自律公约"。公约发出六点倡议:呼吁恪守学生本分,不能倒置本末,牢记学生会、研究生会工作的本质是群众工作,坚决反对"官"本位思想和作风。要克服精致利己思想,坚决抵制社会不良习气侵蚀。这个"公约"仅仅是一个雏形,但它体现了学生干部自律自管的信心和可操作性。这更是其他高校因地制宜地提高学生干部自治能力和廉政素养的必由之路。

关于提高大学生廉政教育实效性的几点思考

加强大学生廉政教育,要结合大学生自身的特点,顺应大学生的成长规律以及遵循科学有效的教育方法,在教育过程中不断探究提升廉政教育实效性的对策,从而保障大学生廉政教育的有效开展。在提高大学生廉政情感、增强大学生廉政认识、增强大学生廉政意识、规范大学生廉政行为、健全大学生的人格、树立正确的价值观的前提下,必须遵循人本性原则,以学生为本，积极围绕大学生成长成才这个中心，承认并尊重大学生的主体地位，把满足大学生成长成才的需要作为大学生廉政教育的目标，把促进大学生全面发展作为高校工作的目标；遵循创新性原则，创新教育方式，与时俱进，使教育更加的生动和直观，进而增强对学生的吸引力；遵循理论教育与实践教育相结合，廉政教育具有很强的现实性，不能局限于学校课堂内封闭式的教育，要与学生的生活体验结合起来；遵循专项教育与全面渗透相结合，高校要将廉政教育作为专项，进行重点教育，廉政教育要渗透到教育载体和环境中。

建立健全廉政教育的领导机制和工作机制，努力形成廉政教育的整体合力，将有力的保证廉政教育的顺利进行。首先，完善组织领导，明确各职能部门的责任。既有高校党委统一领导，各学院又能通力协作，形成上下齐抓共管的良好工作格局。将高校廉政教育与精神文明教育相结合。同时，将物质文明教育和社会主义核心价值观充分融合，融入到学校日常管理之中，建章立制，为廉政教育的良好开展提供有力的制度保证。其次，加强监督检查，促进贯彻落实。对廉政文化教育工作有部署、有落实、有检查、有考评，把高校廉政教育工作纳入学校重要工作之列，通过检查考评等形式建立综合考评指标体系，提高师生的参与性和积极性，促进廉政教育与高校其他工作同步协调发展。最后，提供经费保障。为使廉政教育深入人心，要多方面营造廉政教育的氛围，建立各种廉政设施、搭建廉政教育平台，开展形式多样的廉政教育活动，为此应从学校的总体发展和校园文化建设的整体格局考虑，对廉政教育经费投入做好预算，为廉政健康发展提供充分的物质条件和经费支持，使廉政教育得到有序长效开展。另外，还要根据本地区、学科特色，形成有特点、重目标的教育方式，如研究概括少数民族政权的廉政文化，向学生展示的同时，更拓展了我国廉政文化研究的内涵。

高校思想政治理论课课堂是思想政治教育的主阵地，要充分发挥思政课教学的主渠道作用和发挥思政课教师课堂教学主体作用，主动把廉政思想教育贯穿于思想政治理论课教学中，使学生受到潜移默化的影响，从而增强廉政意识。通过大量的腐败案例让同学们认识到腐败的严重性，腐败对国家、对社会带来的严重危害，尤其要因地制宜地选择本地区的案例。对学生广泛关注的社会热点和敏感话题要找准时机，找准事件正面引导及时答疑，通过丰富的现实材料来设置议题,以开展课堂辩论赛的形式,让学生充分发表自己的看法和见解,教师要做好正面总结和主流舆论引导。同时,还要深挖社会热点问题的教育内涵,让广大学生受到潜移默化的教育,增强廉政意识。廉政教育是一种潜在的教育力量,对受众具有持久、深远的影响,通过潜移默化地影响,使他们受到感染和熏陶,进而增强学生的廉洁意识,养成主动约束自我的廉洁品格,最终形成乐观向上的人格精神和崇尚廉洁的思想理念。

注重增强干部教师的模范引领作用。一是大力开展师德师风主题教育实践活动。通过系列学习讨论活动,使广大教师深化对高校教师标准的认识,使"四个相统一""四有好教师""四个引路人"成为教师共同的职业追求,全力提高教师的思想政治修养、职业道德能力和廉洁自律意识。二是开展树立典型、榜样引领等宣传教育活动,鼓励广大教师用高尚的学识风范和人格魅力,以"为人师表、言传身教、率先垂范"的实际行动,感染和教育学生,充分发挥引导和示范作用。三是要构建高校党委统一领导,学校各部门各司其职,广大师生共同参与的工作格局,探索"把廉政教育融入校园文化建设、德育工作、师德师风建设,把廉政教育与课程开发、学科教学、主题实践活动相结合"的"三融入""三结合"模式,编辑出版一批校本廉政教育试用教材和读本,创新廉政教育的方式方法,打造一批廉政教育品牌。四是把廉政教育和职业道德教育相结合,通过开展毕业生廉洁寄语和召开毕业生廉洁教育座谈会等丰富多彩的教育活动,将廉政教育作为毕业生教育的一种常态,引导毕业生明白廉洁自律和成长成才之间的关系,提高学生拒腐防变的能力。

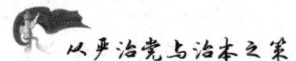

锻造制度利器
破解国有企业反腐难题
——学习贯彻党的十九届四中全会精神

刘雅坤

中国铁路呼和浩特局集团有限公司党校

党的十九届四中全会对"坚持和完善党和国家监督体系，强化对权力运行的监督和制约"作出重大部署，为权力运行扎紧制度之笼，为遏制腐败织密制度之网。对破解国有企业反腐难题，构建国有企业反腐长效机制具有深远意义。

当前国有企业反腐败斗争的特征

"当前反腐败斗争形势依然严峻复杂"。十九届中央纪委二次全会报告用"四个交织"精辟概括了当前腐败问题的特征，分别是"政治问题和经济问题交织、区域性腐败和领域性腐败交织、用人腐败和用权腐败交织、'围猎'和甘于被'围猎'交织""四个交织"相互联系，又各自独立，为分析当前国有企业反腐问题提供了四个维度，但现实中的腐败行为往往同时涉及"四个交织"中的多个领域或全部领域。党的十八大以来，国有企业反腐败斗争取得重大成效，但腐败存量依然不容小视，且亦呈现出以"四个交织"为特征的更为复杂的腐败现象。

（一）政治问题和经济问题交织

政治问题和经济问题交织就是腐败分子结成利益集团或搞山头主义、宗派主义，以达到攫取经济利益、谋求政治权力的目的。在经济上搞利益输送、官商勾结，在政治上搞团团伙伙、人身依附。以经济腐败达到政治目的，以政治腐败谋求经济利益，政治腐败和经济腐败相互渗透，破坏党的集中统一，严重危害党和国家安全。

（二）区域性腐败和领域性腐败交织

区域性腐败，顾名思义，是在特定地理区域内的腐败。领域性腐败是指在特定行业或系统内的腐败。区域性腐败和领域性腐败交织就是某些单位和部门连续发案，窝案、串案、区域性系统性腐败滋生蔓延。一些地方发生塌方式腐败，就是区域性腐败和领域性腐败交织的体现，严重破坏了党内政治生态。

（三）用人腐败和用权腐败交织

"用人腐败必然导致用权腐败"。用人腐败和用权腐败交织具体表现为：买官卖官、跑官要官；带病提拔、带病在岗；履历造假、违规招聘；一些企业和部门甚至出现严重的拉票贿选。"吏治腐败是最大的腐败"[①]，直接影响党和国家的政策、方针能否切实贯彻执行，影响国有企业的长远发展，影响国家的长治久安。

（四）"围猎"和甘于被"围猎"交织

"围猎"一词，本意是从四面合围起来捕捉动物，用在党员领导干部身上，是指一些别有用心的人拉拢腐蚀干部，其方式以行贿为主。"围猎"者以利益交换实现其不合规、不合法的目的。甘于被"围猎"的领导干部运用自身的权力或地位帮助"围猎"者达成愿望，从而获得相应的好处。看似被动行为，其实是主动地谋求好处和"报酬"。有的人既甘于被"围猎"又搞"围猎"，相互勾结，结成"小圈子"，以权谋私、自甘堕落，严重损害党和国家利益。

经数据分析（见表1），十九大以来受党纪政务处分的中央一级国企

---

① 习近平：《在中央政治局常委会听取中央巡视工作领导小组关于二○一四年中央巡视组第二轮巡视情况汇报时的讲话》，2014年10月16日。

干部共21人。通过梳理官方公布的处理意见，其中有受贿并非法牟利的21人，占100%，违反中央八项规定精神的14人，对抗组织审查的18人，滥用职权的13人，违规用人的9人，绝大多数腐败官员都涉及多种腐败问题，"交织"特征明显，在政治腐败、经济腐败和用人腐败、用权腐败方面尤为突出。

表1：十九大以来受党纪政务处分的中央一级国企干部相关数据统计

审查调查结果主要类目	对抗组织审查	违反中央八项规定精神	违反廉洁纪律	违反组织纪律	违反生活纪律	受贿、非法牟利	滥用职权	违规用人	参加迷信活动
数量（人）	18	14	16	13	12	21	13	9	4

* 数据来源：中央纪委国家监委网站、中共中央纪律检查委员会官网

国有企业反腐败阶段性特征的形成原因

（一）思想防线不牢

国有企业腐败问题呈现出"四个交织"的根本原因在于党员领导干部自身没有守好思想防线。一是"官本位"思想的存在。以官为本、以官为贵、以官为尊，把是否为官、官职大小当成一种社会价值尺度去衡量个人的社会地位和价值。因此有的人当了领导干部，就觉得成为了"人上人"，凌驾于群众之上，面对下属盛气凌人，工作中以请客吃饭、送礼行贿的方式达到"搭天线、找靠山"的目的，最终编织一张护佑自己的关系网。二是理想信念不坚定。由于当前国际国内环境深刻变化，一些领导干部被新出现的西方社会思潮所影响，出现了崇洋媚外，将党和国家妖魔化的现象。另一些人只看到社会主义发展中暂时的困难与挫折，看不到社会主义的远大前途，出现了理想信念动摇等信仰危机。他们不甘于做"为人民服务"的公仆，而是凭借自己手中的权力、地位追求奢华的物质享受。三是法律意识淡漠。一些领导干部，自认为官高权重，可以排除在监督之外，日常工作中只重视企业的生产经营和经济效益，忽视企业的党风廉政建设，使党风廉政建设责任制流于形式，助长了企业内部的不正之风。一些基层干部，对法律缺乏敬畏之心，认为自己官小责任轻，可以游离于监

督之外，在腐败的道路上越走越远。

（二）企业内部管理制度不到位

制度是治本之策，腐败的发生除思想防线不牢的主观原因外，更重要的原因是企业内部管理制度不到位。一是制度制定方面存在漏洞。一方面，国家享有对国企的管理权，但是国企自身负责对本企业人力、资产、资金等各方面的管理，看似有现代公司制的雏形，但是，摆脱不了行政权力的干预。行政权力与企业经营的关系难以厘清，必然导致国企一直强调管理，又管理落后的矛盾现象，具体表现为：经济组织行政化，管理制度不规范，股东大会流于形式，"一把手"权力过大，董事会名存实亡，监事会监督不到位，纪检和审计的监督职能起不到应有作用。另一方面，选人用人制度不科学。国有企业在选择管理人员时，大部分依据企业职工的工作年限与经验，使得年轻而具有管理能力的人不能得到提升，而工作年限长的人凭借资历和"老上级""老熟人"的关系走上管理岗位，为"买官卖官"的用人腐败提供了空间。二是制度执行方面有所欠缺。一部分人对制度的执行非常随意，认为都是"熟人""同事""朋友"，因此"以信任代替制度，以习惯代替制度，以人情代替制度"，导致制度形同虚设，工作没有统一的标准，滋生了腐败。同时，制度的执行也缺乏配套的监督、考评及反馈机制，导致许多制度在执行过程中大打折扣，不能达到预期效果。

（三）监督机制不健全

没有监督的权力必然导致腐败，国有企业监督机制不健全也是滋生腐败的重要原因。一是同体监督效用发挥不足。2016年印发的《关于在深化国有企业改革中坚持党的领导加强党的建设若干意见》指出，"坚持党的建设与国有企业改革同步谋划"。这就要求在国有企业中党的组织、工作机构和部门要同步设置，党组织的负责人及其工作人员要同步配备，党的各项工作要同步开展。但是在一些企业中，纪委书记不敢大胆履职，纪检监察干部配备不到位，监督工作与企业经营活动"两张皮"，同体监督效用难以发挥。一些企业监督资源分散，审计、监事会、督察督办等职能由不同领导分管，不能形成监督合力。二是异体监督联动机制不完善。异体监督主要包括社会舆论监督、第三部门监督、人民群众监督等。在实际工作中，异体监督往往表现为渠道不畅、信息不对等，企业之外的人民群众、新闻媒体对企业内部经营管理状况无法了解，存在取证困难、材料的真实性难以甄别等问题。

用制度利器破解国有企业反腐难题

党的十九届四中全会明确"构建一体推进不敢腐、不能腐、不想腐体制机制"，深刻揭示了防腐反腐的基本规律，构建了一个既层层递进又综合发挥效用的治理腐败基本体系，为破解国有企业反腐难题提供了具体路径。

（一）持续强化不敢腐的震慑

强化不敢腐的震慑必须继续坚持反腐无禁区、全覆盖、零容忍，坚持重遏制、强高压、长震慑，坚定不移惩治腐败，深入推进国有企业反腐工作。一是加大惩治力度。以"六大纪律"为标尺衡量国有企业领导人员行为，对"一把手"和重要岗位的领导干部进行重点审查，坚持挺纪在前，深化运用监督执纪"四种形态"，严肃查处各类腐败案件。二是整合监督资源，强化同体监督与异体监督相结合。首先，加强对国有企业的巡视监督，查找企业运营中的缺陷，以巡视工作促进国有企业党风廉政建设和廉洁建设。其次，加强企业内部纪检监察监督，配备相应的纪检监察人员，明细监督检查工作流程，建立党员领导干部清廉档案，及时发现问题，提供改进意见。最后，强化职工、群众、新闻媒体监督。充分调动职工对企业事务的知情、参与、表达的积极性，听取职工对"三重一大"问题的看法；提高监督的透明度，搭建监督平台；建立新闻监督，加强同新闻媒体的合作。总之，充分整合监督力量，将党内监督、群众监督、舆论监督与监察监督、派驻监督、社会监督相结合，建立健全监督体制机制，把监督落到实处。

（二）切实扎牢不能腐的笼子

要从源头上有效防治腐败，必须让权力在阳光下运行，进一步加强对权力的制约和监督，把权力关进制度的笼子里。具体来说，要抓好以下两个方面：一方面，健全国有企业管理制度。首先，建立健全具有中国特色的现代企业制度，切实发挥党组织的"政治核心"作用。其次，完善人才选拔机制，突出正确的选人用人导向，建立公平竞争机制，制定严格的选拔标准，坚决防止"买官卖官"，杜绝违规操作。最后，完善国有企业监管体制。加强对国有资产的监管力度，依法践行出资人监管职责；完善法人治理结构，加大对高层管理者的制约；建立健全审计制度，加强审计监督。另一方面，增强制度执行力。国有企业各项管理制度只有贯彻落实，才能具有生命力，从而发挥实效。因此，要"在增强执行力上下功夫，坚持说实话、谋实事、出实招、求实效，牢牢把握工作主动权"。[1]首先，提高国有企业领导干部执行制度的自觉性。组织各级领导干部学习党章党规、企业规章制度，强化纪律规矩，树立依法依规治企的意识。其次，设立制度执行的监督和考核评价机制。运用网络平台，对制度的执行情况及时跟进，全方位整合数据，并制定考核标准。最后，依法对不按制度办事的领导干部进行责任追究。

（三）不断增强不想腐的自觉

思想纯洁是马克思主义政党保持纯洁性的根本，增强不想腐的自觉必须从思想根基上下功夫。一是坚定理想信念，强化宗旨意识，补足精神之"钙"，树立正确的世界观、人生观、价值观，筑牢信仰之基。二是继续扎实开展"不忘初心、牢记使命"主题教育，引导广大领导干部增强"四个意识"、坚定"四个自信"、做到"两个维护"，在思想上和行动上始终同以习近平为核心的党中央保持高度一致。三是践行社会主义核心价值观，继承和发扬党的优良传统和作风，对广大党员干部进行纪律教育、政德教育、家风教育，不断筑实不想腐的思想堤坝、道德防线。四是深化国有企业廉洁文化建设。将廉洁文化通过理论讲授、网络媒体等多种形式渗透到全体职工当中，融入企业文化内涵当中，促进企业良性运转。

---

[1] 赵乐际：《以习近平新时代中国特色社会主义思想为指导坚定不移落实党的十九大全面从严治党战略部署——在中国共产党第十九届中央纪律检查委员会第二次全体会议上的工作报告》，2018年2月13日《人民日报》。

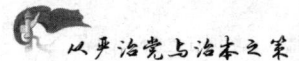

坚持民企姓党
自觉为党分忧

秦 飞

中共东达蒙古王集团党委

中国两弹一星功勋科学家钱学森曾在2001年亲自给东达蒙古王集团董事长赵永亮写过回信,他在信中说:"我认为内蒙古东达蒙古王集团是在从事一项伟大的事业——将林、草、沙三业结合起来,开创了我国西北沙区21世纪的大农业!"。东达集团20多年来也一直循钱老的沙产业理论在库布其沙漠进行实践,可以说,是钱老为企业指明了方向,让企业走上了一条光明大道。

随着社会主义市场经济的发展,民企与政府之间已形成了利害攸关、互利共存的特殊关系。我认为,加强民企反腐倡廉建设是新形势下从源头上防治腐败的重要领域和重要工作。

内蒙古东达蒙古王集团党委成立于2004年,是鄂尔多斯市最早成立的民企党委,下设15个党支部,209名党员。党委自成立以来就始终坚持民企姓党原则,自觉为党分忧、为民谋利,积极投身于生态治理、扶贫移民、新农村建设、科技富民、社会公益等各项事业,十分明确的提出要打造一家社会责任型企业,成功带动了10多万贫困农牧民在生态链、生物链、产业链、产品链上脱贫致富,为党争得了无尚光荣。

企业严格要求全体管理人员洁身自好、杜绝流弊,不参与请客送礼,与政府保持了良好的清亲关系。所以企业多年来始终没有被那些下马的贪官污吏牵扯，保持了良好的形象和作风，取得了新时期党风廉政建设的宝贵经验。

民企反腐倡廉建设是全社会反腐倡廉的重要内容，也是民企的重要责任。

一、民企党风廉政建设中存在的问题

很多人认为民企是私人所有，企业主自己说了算，企业里的腐败是"家务事"，不存在腐败不腐败，这些认识上的误区严重的影响到民企的健康发展，助长腐败会给民企带来极大的隐藏风险。民企党组织开展的党风廉政建设和活动很少，常常因为生产经营的原因不能坚持，容易流于形式，这是非常危险的。民企配备专职纪检监察人员的较少且没有经过业务培训，没有将民主管理和党务公开有机结合，民主管理理念淡薄，这都造成了潜在和意想不到的危害。

二、解决民企党风廉政建设问题的对策

反腐倡廉必须依靠全社会各方面力量共同完成。民企也必须身体力行、克己复礼、从源头上杜绝去腐败官员、拉人下马。企业在自律方面主要从以下几个方面作为抓手：一是加强对党员干部的理想信念教育，从思想源头树立拒腐道德防线，使他们认识到反腐倡廉是促进企业核心竞争力和杜绝连带风险的必然要求。二是成立纪检监察组织并对其进行相关的业务培训。三是完善制度，营造氛围，严格按照现代企业制度的要求，规范管理层的权利和责任，建立起决策、管理和监督制度体系。对生产经营全过程监督检查，规范自身合法和廉洁经营，签订《廉洁自律书》，推进"阳光工程"。

三、以党建引领承担社会责任，让社会公益感化影响东达人

集团党委以"感恩奉献回报社会、为民务实清廉"为主题，努力打造风清气正、务实清廉的班子集体，取得了重要的成果，探索出了有益可行的做法，以高度的自觉担当起从严治党的政治责任，真正成为了企业的战斗堡

垒。民企要想走好"长征路"，就必须坚持反腐倡廉、赢得国信民心。

四、企业的自我使命与自觉性

从1998年开始，东达集团先后投资3亿多元在库布其沙漠中建设了30万亩沙柳基地，改良了100多万亩沙化土地，在沙漠中建起了取之不尽的"绿色银行"。总投资4亿元建成了年产10万立方米的沙柳刨花板厂，因此带动周边农牧民种植沙柳几百万亩，人均增收2000多元，众多靠种沙柳为生的农户年均收入达到了3—5万元。

此外，企业还在当地先后修了10条公路、建了5座大桥，这些道路为当地经济发展和沙漠治理、农产品输出带来了很大的便利。

风水梁位于库布其沙漠东端，原来叫"风干圪梁"，是个黄沙遍地、干旱少雨、自然条件极度恶劣、让人绝望的地方。2005年，东达人给那里重新起了一个充满希望的名字"风水梁"。

企业规划总投资200亿元，在风水梁建成容纳12万人口，集生态种养殖、文化旅游、农畜产品精深加工、清洁能源、扶贫移民、新农村为一体的综合性示范园区。现已投入60多亿元，在产业链上配套建成了沙柳刨花板厂、皮草服装厂、特种养殖场、肉食品加工厂、饲料厂、有机牧场、光伏发电厂、氮气保鲜库、鲜食玉米加工厂、钱学森沙产业博物馆等20多个项目。

风水梁先后吸引来自周边与全国12个省区的3000多户贫困农牧民集聚，使他们过上了城里人的生活。已形成獭兔、貂、狐狸、奶牛、貉子、鹌鹑、鹅鸭等特色养殖产业，其中獭兔养殖户年均收入5—7万元，大户型超过了10万元。

在集团党委领导下，企业积极践行了国家"十三五""五个一批"脱贫攻坚战略，构建起政府引导、市场运作、企业投资、农户参与、协同推进的精准脱贫格局。做到了产业拉动脱贫一批、异地搬迁脱贫一批、生态建设脱贫一批、发展教育脱贫一批、企民利益联结脱贫一批，探索出极具鄂尔多斯特色并行之有效的精准扶贫新途径。

企业每年出资60万元，成立了救助农村牧区先天性心脏病儿童促进会，由此挽救了260多个家庭的命运；为扶持养殖户发展，先后投入补贴资金30

多亿元；为补偿奶牛养殖户的损失卖掉了三座煤矿，因此损失20多亿元；用于农村基层道路桥梁建设资金6300多亿元；与政府合作总投资13.5亿元互助扶贫兴安盟，在科右中旗建设了东达城乡统筹示范产业园，带动了1000多名贫苦户脱贫致富。先后为红十字等捐资420万元；在各种急难险困中捐赠款物8000多万元；成立了"东达公益基金会"……企业先后获得"全国企业扶贫贡献奖""农业产业化国家级重点龙头企业""国家林业产业重点龙头企业""全国模范职工之家""内蒙古诚信企业"等多项荣誉。

过去的两年，东达集团在当地深入开展了"百企帮百村"脱贫攻坚行动，通过与贫困村结对子、与贫困户接链子、给合作社搭台子、为农牧民引路子，探索实施了"生态＋种植＋养殖＋有机＋扶贫＋旅游"的"6＋"战略，不仅帮助贫困村谋划产业振兴，还为他们脱贫创造良好条件。如投入3000万元建成了鲜食玉米加工厂，与当地8个村互相参股成立了合作社，再由向合作社下订单，2018年收购的200万棒玉米已全部售完并提前向农牧民预订了2019年的1000万棒玉米。借助产业聚集的人气，吸引散居在周围600平方公里内的农牧民集中居住和退耕还林，实现了生态与产业相互促进、人与自然和谐发展。

未来3—5年，东达集团将通过实施"6＋"战略，以先进的生产要素和现代化经营方式打造"种养加相结合、农工贸一体化、产供销一条龙、合纵联立体式"的农业产业化4.0版，以产业化链条将企业、基地、村委会、合作社、农牧民、市场等各个主体串联起来，以科技支撑发展现代新型生态与农牧产业，以链条套链条的循环经济模式实现农产品、资本的高效运转，在产业聚集、产业延伸、产业升级中实现经济效益叠加和产业拉动扶贫的目标。

企业从这些年的实践中深深体会到，加强党的建设离不开关心群众，培养廉洁作风离不开群众监督，提高党的公信力离不开为群众办实事。东达集团党委始终会在为党分忧中增强党性，让廉洁自律在为群众造福中获得自觉，让企业姓党的坚定性在和人民群众的密切联系中得到不断增强。

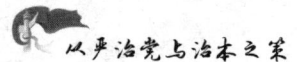

以人民为中心
是共产党人初心的根本体现

郝广保

解放军国防大学原宣传部部长、中国行为法学会廉政研究委员会副会长

"不忘初心，牢记使命"。既是共产党人的初衷，它包含着党的本心，党的革命实践和目的。又彰显着共产党人在每个历史时期的指导思想和基本立场。习近平总书记反复强调的"以人民为中心"是对"不忘初心，牢记使命"的理论性与实践性的高度概括和科学阐述。以人民为中心，就是共产党人最大、最根本的初心。

中国共产党经历了领导人民进行革命、建设和改革的漫长时期，这一时期中最宝贵、最重要的经验就是始终坚持以人民为中心。正如习近平同志指出，"人民是历史的创造者，是决定党和国家前途命运的根本力量。必须坚持人民主体地位，坚持立党为公、执政为民，践行全心全意为人民服务的根本宗旨，把党的群众路线贯彻到治国理政全部活动之中，把人民对美好生活的向往作为奋斗目标，依靠人民创造历史伟业。"中国共产党始终是最广大人民群众的利益代表，始终把人民群众作为自己的依靠和服务对象。这是与其他任何政党的本质区别。

为什么人的问题，是检验一个政党、一个政权性质的试金石，也是把握一种思想理论的精神实质与内在逻辑的根本立足点。"以人民为中心"，最鲜明地体现了习近平新时代中国特色社会主义思想的人民立场，这是共产党人的根本立场。"以人民为中心"的思想，充分体现了世界观与方法论的内在统一、历史观与价值观的高度统一、治国理念与治党方略的有机统一。它作为历史观强调了人民的主体地位和人民是历史的创造者这一马克思主义唯物史观的基本原理。

中国共产党建党99年来，中华人民共和国成立71年来，不论是革命的成功，还是改革的成就，以致民族伟大复兴的中国梦得以实现，都离不开对"以人民为中心"思想的坚持和发展，中国共产党始终坚持以"人民为中心"的发展理念，带领广大人民群众，在各个历史时期形成了巨大的向心力和凝聚力。只要时刻拥有这样的向心力凝聚力，党就可以团结人民群众、集中所有力量来办大事，快速、高效的进行社会主义建设，这种力量在实现中国梦的过程中必然起到无可替代的作用。

一、"以人民为中心"的根本内涵

马克思主义政党除了广大人民群众的根本利益以外没有任何特殊私利，这是马克思主义政党区别于其他政党的根本标准。习近平同志在纪念马克思诞辰200周年大会上的讲话中指出，马克思认为，"在无产阶级和资产阶级的斗争所经历的各个发展阶段上，共产党人始终代表整个运动的利益"，他们没有任何同整个无产阶级的利益不同的利益，而是要为绝大多数人谋利益，为建设共产主义社会而奋斗。始终同人民在一起，为人民利益而奋斗，是马克思主义政党的根本宗旨。

中国共产党自建立之日起就是以工人阶级为先锋队的、具有广泛群众基础的无产阶级政党。坚持全心全意为人民服务的宗旨，是我们党的最高价值取向。是否实现人民的利益，得到广大人民群众的拥护，是衡量我们党的路线、方针和政策正确与否的最高标准。中国共产党99年来奋斗历程的基本经验之一，就是始终牢记全心全意为人民服务的宗旨，紧紧地依靠人民群众，诚心诚意地为人民谋利益，从人民群众中汲取前进的不竭力量。正如毛泽东在张思德同志追悼会上的讲话："我们的一切工作干部，不论职位高低，都是人民的勤务员，我们所做的一切，都是为人民服务。"只有人民才是我们的动力、我们的目标。党从无到有，从弱到强，最宝贵的经验就是坚持全心全

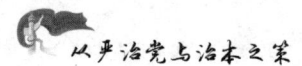

意为人民群众服务的宗旨，党的性质也要求党必须时刻以人民群众为基础，时刻保持同广大人民群众的血肉联系，并将这一优良传统一直传承下去。

新中国建立之后，广大人民群众团结在党的周围充分释放出极大的建设热情，纵身投入到社会主义建设中。但随着时间的推移和改革开放的不断扩大和深化，市场经济对党的建设的影响正负兼有，以致有些党的领导干部逐渐淡化甚至忘却了这个"中心"，进而进入以自己为中心，以个人利益为中心，以领导为中心，甚至衍生出谁能为自己提供后续长久利益就以谁为中心，严重偏离和扭曲了党的根本宗旨，偷换了以人民为中心的根本内涵。

党的十八大以来，以习近平同志为核心的党中央狠抓全面从严治党，正风肃纪，从政治、理论、作风、纪律等全方位的使"以人民为中心"的根本内涵得到知行一致。习近平同志在纪念马克思诞辰200周年大会上的讲话中指出"马克思主义是人民的理论""学习马克思，就要学习和实践马克思主义关于坚守人民立场的思想"。这就要求党在做任何决策时都要首先考虑到人民群众的利益，考虑到怎样才能满足广大人民群众的精神物质需求。在新的历史时期，尊重人民群众切身利益，满足人民群众根本需求是中国共产党不遗余力的奋斗目标和根本任务，这一核心原则使得党的群众路线与时俱进，更具有时代特征。

作为习近平新时代中国特色社会主义思想的重要内容，坚持"以人民为中心"的思想体现了我们党对马克思主义群众观点和党的群众路线一以贯之的根本遵循。通过对党的"以人民为中心"思想进行系统分析，可得知其内含包括三方面：一方面，历史的主体必然属于广大人民群众，必须通过人民群众来实现其自身的解放；另一方面，马克思主义政党必须充分尊重人民群众的意见、需求和利益，根据实际情况来制定相关政策，进而实践于人民群众中，在群众的实践中检验政策的科学性，满足群众的利益需求。再就是党必须时刻听取人民的呼声，尊重群众的意愿。群众呼声高的事先办，人民愿望强的事多做。一切以人民的利益出发。

二、一切思维的腐败和表现都是对"以人民为中心"的背离

以往我们看到的不少的腐败案件中，"受贿"与"行贿""收钱"和"送

钱""围猎"与"被围猎"、官商之间权力寻租和利益输送等成为主要犯罪事实。造成这些问题根本原因是人们在腐败的环境中逐渐形成的腐败惯性思维。尤其是当党员干部或某些领导机关,一旦养成这种思维的腐败,就会直接损害人民的利益,伤害党的肌体。

阶级性是人类思维的基本坐标规律。在阶级社会中,人们的思维都是有阶级性或阶层性的,甚至很多时候是从个人所处的地位和利益作为出发点的。所以说思维实际上是立场和利益的反映。思维对决策而言是思维先导,而决策一旦做出并实行,对广大人民的生活产生着直接和重要的影响。因为大多数决策包含着对正义、道德和文化的认知。当一项决策偏离公平公正,偏向个人或少数人利益,忽视甚至根本忘记、排斥人民这个"中心"时,这种思维的结果,必将与人民的愿望相悖,与人民的利益相冲突,在人民心中添了一个堵点。如此,凡是违背人民群众根本利益,保护和扩大个人和小集团利益的思维都会导致腐败的恶果,都是对"以人民为中心"的背离。

正如大家所熟知的,我们党在领导革命和建设的历程中,从毛泽东主席等老一辈革命家到历届中央领导都曾严肃指出党内发生腐败的严重性和危险性。甚至以亡党亡国,党的生死存亡相警告。何以如此,因为腐败者把党和人民分开了,远离了人民群众,背叛了人民的利益。进而使党从依靠群众转向脱离群众,甚至在某些问题上与群众对立;由为人民谋利益转向为自己或自家谋利益,由人民公仆堕落成为人民的"主人";想问题、定政策、办事情,由从人民的利益出发转向从自己或小集团、本阶层的利益出发,首先把自己的或本阶层的利益包括进去,使自己的利益得到决策或政策的保障,达到巩固、扩大、长久享受既得的利益的目的,这就形成了思维腐败的惯性。而由于这种思维腐败的惯性所产生的各种规章规定,也必定通过腐败的实施产生腐败的结果——脱离人民群众,背离人民群众的利益。作为执政的共产党,没有比脱离群众,疏远群众更可怕的后果了,这个后果就是有些领导干部、领导机关的腐败思维造成的。所以,脱离人民是产生腐败的本质原因,也是对"不忘初心,牢记使命"的公开背离。

在一段时期内,党内出现的腐败现象,其主要原因都可以归结为腐败官员以个人及"小团体"利益为中心,在权力运行过程中运用思维的腐败进行以公权谋私利。思维的腐败既危及和破坏法律的权威性和有效实施,又破坏

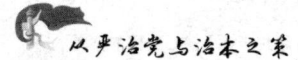

我国社会主义的经济基础,动摇着人们的崇高信仰和我国社会的政治基础。思维的腐败已经对党、对国家和社会构成了潜在的威胁。马克思主义认为,腐败和特权是私有制的产物,正是私有制思想使公共权力异化为谋取私人利益的工具,使国家公务人员从社会的公仆变成了社会的主人。在以公有制为主体的我国,除管理体制有待进一步完善以外,私有制思想和官本位思想是思维腐败得以滋生和猖獗的重要因素。随着对外开放的进一步发展,多种思想、思潮随之而来,而这些"软件"鱼龙混杂、良莠不齐。有些是优化了我们固有的观念,有的则腐蚀着党的肌体。以致使某些领导干部把个人利益当成唯一的、当成马克思所说的个人脚上的鸡眼,任何人都碰不得踩不得的东西,只知有个人利益而不知有他人利益的个人主义,以致将个人主义的利己思想带入到权力行使和决策中来,逐渐背离了"以人民为中心"和为人民服务,作人民公仆的信念;甚至冒天下之大不韪,妄取、"盗窃"人民群众的利益,以人民群众的主人自居。相对于"以人民为中心",其思维的腐败惯性所具有的反动性、背叛性、落后性不言而喻。一些干部在市场经济追逐利益的推动下,把做官当作谋求利益的机会,存在"机不可失、时不再来,有权不用、过期作废"的观念,同时存在着极其严重的特权思想;违背大多数群众的意志,不顾及群众的感受,损害群众的利益,刻意拉大自己同群众的距离,更不用说一心一意为群众谋利了。贪腐者尊崇"取之于民,用之于己",将广大人民群众的血汗收入,堂而皇之的变成自己享受的资源,将国家利益和人民利益抛于脑后。

中国共产党作为无产阶级政党,始终代表着人民群众的根本利益。但党内存在的腐败思维严重影响和损害了党的形象,在党和群众之间形成了无形的隔膜,使得党和政府公信力降低。在个别地方发生的群体事件中,当地群众从一开始便与政府对立,领导干部因自身腰杆不硬而无力处理,使得事态严重化;将"官"与"富"直接联系在一起,将一人做官与全家享受联系在一起,将一时做官与终身待遇联系在一起,导致对政府和机关制定的某些政策和行为产生了逆反和质疑。更值得重视的是,有些领导干部和决策机关对这些问题并没有真正重视起来,依然我行我素。更有甚者巧立名目,挖空心思地为自己和少数人谋更多更高的不合理福利,对拉大和人民的距离毫无畏惧。还有的在反腐败斗争中消极作为,视积案而不见,知存量而不为。靠上面推动等案发被动，而非积极主动。

"不忘初心，牢记使命"，反对腐败，就是对"以人民为中心"的回归。"以人民为中心"思想的贯彻和实施离不开人民群众对党和政府的高度信任。然而，思维的腐败所催生的各种腐败现象所酿成的后果正在起着相反的作用。因此"以人民为中心"思想的发展和创新，离不开反对和消除思维腐败的同轨进行。通过深入持久的反腐败斗争，使我们党的各级领导干部"以人民为中心"的思想观念重新树立起来，并与结合实际工作，对照对照检查自己所制定的政策，形成的决定，开展的项目等，是否体现了以人民为中心的原则，是否有利于将我们党这一成功法宝在中国特色社会主义新时代重放异彩。

三、以人民为中心，是深入开展反腐败斗争的强大动力

党的十八大以来，党持续推进正风反腐，全面从严治党向纵深发展，深得人心。以习近平同志为核心的党中央以实际行动表明反腐败力度不减，紧盯享乐主义、官僚主义、形式主义和奢靡之风，坚决反对特权思想和特权现象，严肃查处顶风违纪行为，巩固拓展落实中央八项规定精神成果，以坚韧不拔的精神打好党的作风建设攻坚战、持久战，真正管住弊病、管出习惯、管出素养、化风成俗，强化党性。让各级党员干部，尤其是领导干部和领导机关彻底甩掉腐败思维、特权思想和以自己为中心的顽症。充分彰显出党坚持人民立场，以维护人民根本利益为导向，把全面从严治党落实到人民的愿望和利益上的坚定意志。

实践证明，反腐败斗争只有得到人民群众的支持，反腐败斗争才能获得源源不竭的动力。紧紧依靠广大人民群众的支持和参与，在人民群众中汲取智慧和力量，切实加大对决策机关和群众身边不正之风和腐败问题的查处力度，取得让人民群众比较满意的成效。腐败不仅腐蚀国家和政党本身，降低党的国家的公信力，更有损广大人民群众的利益。因此，人民对于腐败现象最为敏感，最为受伤，最深恶痛绝。人民拥护反腐败已是当下拥护党的一个重要标志。所以，反腐败斗争得到人民群众的真心拥护和积极支持，反腐惩腐的铜墙铁壁在人民群众的参与下构筑起来。中国共产党防范腐败、惩治

腐败的历史，就是依靠人民、动员群众力量抵制腐败、揭发腐败、监督权力的历史。也是我们党坚持从严治党逐步走向成熟，并与时代相适应的发展历程。

党的十八大以来，以习近平同志为核心的党中央非常重视和关注人民群众的获得感、幸福感、安全感。这是我们党对"以人民为中心"根本立场的具体体现。而各种形式的腐败思维和表现在各个领域中直接削弱人民的主体地位，损害人民群众获得感、幸福感、安全感的实现。反之，则是人民群众获得感、幸福感、安全感实现的重要保障。因此，广大人民群众支持和参与反腐败、倡廉洁的积极性日益增强。

"人民群众中蕴藏着治国理政、管党治党的智慧和力量，从严治党必须依靠人民"。腐败分子损害党和人民的利益，人民群众的眼睛是雪亮的。在反腐败斗争中体现以人民为中心的思想，就必须依靠人民群众支持和参与，充分发挥人民群众作用，形成无所不在的监督。习近平同志曾指出，"让人们帮助和支持我们从严治党，要注意畅通两个渠道，一个是建言献策渠道，一个是批评监督渠道。"只有密织群众监督天网，才能让腐败分子无处隐身。人民群众的监督，是最有力量的监督，新时期必须充分依靠全国人民强力反腐，一方面要坚持马克思主义群众观，充分相信群众；另一方面要密切依靠群众，努力调动人民群众反腐败的积极性、主动性与创造性，建立健全人民群众监督举报机制，拓宽和畅通诸如言论、批评、控告、检举、信访、网络评议等监督渠道。运用纪律和法治手段为人民群众撑腰，鼓励群众与积极参与反腐败斗争，严厉惩治打击报复行为，消除人民群众参与反腐斗争的种种顾虑。实践表明，近年来查办的很大一部分影响较大的违纪案件都来自群众举报。据中共中央纪委公布的统计，截至2019年底，全国查处违反中央八项规定精神问题136307起，处理人数为194124人，给予党纪政务处分124723人，这其中绝大多数线索来源于人民群众的揭发。

尤其在互联网时代，人人都是新媒体、大家都是麦克风，群众发现任何违纪违法问题线索，只要手机一拍、微信一发，立即就能上网曝光。截至2018年12月，我国网民规模达8.29亿，微信、微博等各种平台成了网络监督、舆论监督的重要渠道，数量庞大的网民正成为反腐战场上一支"轻骑兵"。有调查显示，89%的网民都比较关注网络监督。这启示我们，在全民信息时代推进全面从严治党，要求我们在理念、思路、战略、战术上都要与时俱进，不断探索和开辟新的模式、新的路径、新的方式，使以人民为中心的思想在反腐败斗争中得到充分彰显。

结 语

中国共产党已经走过九十九年的光辉历程。历史的经验一再表明：党的事业从开端到胜利，始终坚守着以人民为中心这份初心。人民群众是党在革命、建设和发展社会主义进程中获得成功的根本保障。无论是革命的胜利，还是中国特色社会主义事业的建成，实现民族伟大复兴的中国梦，都离不开对群众路线的坚持和发展。无论现在还是将来，广大人民群众始终是党最坚实的政治基石，始终是社会、国家发展的根本推动力量，始终是保证党的各项事业顺利发展的根本保障。

"不忘初心，牢记使命"。只要我们牢记并践行"以人民为中心""全心全意为人民服务""一切为了群众""一切依靠群众""从群众中来、到群众中去"，牢固树立群众观点，站稳群众立场、践行群众路线、维护群众利益，积极支持和鼓励人民群众在反腐败斗争中的积极性和创造性，充分发挥好广大人民群众反腐败斗争中的动力源泉作用，以"以人民为中心"为导向，坚持人民立场，秉持人民情怀，使广大人民群众更直接更实在的感受到从严治党就在身边，权力监督就在身边，大力反腐就在身边，深入践行反腐败的领导体制和工作机制，依靠群众的支持和参与。使人民群众真切的感受到在反腐败斗争中的主人翁地位，把以人民为中心的思想贯穿到反腐倡廉的实践过程中，把老百姓心中对多年腐败而积淤的沉积之霾逐渐吹散，让人民群众对腐败的憎恶和无奈化为反腐败的力量，使以人民为中心的思想在反腐败斗争中得到更加充分的体现。